山东工商学院特色著作出版资助项目

新时代财富管理研究文库

Research on the Influence Mechanism of FinTech Collaboration
on The Operation Efficiency of City Commercial Banks

金融科技合作对城商行经营效率的影响机制研究

房　颖／著

经济管理出版社
ECONOMY & MANAGEMENT PUBLISHING HOUSE

图书在版编目（CIP）数据

金融科技合作对城商行经营效率的影响机制研究 /
房颖著. -- 北京：经济管理出版社，2024. -- ISBN
978-7-5096-9743-6

Ⅰ. F832.332

中国国家版本馆 CIP 数据核字第 2024UQ9910 号

组稿编辑：赵天宇
责任编辑：赵天宇
责任印制：许　艳
责任校对：蔡晓臻

出版发行：经济管理出版社
　　　　　（北京市海淀区北蜂窝 8 号中雅大厦 A 座 11 层　100038）
网　　　址：www. E-mp. com. cn
电　　　话：(010) 51915602
印　　　刷：唐山玺诚印务有限公司
经　　　销：新华书店
开　　　本：720mm×1000mm/16
印　　　张：14.75
字　　　数：298 千字
版　　　次：2024 年 6 月第 1 版　　2024 年 6 月第 1 次印刷
书　　　号：ISBN 978-7-5096-9743-6
定　　　价：88.00 元

前　言

　　在宏观经济增速放缓与金融脱媒趋势加剧的双重压力下，城市商业银行（以下简称城商行）面临着严重的效率提升与维持困境，亟待找到促进效率提升的新要素。金融科技为商业银行提高效率提供了新动能，然而，城商行技术与人才资源的匮乏对其依靠自身能力发展金融科技有所制约，"倒逼"越来越多的城商行尝试通过与金融科技企业建立合作来突破桎梏。虽然城商行设立的初衷是通过金融科技合作促进效率提升，但是在理论层面，关于金融科技合作对城商行效率是促进作用还是抑制作用尚存在分歧；在实践层面，金融科技合作效能在释放过程中受到一定阻滞，存在"盲目跟风""落地困难"与"转化不畅"等问题。那么，城商行与金融科技企业之间能否形成稳定的合作关系？合作究竟能否提高城商行效率？合作效果未及预期时，改善哪些因素能够更好地释放金融科技合作的效能？探究上述问题有重要的理论与实践价值。

　　为了解答上述问题，首先，本书在有限理性的前提下构建演化博弈模型对城商行与金融科技企业合作的形成机制进行推演，锁定影响合作稳定性的前置动因，为分析合作对效率的影响奠定了基础。其次，通过理论分析与数理推导，解锁内部管理因素调节下的"金融科技合作—业务结构演进—城商行效率提升"作用机理。再次，以 2013～2020 年我国城商行为样本，运用文本挖掘获取城商行与金融科技企业合作事件变量，采用随机前沿法测算城商行效率，继而构建多期双重差分模型进行实证检验。研究发现：①在感知价值、风险控制、资源互补等因素的作用下，城商行与金融科技企业稳定的合作关系能够形成，为释放合作的效率提升效应提供支撑；②金融科技合作对城商行效率具有显著的促进作用，且该作用能够发挥三年以上；③改善资产、负债和中间业务结构是金融科技合作促进城商行效率提升的决定性机制，股权结构、人力资本和信息技术发挥了显著的调节作用；④相较于赋能模式，共建合作模式是城商行的最优选择，综合发展类、底层技术类与金融服务类合作对象的影响不存在显著差异。

　　本书研究贡献主要体现在以下三点：第一，从城商行与金融科技企业合作这一特定的微观视角出发，明确基于二元合作的金融科技应用释放的银行效率提升效应，有助于回应关于二者关系的分歧；第二，从银行业务结构切入，挖掘在内部管理因素作用下"金融科技合作—业务结构演进—银行效率提升"的作用机制，为探究金融科技合作与城商行效率间深层次关系提供可参考的分析框架；第三，充分考虑合作方的有限理性特征和合作方策略的动态演化特性，从策略层面建立纳入感知价值的城商行与金融科技企业演化博弈模型，弥补合作形成机制研究中缺少理论与动态分析的不足。

目　录

第一章　绪论

第一节　研究背景

  城商行是我国银行业的新生力量，在服务区域经济、中小微企业和城市居民方面扮演着重要的角色。截至 2021 年末，我国 134 家城商行整体的资产与负债规模占银行业金融机构的比例分别达到 13.3% 和 13.5%①。效率是评价城商行经营管理能力和资源配置能力最重要的也是最全面的指标，推动城商行效率提升不仅是其自身塑造核心竞争力的有效方式，也是促进地方金融结构优化和提高金融服务实体经济能力的关键抓手[1-2]。因此，城商行的效率问题对地方金融与实体经济高质量发展至关重要。然而，随着外部宏观经济增速放缓，加之金融去杠杆、银行准入放宽、利率市场化以及金融脱媒等因素的影响，城商行过去依赖的制度红利减弱，息差空间收窄，面临着严重的效率提升与维持困境。在此背景下，突破自身局限，找到提高经营效率的新要素对于城商行而言尤为重要和紧迫。

  以大数据、云计算、人工智能等核心技术为载体的金融科技凭借其提升金融效率和促进金融创新的优势，不仅推动了金融服务模式的深度变革，也解决了风险评估、移动渠道普及和客户画像等长久以来困扰传统商业银行的难题，为城商行改进其实质功能和促进效率提升提供了新动能[3-4]。然而，相较于大型商业银行，科技人才和技术资源禀赋方面的劣势掣肘了城商行深度应用金融科技开展业务创新[5-6]，城商行科技能力存在短板，如应用与研发金融科技时普遍存在成本

---

  ①　数据来源：中国银行保险监督管理委员会 . 2021 年银行业总资产、总负债（月度）［EB/OL］.（2022-01-25）［2022-02-06］. http：//www. cbirc. gov. cn/cn/view/pages/ItemDetail. html？docId＝1026346&itemId＝954.

高昂、效率低下、灵活性与系统性不强等突出问题[7-8]。与此同时，我国已经成为全球拥有顶尖金融科技企业与初创金融科技企业最多的国家，这些金融科技企业依靠先进的科学技术在金融产品与服务上实现了突破式创新，有能力为传统银行业转型升级提供源源不断的创新活力[9]。为了弥补金融科技人才短缺和技术资源禀赋的不足，获得金融科技应用与创新的后发优势，越来越多的城商行选择与金融科技企业开展"跨界合作"①。

截至 2020 年底，我国已经有 40 家以上的城商行相继与金融科技企业建立合作关系，这一跨界合作的底层逻辑是在金融需求牵引下，基于各自比较优势的跨界创新与价值分工。城商行积极金融科技合作的初衷在于打破组织边界，获取外部知识、技术与数据资源赋能，进行价值系统的整合，继而推动整体效率提升[10-11]。但就目前而言，由于前期缺乏完整的政策统筹，商业银行与金融科技企业的跨界合作普遍被认为是市场推动的产物[12]。在城商行中，"盲目跟风"大型商业银行开展金融科技合作的行为层出不穷，这些城商行对金融科技合作能否提高自身经营效率缺乏清晰的认知与理解，对合作的目标、合作成果吸收与转化渠道欠缺详细的规划，使许多合作项目未经落实便已经发生中断[13]，导致跨界合作领域逐步显现出"落地困难"和"转化不畅"的端倪，对效率提升形成阻滞。那么，在效率提升目标下，城商行是否应当继续开展金融科技合作？因此，及时分析与解答这一科学问题对于引导城商行与金融科技企业有序合作、充分释放合作的效率提升效能以及促进地方金融资源有效配置，具有重要的实践价值。

针对金融科技合作能否达到提升城商行效率的目的，相关研究基本形成了两种观点：

一种观点认为，城商行依托与新兴金融科技企业建立的合作关系，能够有效促进产品与服务创新，改善经营管理，继而推动效率的持续提升[14-15]。支持这一观点的学者多从金融科技合作的知识溢出效应、科技赋能效应、财务增进效应和创造整合效应等角度加以解释。基于知识溢出理论与赋能理论，跨主体的联合创新有助于促进组织间学习，加强知识与技术在组织间的流动、溢出与转移，使处于低势位的合作方获得赋能。由此，依托与金融科技企业的联袂合作，城商行能够打破组织间界限，把握示范—模仿、人员流动和技术转让机会[16]，吸收知识与技术溢出，进而获得金融科技赋能，提升经营效率[17-18]。基于金融创新理论与成本效益理论，科技驱动的金融创新往往具有更新换代速度快和投资巨大的

---

① 参考徐晓萍等和罗旸洋等的研究，本书将城商行与金融科技企业合作界定为：以促进金融科技应用、研发与创新为目标的长期战略合作，合作建立的标志是双方签订战略合作协议，对合作范围的界定不包含单一科技项目、服务或信息技术软件外包及购买事项。

特征，需要跨越主体的知识与技术资源整合[19]。金融科技合作能够帮助城商行突破自身创新资源的限制，充分整合与利用内外部两种创新资源，降低金融科技的研发成本和风险[20]，并在一些业务的关键环节上实现快速突破，塑造出更多高附加值的金融产品与服务，拓宽盈利空间[21]。

另一种观点则认为，由于缺乏理性的动因思考与利益分析[22]、无法较好地促进合作成果在内部转化与吸收[23]，且缺少应对跨界合作复杂性的内部管理能力建构[19,24]等原因，金融科技合作对城商行效率的促进作用低于预期，甚至可能具有抑制作用，金融科技合作的必要性与可行性仍然值得商榷。其一，部分研究提出在竞争驱使下，许多城商行与金融科技企业未审慎评估合作收益、成本与风险，在合作策略的选择上存在盲目性与非理性，合作中机会主义行为频发，合作的稳定性与持续性较差[25-26]，使合作的整体收益水平常常低于预期，甚至不足以弥补成本，造成资源浪费与效率损失[22]。其二，合作成果在银行内部转化不畅也是抑制合作效能释放的重要原因之一[27]。城商行与金融科技企业的合作无疑需要与银行自身业务进行深度融合才能从根本上优化影响效率低下的薄弱环节，若银行业务作为推动效率提升的载体功能受到制约，将阻碍合作成果的转化与吸收，也会使整体运营效率降低。其三，根据协同互补理论，内部管理与外部合作的协同耦合是将合作成果转化为可持续竞争优势的关键，而内部管理与外部合作的不协调则是阻滞合作价值实现的重要原因[28]。城商行等中小银行在信息技术和人力资本方面的投入相对不足，且股东之间缺乏有效的制衡与监督，在内部管理失衡的情况下引入外部合作者发展金融科技，可能会衍生新的道德风险与逆向选择问题[29-30]，加剧城商行自身的负担与脆弱性，损害其服务实体经济的效率[22,31]。

上述研究表明，金融科技合作与城商行效率存在一定关联，但关于影响效应是促进还是抑制尚存在分歧。这一分歧集中体现在：其一，城商行与金融科技企业之间能否形成稳定的合作关系，这是决定金融科技合作与城商行效率二者间关系的基础；其二，金融科技合作在城商行内部的吸收转化渠道是否畅通，这是决定二者关系的核心；其三，城商行是否具备较强的内部管理能力支持跨界合作和应对合作的复杂性，这是决定二者间关系的保障。分歧存在的根源在于：城商行与金融科技企业合作这一行为形成的内在机制，以及金融科技合作与城商行效率关系的深层次机理尚未得到理论挖掘与实证检验。基于此，本书在现实需求的牵引下，以理论分歧的根源作为突破口，首先基于有限理性前提假设构建演化博弈模型，推演城商行与金融科技企业合作策略成为个体利益最大化、双方利益均衡及社会福利最优的策略选择的实现条件与驱动因素，明晰稳定合作关系形成的内在机制。在此基础上，建构城商行内部管理因素调节下"金融科技合作—城商行业务结构演进—城商行效率提升"的分析路径，通过理论分析和实证检验，剖析与验证金融科技合作对城商行效率的影响机理，考察合作经由业务渠道向效率转化的过程是否畅通，探究内部管理与外部合作的协同耦合作用。研究结果有助于在理论层面上揭示合作的形成机制，回应现有研究关于金融科技合作对城商行效率影响的分歧，并打开二者间作用机制的黑箱；在实践层面上为已经引进合作者的城商行推进有序合作和更好地发挥金融科技合作的效率提供决策参考，对尚未引进合作者的城商行提供合作设计的实践指引。

第二节 研究意义

本书的理论意义主要体现在以下三方面：

第一，回应了现有研究关于金融科技合作对城商行效率是促进还是抑制效应的分歧，丰富商业银行效率微观影响因素的相关研究。在金融科技快速发展的背景下，面对商业银行效率提升与效率维持需求，理论分析并实证检验金融科技合作对城商行效率是促进效应还是抑制效应，补充金融科技对商业银行效率影响方面的实证证据，对银行效率微观影响因素的相关研究形成拓展。

第二，纳入城商行业务结构与内部管理因素，剖析金融科技合作对城商行效率的影响机理，并提供中国情境下的实证证据，以揭示金融科技合作与城商行效率的深层次关系，拓展金融科技合作经济影响的相关研究。通过理论研究与实证检验，以金融功能观与协同互补理论为基础，解析金融科技合作与城商行业务结构的联动作用，挖掘金融科技合作与城商行内部管理因素的协同作用，建构其内部管理因素作用下"金融科技合作—业务结构演进—银行效率提升"分析框架。研究有助于打开金融科技合作对城商行效率影响机制的黑箱，从而拓展与深化金融科技合作对经济影响的相关研究。

第三，考虑合作主体的有限理性与合作策略的动态演化，剖析城商行与金融科技企业稳定合作关系形成的内在机制，有助于深化传统商业银行与新兴金融科技企业合作关系的相关研究。基于演化博弈理论与前景理论，构建考虑感知价值的演化博弈模型推演城商行与金融科技企业博弈策略的演化路径与稳定性，揭示在有限理性前提下合作策略对单个主体利益最大化、双方利益均衡及社会福利最优的积极意义，明晰稳定合作关系形成的内在动因，有助于推动传统商业银行与新兴金融科技企业合作的相关研究得到深化与拓展。

本书的现实意义主要体现在以下三个方面：

第一，为处于数字化转型期的城商行进行跨界合作决策与合作设计提供依据。针对"是否选择合作策略"这一问题，为城商行结合自身条件进行策略选择提供决策参考，同时也为合作的先验构思与模式设计提供合乎实践的经验支撑，有助于推动城商行与金融科技企业合作这一微观实践得到有序发展，促进合作方实现共赢。

第二，围绕金融科技合作这一主题，结合城商行内部业务结构与内部管理因素，积极探索城商行效率提升路径，为城商行最大限度地发挥金融科技合作的作用提供有益借鉴。与此同时，研究不同合作模式和合作对象对城商行效率影响效应及影响路径的异质性，为城商行结合自身发展需要选择高效的合作模式与合作对象提供决策参考。

第三，为监管部门规范与引导城商行等中小银行和金融科技企业的跨界合作，培育传统银行业金融科技应用与研发能力提供理论依据。城商行是我国金融体系的重要组成部分，也是地方经济发展的重要推手，城商行效率状况与效率影响因素是衡量地方金融高质量发展水平和设计银行业与地方金融改革政策的重要依据。因此，积极探索金融科技合作促进城商行效率提升的机理与路径，对监管部门在提升银行效率的目标下制定跨主体合作规范与引导政策具有十分重要的现实意义。

第三节 研究思路与研究内容

一、研究思路

本书遵循"提出问题—分析问题—解决问题"的研究脉络，在文献回顾与现实考察的基础上，以城商行与金融科技企业合作形成机制分析为逻辑起点，将金融科技合作对城商行效率影响的机理分析与实证检验作为研究核心，最终落脚于城商行效率的提升路径与管理启示，研究框架如图1-1所示。

具体而言，首先，明确研究现状及研究缺口，进而提出本书拟解决的科学问题。其次，稳定合作关系是合作释放效率提升效能的前提，从博弈视角明确合作形成的内在机制，挖掘稳定合作关系形成的内在动因，为探究合作的效率提升效应奠定基础。为此，本书通过解析城商行与金融科技企业的博弈关系，在有限理性的前提下构建城商行与金融科技企业演化博弈模型，进行模型推导与数值仿

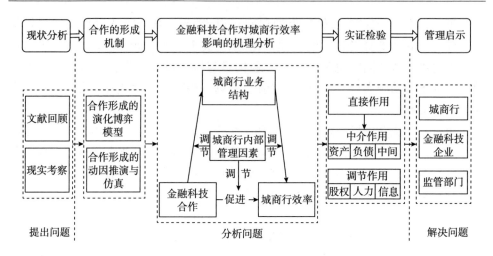

图1-1 本书研究框架

真，以推演稳定合作关系形成的内在机制。再次，在明晰合作形成机制的基础上，理论研究与实证检验金融科技合作对城商行效率的影响机理。为此，本书进行了理论分析与数理模型推演，厘清了变量间的内在逻辑关系，构建起影响机理的理论框架，进而，准确把握关键变量的测度与实证模型的建构，检验金融科技合作对城商行效率的直接作用，并纳入业务结构中介变量与内部管理调节变量，检验中介作用与调节作用。最后，结合研究结论，以城商行效率提升为落脚点，从城商行与金融科技企业合作视角切入，为城商行、金融科技企业及监管部门提供管理启示。

二、研究内容

基于上述研究思路，本书以城商行效率为研究对象，以金融科技合作为切入点，探索金融科技合作对城商行效率的影响。研究框架与研究内容安排如下：

第一章，绪论。从现实背景出发，结合相关理论研究，提炼出拟通过本书解决的科学问题——金融科技合作对城商行效率影响，并系统阐述研究背景与研究意义，界定研究范围，明确研究思路，归纳出本书的研究内容、研究方法和技术路线。

第二章，文献综述。广泛收集文献与数据资料，对金融科技合作、银行效率等核心概念的内涵和外延进行界定；系统地梳理金融科技合作、银行效率及两者间关系的相关研究，并进行相应的文献评述，以明晰研究的缺口，确定本书的研究空间，进而引出研究的切入点。

第三章，城商行与金融科技企业合作的形成机制。剖析城商行与金融科技企业合作的现实基础与博弈关系，引入动态演化和有限理性的思想，构建合作演化博弈模型。进而，推演城商行与金融科技企业策略的演化路径与稳定性，以明晰稳定合作关系的形成机制，锁定合作形成的前置动因，以期为合作发挥效率提升效应奠定基础，并为合作的先验构思与整体设计提供理论依据。

第四章，金融科技合作对城商行效率影响的机理分析。在明确城商行与金融科技企业稳定合作关系形成机制的基础上，从直接作用、中介作用与调节作用三个层次，结合相关理论，逐步进行理论分析与数理推演，构建作用机理的理论框架。首先，基于知识溢出理论、资源互补理论和赋能理论等，剖析金融科技合作对城商行效率的直接影响；立足于金融功能观，从资产、负债与中间业务结构切入，通过理论分析揭示金融科技合作对城商行效率影响的中介机制；基于协同互补理论，对内部管理因素（股权结构、人力资本和信息技术）调节金融科技合作与城商行效率关系的作用进行理论分析。其次，在理论分析的基础上，构建数理模型对金融科技合作与城商行效率之间的作用机理进行推演。最后，在分层次和逐步递进的理论分析与数理推导基础上，提出研究假设，形成理论分析框架。

第五章，金融科技合作对城商行效率直接影响的实证检验。首先，依托 WIND、CSMAR 数据库和手工收集的银行年报，采用随机前沿模型测算城商行的成本效率与利润效率，应用 Python 软件在百度搜索引擎中对各城商行金融科技合作的事件、时间和模式进行文本挖掘，构造金融科技合作这一变量。其次，采用倾向得分匹配法对研究样本进行匹配，减少样本选择偏误问题，进而构建双重差分模型实证检验金融科技合作对城商行效率的直接影响效果。再次，采用平行趋势检验分析金融科技合作的动态影响，并分别检验合作模式和合作对象对城商行效率影响的异质性。最后，为了避免可能的内生性问题，提高结果稳健性，采取工具变量法和安慰剂检验对可能存在的内生性问题进行讨论，通过替换核心变量以及增加控制变量进行稳健性检验。

第六章，城商行业务结构中介效应的实证检验。构建中介效应检验模型，以金融功能观为基础，将资产、负债和中间业务结构分别纳入模型，实证检验"金融科技合作—资产、负债和中间业务结构—城商行效率"作用链条。考虑不同合作模式和不同合作对象对城商行效率影响路径的异质性，分别检验不同合作模式和不同合作对象下，资产、负债和中间业务结构的中介作用差异。为提高中介效应检验结果的稳健性，通过替换核心中介变量进行稳健性检验。

第七章，城商行内部管理因素调节效应的实证检验。在直接效应与中介效应得到验证的基础上，分别纳入股权结构、人力资本和信息技术，构建起有调节的中介效应检验模型，探讨全样本下内部管理因素的调节作用、不同合作模式下内部管理因素调节作用的异质性，以及不同合作对象内部管理因素调节作用的异质性。为提高调节效应检验的稳健性，通过替换核心调节变量进行稳健性检验。

第八章，结论与展望。总结研究结论，提出创新之处，归纳研究启示、研究不足与展望。首先，根据研究内容与发现，总结本书的主要研究结论，提出创新点。其次，围绕"合作设计—引进—吸收转化—提升"这一框架，在整体演进的视角下提出城商行效率的主方向提升路径，在内外协同互补视角下提出城商行效率的发散式提升路径，以两条路径为基础为城商行提供管理启示；从战略制定、发展方向与自身能力建设方面为金融科技企业提供管理启示；从支持跨界金融科技合作、规范化监管跨界合作业务和打造监管科技方面为监管部门提出启示。最后，归纳本书的研究局限，并提出未来研究展望。

第四节　研究方法与技术路线

一、研究方法

（1）文献研究法。

基于中国知网、万方数据库、Web of Science、EBSCO 和 Science Direct 等数据库，广泛收集文献与数据资料。进而，运用 Citespace 和知网研学等文献计量与管理工具，对商业银行效率和金融科技合作等类目的文献进行梳理与归纳，把握国内外研究前沿与发展动态，为本书奠定研究基础，确定进一步研究的空间。

（2）数理模型分析法。

数理模型分析法是理论分析的基础，也是实现本书理论价值的必要手段，本书在城商行与金融科技企业合作形成机制分析部分与金融科技合作对城商行效率影响的机理分析部分构建了相应的数理模型，并进行模型分析与求解。

第一，构建城商行与金融科技企业的演化博弈模型。基于城商行与金融科技企业合作博弈关系，考虑双方感知价值构建城商行与金融科技企业合作的支付矩阵，在此基础上建立演化博弈模型，推导两个博弈方的策略演化路径与策略稳定性，在此基础上运用 Matlab 软件进行数值仿真，剖析影响稳定合作关系形成的驱动因素。

第二，构建金融科技合作约束下的银行存款、贷款及中间业务收益模型。以银行存款、贷款和中间业务为基础，在金融科技合作等条件的约束下，设定目标函数与约束函数，结合理论分析，通过求一阶偏导数、二阶偏导数等方法确定不同变量的敏感性，推导出金融科技合作对城商行效率的影响机理。

（3）文本挖掘方法。

关于金融科技合作的时间、合作模式和合作对象信息的获取，已有研究多采取手工从年报、银行官网和新闻中搜集事件信息的方法来确定，但这一人工处理方法可能导致合作事件的遗漏及合作时间的取值偏差。本书采用文本挖掘方法对各城商行与金融科技企业合作的事件和时间进行挖掘，具体地，应用 Python 软件进行编程，采用网络爬虫技术在百度搜索引擎中对各城商行与金融科技企业的合作事件进行搜索与统计，事件报道的网页主要来源于城商行官网、地方政府网站和财经类主流媒体等。百度作为我国领先的中文搜索引擎，在国内的搜索引擎市场中几乎处于垄断地位，通过对百度搜索引擎进行网络爬虫，并加以手工筛选，能够比较准确和全面地统计出城商行金融科技合作的时间、模式和对象。

（4）计量经济学相关方法。

计量模型构建是实证检验的基础，本书对计量经济学相关方法的运用情况如下：

第一，采用随机前沿模型测算城商行的成本效率与利润效率。关于具体模型函数的选择，采用超越对数生产函数构建随机前沿模型。进而，根据城商行业务的实际特点和相关研究中运用的投入产出指标，确定多投入和多产出的具体指标，并考虑各投入与各产出项的交叉项，运用极大似然估计的方法确定各系数估计值，据此推算各城商行的成本与利润效率值。

第二，采用倾向得分匹配方法减少样本选择偏误。由于我国城商行发展程度参差不齐，基本面存在些许差异，为了提高回归估计的准确性，需要采用倾向得分匹配的方法减少样本选择偏误，筛选出具有可比性的处理组（引进）与对照组（未引进）。

第三，构建多时点双重差分模型进行实证检验。将金融科技合作视为一项准自然实验事件，基于 2013~2020 年城商行样本数据，采用双重差分模型，将城商行划分为 4 组样本，即开展合作前的处理组、合作后的处理组、未开展合作前的控制组和合作后的控制组，通过设置虚拟变量将上述组别在回归方程中加以区分，采用 Stata 软件进行检验。为进一步明确合作的动态效应，研究中还进行了平行趋势检验，检验合作对城商行效率的动态影响。

第四，为了控制可能的内生性问题和保证检验结果的稳健性，研究采用工具变量法和安慰剂检验对可能的内生性问题进行了充分讨论，并采用替换主要变量和增加控制变量的方法进行稳健性检验。

第五，构建中介效应与有调节的中介效应模型。通过中介及调节效应检验，进一步明确变量间关系，把握变量间的内在作用机制，检验理论假设。为保证研究结果的稳健性，中介和调节效应也均通过替换核心变量的形式进行了稳健性检验。

二、技术路线

本书采用理论分析与实证检验相结合的方法展开研究。以国内外相关文献及理论作为研究基础，结合城商行与金融科技企业合作的典型事实、案例与实证数据，综合运用文献研究法、数理模型分析方法、文本挖掘法和计量经济学相关方法，深入探究了金融科技合作对城商行效率的影响。本书的技术路线如图1-2所示。

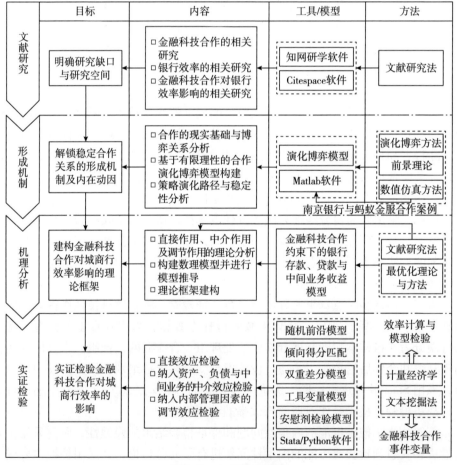

图1-2 本书技术路线

第二章　文献综述

第一节　商业银行效率的相关研究

商业银行的效率问题广受关注，从宏观层面来看，效率是商业银行资源配置绩效的重要体现[32-33]，也是衡量银行业高质量发展水平的关键，商业银行效率的提升不仅直接促进实体经济发展，还对维护金融体系稳定与优化金融资源配置有着至关重要的作用[34-35]；从微观层面来看，效率是衡量银行经营管理质量和可持续发展能力的重要指标[36-37]，也是决定商业银行竞争力的关键[38-39]。纵观现有研究，城商行效率的内涵和测度与一般商业银行没有显著差异。因此，本书通过综述商业银行效率的相关研究，为城商行效率分析奠定理论基础。

一、商业银行效率的研究热点分析

商业银行效率作为能综合反映商业银行经营管理能力的重要指标，国内外学者对其进行了细致的分解与研究，取得了颇为显著的研究效果。为了对现有研究成果进行系统梳理与综述，本书运用文献计量学及知识图谱理论，借助 Citespace 分析工具，对商业银行效率的相关研究进行可视化分析。具体而言，以 2001 ~ 2021 年被中文社会科学引文索引（CSSCI）数据库收录的中文文献和被 Web of Science（WOS）收录的外文文献为样本进行关键词共现分析，关键词共现情况分别如图 2-1 和图 2-2 所示。关键词节点表示在该领域中具有重要意义或重要影响力的关键问题分支，通过观察关键词节点内容及节点大小，能够揭示研究热点，辨识银行效率领域的研究前沿。

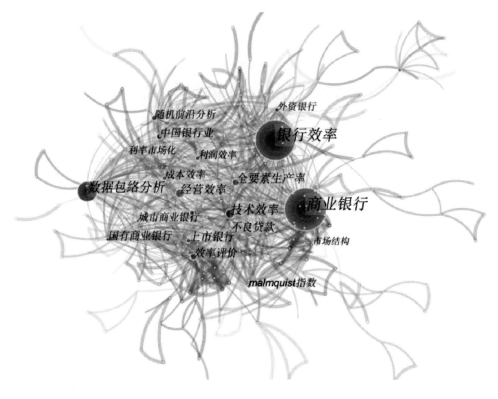

图 2-1　基于 CSSCI 数据库的银行效率文献关键词共现

　　根据图 2-1 可知，银行效率与商业银行是银行效率相关研究中出现频率较高的两个词汇。在商业银行效率这一领域下，知识图谱中的其他关键词分别反映了现有文献在效率研究对象、效率内涵、效率测度方法和效率影响因素方面取得的研究成果。关于研究对象，外资银行、上市银行和国有商业银行是效率研究对象维度上出现频率最高的关键词；关于银行效率的内涵，经营效率、技术效率、成本效率和利润效率被提及的频率最高；数据包络分析、随机前沿分析与Malmquist 指数是银行效率测度维度上热度最高的关键词。此外，关于效率的影响因素，利率市场化、不良贷款和市场结构是出现率最高的关键词。

　　由此可见，在国内研究中，研究者较为关注的是外资银行、上市银行和国有商业银行的效率问题，其中外资银行是我国银行业的新兴主体，而上市银行与国有银行在银行业中占有的市场份额较大，因此这些银行的效率问题对经济的发展与波动影响更大。针对这些银行的效率，学者们应用数据包络分析和随机前沿方法等测度方法进行了测量、比较与分析，并从宏观（利率市场化、市场结构）和微观（不良贷款）角度挖掘了影响银行效率提升的因素，为商业银行评估自身效率水平及提升效率提供了测量工具和可行路径。

根据图 2-2 所示，银行效率（Bank efficiency）、银行（Bank）和数据包络分析（DEA）是 Web of Science 数据库中出现频率最高的三个词汇。关于银行效率的内涵，讨论的出发点集中于成本效率（Cost efficiency）、盈利能力（Profitability）、技术效率（Technical efficiency）、无效率（Inefficiency）、绩效（Performance）、范围效率（Scale efficiency）和生产效率（Productivity）；关于银行效率的研究对象，商业银行（Bank）和银行分支机构（Bank branche）是现有研究主要关注的对象；关于银行效率的测度，现有研究的共现关键词集中于数据包络分析（DEA）、随机前沿分析（Stochastic frontier analysis）和模型（Model）；关于银行效率的影响因素，共现频次最多的关键词分别为竞争（Competition）、所有权（Ownership）、管理（Management）、风险（Risk）、市场（Market）和放松监管（Deregulation）。

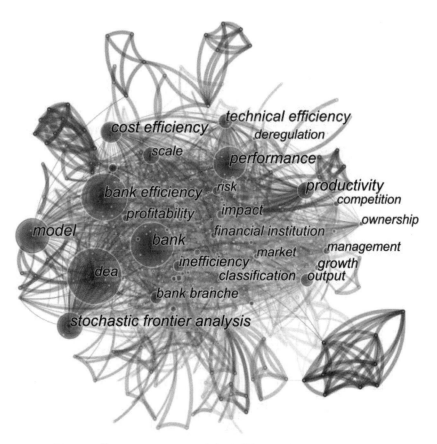

图 2-2 基于 Web of Science 数据库的银行效率文献关键词共现

整体来看，相较于国内研究，国外研究对银行效率一词的内涵分析更加多元化，对银行效率的影响因素研究挖掘更充分。在效率内涵方面，已有研究除了关注前沿效率中的成本效率，还从产出角度研究了商业银行盈利能力和绩效，从生产角度探讨了技术效率与生产效率，从规模与范围方面关注了规模效率与范围效率；在影响因素方面，除了国内学者关注的因素，内部所有权、内部管理因素和外部放松监管也普遍被认为是影响银行效率的关键因素。

根据国内外银行效率研究的关键词共现图谱可知，国内外相关研究的关注焦点具有一致性，学者们围绕效率内涵、效率测度与效率影响因素三个方面开展了大量研究。基于此，本书对银行效率展开综述，以期把握银行效率研究趋势，奠定研究基础。

二、商业银行效率的内涵

就本书关注的微观层面银行效率而言，商业银行效率是指以实现利润最大化为目标，商业银行在特定时间内对其可支配资源的利用程度[40]，即稀缺资源条件下商业银行如何通过最小的投入获得最大的产出，体现了银行经营管理能力、技术水平及资源配置能力[41-42]。早期对商业银行效率的研究主要是基于规模经济和范围经济角度来展开的。基于规模经济的银行效率研究多专注于考察成本是否会随着产量规模的增加而降低，以及规模扩大对银行平均成本的影响[43]。以范围经济为核心的效率研究则主要围绕多元化业务和混业经营展开，落脚点集中于范围经济在商业银行中是否存在的问题[44-45]。但一些研究对于我国商业银行是否存在范围效率与规模效率仍存有异议，衡量内部管理能力的前沿效率正在成为更重要的被解释变量。

与此同时，商业银行前沿效率是近年来国内外学者关注的焦点。对前沿效率的研究不仅是为了衡量和排序效率水平，更重要的是为了找出影响前沿效率的因素，揭示效率提升的可行路径。Berger 和 Humphrey[46]、齐天翔和杨大强[47] 等学者均认为，剖析能够反映管理能力的前沿效率比探讨商业银行规模效率和范围效率更有价值，对商业银行经营管理的指导意义更强。前沿效率，是指除规模和范围影响之外的技术和资源配置效率，反映了银行整合技术、人力和其他生产要素的经营管理能力[48]。Berger 和 Humphrey[46] 提出，前沿效率是相对于基准生产单元的相对表现，前沿效率的确定首先要找到行业内最佳实践的银行，基于与最佳实践银行的比较，确定过度投入或产出不足的部分。黄隽和汤珂[49] 提出，商业银行 X 效率是对某一银行相对于行业内最佳效率表现的测度，指一家公司由投入获得最大产出的能力，用给定投入和产出要素价格计算出一家银行与其他银行效率之间的相关性，找出行业中广泛认可的"最优"投入产出前沿面，某家银行效率的衡量是基于其投入产出观察值与边界之间的距离来进行的，距离越远说明该银行的效率越低。齐天翔和杨大强[47] 认为，前沿效率是对商业银行多投入和多产出综合评价的结果，是衡量商业银行绩效最具综合性的指标之一。李兴华等[50] 提出，银行前沿效率是对商业银行生产状况有效性的衡量。Bayeh 等[51] 认为，高效率的商业银行应该能够以最低的成本生产一定质量的产品和服务。可见，商业银行前沿效率是衡量商业银行经营行为业绩、资源配置状况和技术水平的重要标准[52]，能够反映出商业银行产出能力、资源利用效果和成本控制等方面的经营特征，是商业银行竞争力水平的集中体现[53]。

近年来，相关研究利用前沿理论对商业银行效率进行了多重扩展，按产出向量的类别来看，前沿效率多被划分为成本效率与利润效率。国内外研究中，有关评价成本效率的研究文献最多。成本效率体现了银行在成本方面的控制能力，重点从成本角度来考察银行的经营效率[32]。商业银行成本效率可以定义为理论最小成本与实际成本的比值[53-54]。何蛟和傅强[55] 提出，成本效率主要用于分析环境相同和产出相同的情况下，样本银行的成本与最优效率银行成本的接近程度。Toit 和 Cuba[56] 认为，较高的成本效率不仅需要确保投入与其相关的产出及成本相匹配，而且还需要确保投入组合最小化或价值最大化。

在评价商业银行效率时，利润效率也是非常重要的方面，利润效率兼顾考虑了成本和收入指标，能够反映比成本效率更全面的经营管理信息，体现银行追求利润最大化和股东价值最大化的目标[57-58]。Luo 等[59] 和 Gaganis 等[60] 认为，利润效率是具有信息意义的效率测量，因为它同时考虑了商业银行收入最大化和成本最小化的双重目标。Berger 等[61] 提出，利润效率用于衡量银行与最大利润的接近程度，最大利润是由样本中的最佳绩效者决定的。余晶晶等[62] 将利润效率值定义为实际利润与最大利润的比值。陈其安和刘艾萍[32] 认为，利润效率兼顾了商业银行成本与收益两个方面，能够体现银行股东追求利润最大化的目标。Sarmiento 和 Galán[63] 提出，前沿效率方法已成为衡量利润效率中非常重要的工具，可以通过前沿效率测算来识别导致银行利润无效率驱动因素，并为银行部门提供有用的业绩指标。Berger 和 Mester[57] 研究发现，美国银行业的成本效率与利润效率呈负相关。然而，Isik 和 Hassan[64] 与 Maudos 和 Pastor[65] 通过对土耳其和西班牙银行业的实证检验提出，银行利润效率与成本效率不存在显著相关性。Maudos 等[66] 研究发现，利润效率较高的银行并不一定在成本方面也具有高效率。

上述研究对前沿效率的总结与分析为全面理解银行效率的内涵和精准测度银行效率奠定了基础。综合已有研究对银行效率的释义，本书将银行效率定义为在环境相同和投入产出指标相同的情况下，某银行相对于行业内最佳效率银行的距离，距离越近，效率越高。进而，将银行效率分为成本效率与利润效率，前者是指理论最小成本与实际成本的比值，代表在既定产出水平下，实际成本与最小成本的接近程度，后者指实际利润与理论最大利润的比值，代表既定投入水平下，实际利润与最大利润的接近程度。

三、商业银行效率的测度

1. 测度方法比较

根据是否需要估计边界生产函数中的参数，效率分析方法可以分为非参数方法和参数方法两种。非参数方法中运用最广泛的是数据包络分析（Data Envelopment Analysis，DEA）。参数方法中运用最广泛的是随机前沿方法（Stochastic Frontier Approach，SFA）。Berger 和 Humphrey[46] 对 188 篇采用 SFA 和 DEA 测量美国银行效率的研究进行分析，发现这两种方法测度出的银行效率值虽然具有一定差异，但也存在着显著相关性，并且在两种方法下基于效率的银行排名保持了一致。李鸣迪[67] 基于 SFA 和 DEA 方法测度了中国国有银行及股份制银行的效率，同样证实了两种方法得出效率值具有显著一致性的结论。Otero 等[35]、顾晓安等[42]、Sarmiento 和 Galán[63]、Othman 等[68] 及周晶和陶士贵[69] 提出与数据包络分析方法相比，随机前沿法的优点在于允许估计效率水平时区分随机误差项和无效率项，在效率测度中充分考虑由测量误差引起的随机误差问题，从而有助于避免效率项中包含随机误差成分。此外，由于转型经济体及发展中国家更容易出现测量误差与经济环境不确定性的问题，相较于数据包络分析，随机前沿法更加适用于我国商业银行的效率测度研究。考虑到随机前沿方法在测度银行效率方面的优越性，本书参照上述研究的方法和思路，采用随机前沿法测度城商行效率。

2. 随机前沿法的函数形式

超越对数生产函数是随机前沿方法中应用最为广泛的一种函数形式。与传统柯布—道格拉斯生产函数相比，超越对数生产函数的优点主要表现为：其一，超越对数生产函数的弹性较好，能够获得离散度较小并且精确度相对较高的效率计算结果[38]；其二，超越对数生产函数遵循规模报酬可变规律[70]；其三，该函数的包容性较好，能够对效率函数展开灵活的模拟，允许交互影响项的存在，处理多投入多产出的关系[69,71]。

Battese 和 Coelli[72] 将测算银行效率的超越对数生产函数基本形式设定如下：

$$Y_i = \beta X_i + v_i \pm u_i \tag{2-1}$$

其中，Y_i 表示商业银行的利润或成本，X_i 是投入的价格及产出向量，β 是投入价格及产出对应的参数向量，v_i 是随机误差项，用于解释随机效应，u_i 是无效率项，用于解释技术效应，v_i 和 u_i 是相互独立的，在上述函数中，利润效率对应的是 $+u_i$，成本效率对应的则是 $-u_i$。国外学者 Fiordelisi 等[73]、Sarmiento 和 Galán 等[63]、Gaganis 等[60]，国内学者迟国泰等[53]、姚树洁等[74]、Zhang 等[75]、陈其安和刘艾萍[32]、申创和赵胜民[41] 及 Lee 等[76] 均采用 Battese 和 Coelli 构造的超越对数生产函数对银行效率进行了测算。参考上述研究，本书在银行效率测算的具体函数形式上，选择超越对数生产函数测算银行效率。

3. 投入产出指标

如何定义和衡量银行投入和产出是银行效率测量中的一个重要问题，国内外学者确定投入产出最为常用的方法是中介法、产出法和资产法。在投入指标的选择上，三种方法的差别不大，基本是将固定资产、人力成本和借款成本作为投入项，但对于产出的确定则存在较大差异。中介法将商业银行看作存款者与借款者的中介，通常把贷款及各类投资作为产出，将员工、资本及设备视为投入，把营业费用及利息费用列为投入的成本[42]；资产法与中介法对于产出的确定基本类似，只不过其将银行产出项定义为资产端的项目，除了贷款，还考虑了证券投资的金额[53]，投入方面主要将债务及股权资本看作投入[77]；Berger 和 Humphrey[46] 提出了一种生产法，该方法在构建投入产出时同时考虑了存款的投入和产出特征，也考虑了中间业务的产出，依据此方法，存款利息支出应当被视为投入项，而存款总量和非利息业务收入则被视为产出项。部分学者将中介法分别与资产法或生产法搭配，以确定投入产出指标。已有研究设定的投入产出指标如表 2-1 所示。

表 2-1　投入产出指标

相关文献	投入	产出	成本	利润
迟国泰等[53] 陈其安和 刘艾萍[32] 郭晔等[78]	营业投入价格 W_1 [（手续费+利息支出）/ 平均可贷资金] 可贷资金价格 W_2 （营业费用/平均总资产）	贷款总额 Y_1 投资与证券 Y_2 非利息收入 Y_3	营业费用+ 利息支出	利润总额

续表

相关文献	投入	产出	成本	利润
Sarmiento 和 Galán[63]	存款价格 W_1 （利息支出/存款总额） 劳动价格 W_2 （人员费用/员工总数） 实物资本价格 W_3 （营业费用/固定资产）	贷款总额 Y_1 投资与证券 Y_2 非利息收入/ 总收入 Y_3	利息支出+ 非利息支出	净利润
Gaganis 等[60]	存款价格 W_1 （利息支出/存款总额） 劳动价格 W_2 （人员费用/总资产） 资本价格 W_3 ［（管理费用-人员费用）/ 固定资产]	贷款总额 Y_1 其他收益资产 Y_2 非利息收入 Y_3	—	税前利润
Sapci 和 Miles[36]	存款价格 W_1 （利息支出/存款总额） 劳动力价格 W_2 （人员费用/总资产） 实物资本价格 W_3 （其他营业费用/总资产）	贷款总额 Y_1 非利息收入 Y_2	利息支出+ 非利息支出	—
Harimaya 和 Ozaki[79]	存款价格 W_1 （利息支出/存款总额） 劳动价格 W_2 （人员费用/员工总数） 资本价格 W_3 （非人力成本/流动和 固定资本价值）	贷款总额 Y_1 投资与证券 Y_2 现金 Y_3	管理费用+ 利息支出+ 其他运营费用	—
姚树洁[74] 毛洪涛等[80] 唐元懋等[40] 谭政勋和 李丽芳[81]	资金成本 W_1 （利息支出/总生息资金） 劳动力和实物资本成本 W_2 （非利息支出/总资产） 净投入 W_3 （年末所有者权益）	存款总额 Y_1 贷款总额 Y_2 其他收益资产 Y_3	利息支出+ 非利息支出	税前利润总额
Berger 等[61] Tabak 等[82] 张大永和 张志伟[30]	存款价格 W_1 （利息支出/总存款） 劳动及资本价格 W_2 （非利息支出/总资产）	存款总额 Y_1 贷款总额 Y_2 其他收益资产 Y_3 非利息收入 Y_4	—	税前利润/ 总资产

续表

相关文献	投入	产出	成本	利润
Fiordelisi 等[73]	存款价格 W_1 （利息支出/存款总额） 劳动价格 W_2 （人员费用/员工总数） 实物资本价格 W_3 （营业费用/固定资产）	存款总额 Y_1 贷款总额 Y_2 其他收益资产 Y_3	利息支出+ 非利息支出	—
Ding 等[83]	存款价格 W_1 （利息支出/存款总额） 劳动及资本价格 W_1 （非利息支出/固定资产）	存款总额 Y_1 贷款总额 Y_2 其他收益资产 Y_3	利息支出+ 非利息支出	净利润
申创和 赵胜民[41]	存款价格 W_1 （利息费用/总存款加短期资金） 劳动及资本价格 W_2 （非利息费用/固定资产）	总资产 Y_1	利息支出+ 非利息支出	税前利润总额
李兴华等[50]	存款价格 W_1 （利息支出/存款总额） 运营管理投入价格 W_2 （人力成本与固定资产 成本支出总和/总资产）	总资产 Y_1	管理费用+ 利息支出+ 其他运营费用	—
Otero 等[35]	存款价格 W_1 （利息支出/存款总额） 劳动力价格 W_2 （人员费用/总资产） 资本价格 W_3 （其他营业费用/总资产）	贷款总额 Y_1	管理费用+ 利息支出+ 其他运营费用	—

由此可见，存款相关成本、固定资产投入和人员费用等是效率投入的关键指标，贷款、证券资产和非利息收入是产出的关键指标。关于成本的计算，已有研究通过计算利息支出与非利息支出的总和得到。在利润的计算方面，已有研究大多用税前利润来表示。当税前利润为负数时，相关文献一般采用两种方法处理：一种是在所有样本银行的税前利润上加上一个固定值，该固定值等于最小税前利润的绝对值加 $1^{[60,84]}$；另一种则是将所有税前利润为负数的样本替换为 $1^{[30,82]}$。

在上述研究中，效率测度的对象多为大型商业银行和股份制商业银行，对城商行效率的测度与分析相对缺乏。考虑到城商行的发展潜力和速度不容忽视，且数量较多，对我国金融体系稳定和经济高质量发展至关重要，这类银行效率的测度与分析应当得到更多关注。

四、商业银行效率的影响因素

在宏观层面，银行业改革[74]、竞争[30,85] 和监管[86-87] 对商业银行效率的影响是学者们讨论的重点。近年来，伴随着金融与科技融合程度的不断加深，区域金融科技发展水平作为一种宏观层面的因素，其对银行效率的影响逐渐成为研究者关注的新焦点。Yang 等[103] 采用文本挖掘技术计算地区金融科技发展程度指数，并基于地区金融科技发展指数实证检验了金融科技对银行效率的影响效应。从资产端与负债端业务切入，揭示了影响机制；Lee[76] 等采用主成分分析构建了区域金融科技创新指数，进而应用 GMM 模型检验了金融科技创新对银行效率的影响。研究发现，金融科技创新促进了区域技术进步，不仅对银行成本效率有正向影响，还显著促进了利润效率提升。上述研究表明，从宏观层面来看，区域金融科技的发展可能对商业银行同时产生正向技术溢出效应与负向溢出效应，具体哪一种效应会发挥主导作用，需要根据地区特点及银行特点探讨。

在微观层面，已有研究讨论了资产和负债端的业务结构[88]、收入结构[89-90]、治理结构[50]、战略投资者引进[78]、民营资本入股[91]、内部创新能力[92] 等因素对银行效率的影响。少部分研究者提出微观层面金融科技应用行为也是现阶段银行效率提升的关键，旨在探讨技术驱动下的金融创新行为给效率优化带来的机遇和风险。李运达等[28] 提出，在现阶段商业银行金融科技投入行为对生产率的影响仍存在阻滞，需要增进内部管理的协同性，才能打破生产率悖论，发挥金融科技投入对银行生产率的正向影响。李学峰和杨盼盼[93] 运用网络爬虫从百度搜索中获取银行层面金融科技发展情况的相关数据，检验了银行发展金融科技对风险管理的影响，提出银行发展金融科技有助于提高风险管理水平，继而促进经营效率提升。刘孟飞和蒋维[94] 探讨了微观层面银行运用金融科技的程度对银行效率的影响，研究发现银行运用金融科技的程度越高，短期内越会提升成本效率与利润效率，但在长期来看，成本与利润效率的提升不明显。Bunea 等[95] 提出，传统商业银行对金融科技的应用颠覆了金融资源配置模式和信息生产方式，有助于提高投入产出效率。

第二节　商业银行与金融科技企业合作的相关研究

本节围绕商业银行与金融科技企业合作主题，对相关研究进行综述，以深入理解商业银行金融科技合作的内涵与外延、可行性及经济后果，为后文研究奠定基础。

一、金融科技合作的相关概念界定

1. 金融科技的内涵与外延

为了能够更深入地理解商业银行金融科技合作行为，需要剖析金融科技的内涵与外延。

第一，金融科技的本质是技术。金融科技（FinTech）广义上是指技术创新在金融领域的应用，主要是指将互联网技术和金融业务活动融合[96]。Chen 等[97] 提出，所有可以实现价值创造或优化金融服务及产品供给的技术都可以广义地理解为金融科技。类似地，Darolles[98] 认为，金融科技是在金融活动中应用的技术，包括能够广泛影响货币运行、信贷业务、支付、融资和投资的技术；Gozma 等[99] 认为，金融科技是指一系列能够优化金融交易和丰富金融信息流的前沿技术；Gai 等[100] 提出，金融科技可以被理解为金融机构所采用的包括数据安全、风险管理和服务交付等在内的新兴信息技术集合。除此之外，还有部分研究强调了金融科技中的技术与广义信息技术的区别，提出金融科技是指那些致力于突破传统金融机构弱点、优化金融产品和服务的数字技术[101-102]。

第二，金融科技普遍被认为是一种科学技术驱动的金融创新，能够推动新的金融商业模式、业务流程和创新产品的发展。20 世纪 90 年代，金融稳定理事会（Financial Stability Board，FSB）将金融科技定义为由科学技术推动的金融创新，它能够创造新的金融业务模式、应用、流程或产品，进而对金融市场、金融机构或金融服务模式产生实质性的重大影响。Yang 等[103] 提出，金融科技包括金融领域的数字技术创新和基于技术的商业模式创新。Vasiljeva 和 Lukanova[104] 认为，金融科技可以被看作是金融行业中的一个技术驱动的过程，它为标准化金融服务过程引入了新的方法。Milian 等[105] 将金融科技描述为对金融创新有支持作用的现代技术和通过现代互联网信息技术得到优化的金融业务创新（如在支付、信贷等方面推出的新商业模式）。

第三，金融科技的创新主体既包含科技企业，也包含传统金融机构。朱太辉[107] 及尹振涛和冯心歌[108] 认为，从狭义的角度来看，金融科技是指由科技公司利用信息技术开展的金融业务，突出了金融科技的行为主体必须是科技企业。Phan 等[17] 认为，金融科技的创新主体是采用新技术提供结算、贷款、支付、个人理财、众筹和加密货币等业务的金融服务供应商。Gomber 等[10] 提出金融科技的创新主体既包括初创型金融科技企业，也包括提供底层技术的信息科技企业。从广义角度来看，金融科技既包含科技企业在金融领域的数字化创新，也包括传统金融机构的数字化转型及传统金融机构与科技企业的融合发展。

已有研究对金融科技内涵和外延的认知尚存争议，部分学者侧重于从技术逻辑剖析金融科技的内涵，部分则侧重于从金融视角认识和理解金融科技的内涵，此外，还有部分研究从技术与金融的结合过程及结合产物方面分析金融科技（见表2-2）。综合上述观点，本书认为中后端的底层信息技术与前端技术驱动的金融服务、产品和商业模式创新，都是金融科技不可分割的组成部分。

表 2-2　金融科技的特点与金融科技企业的内涵总结

	内涵	特点
金融科技	金融科技是在金融活动中应用的信息技术	从技术逻辑解读金融科技，区别于普适性的信息技术，专指致力于突破金融业务难点和弱点的颠覆性信息技术
	金融科技是技术驱动的金融业务模式、产品与服务创新	从技术与金融结合的逻辑界定金融科技，金融与技术融合产生的创新是指有助于促进金融活动提质增效的创新
	金融科技是科技企业或金融机构用数字信息技术开展的金融业务	从金融业务逻辑理解金融科技，从狭义角度来看，只包括科技企业开展的金融业务；从广义角度来看，也包括传统金融机构应用数字技术开展的金融业务
金融科技企业	从狭义角度看，金融科技企业是指新兴科学技术创造出新金融产品与服务的企业，这些企业拥有底层技术研发应用，以及金融产品与服务孵化的双重能力	基于金融逻辑以及技术与金融结合逻辑提出的金融科技企业概念，对金融科技技术逻辑的认识不足
	从广义角度看，金融科技企业既包括利用科技创新金融产品与服务，并为传统金融机构提供综合解决方案的企业，也包括大数据、区块链和云计算等金融科技基础与底层技术的提供方	综合了现有研究关于金融科技的内涵解读，从更为广泛的角度界定了金融科技企业的范围

2. 金融科技企业的内涵与外延

结合表2-2，从狭义角度来看，部分学者认为金融科技企业是指用新兴科学技术创造出新金融产品与服务的企业，这些企业拥有底层技术研发应用，以及金融产品与服务孵化的双重能力。Fuster 等[109] 认为，金融科技企业是指抵押贷款全部通过线上完成，而无人工干预的信贷机构。Drasch 等[19] 提出，将金融科技企业指代为金融科技的初创企业，即通过技术赋能创造出新机会来满足客户日益增长的金融需求，并同时根据客户潜在需要而创造新的客户需求的企业。徐继峰和廖贝妮[110] 将金融科技企业界定为运用大数据、人工智能、区块链等技术重塑金融产品、模式和流程，并能为传统金融机构提供技术输出的组织。狭义视角下的金融科技企业未包括开发金融科技底层技术，并将底层技术赋能与输出到金融机构的企业。

从广义角度来看，大多数学者认为金融科技企业包括两类：一类是利用科技创新金融产品与服务，并为传统金融机构提供综合解决方案的企业；另一类是包括大数据、区块链和云计算等金融科技基础与底层技术的提供方①[111-112]。Nicholas 等[113] 将金融科技企业定义为银行和企业金融、资本市场、金融数据分析、支付以及个人财务管理提供技术的企业。廖岷[114] 提出，金融科技行业整体上被认定为属于"金融相关事业"，即利用咨询或网络科技为金融机构提供支持性信息数据服务（如大数据、云技术、机器学习等），以及效率或安全性提升服务（如移动支付、自动化投资理财顾问、生物识别等）等金融创新服务的行业。金融科技企业主要具有以下特点：一是金融科技企业脱胎于传统金融机构对互联网领域技术合作者的培育[115]，具备开放式创新特点和技术驱动特征[116]；二是多数金融科技企业以互联网平台为基础进行运营，客户具有多边性，准确把握客户需求和推动技术创新与迭代尤为重要[117]；三是经营相同业务的金融科技企业的技术基础具有同质性，即业务功能和技术有着很强的对应关系。艾瑞咨询[111] 在研究报告中指出，中国金融科技市场的参与企业按照各自发展侧重点和基础的不同，可以分为三类：第一类，金融业务开展方，指有金融业务牌照，持牌开展金融业务的银行、证券、保险等传统金融机构；第二类，技术提供方，主要指专注研发人工智能、大数据、云计算和区块链等前沿科技底层技术的科技研发公司；第三类，金融科技解决方案提供方，指将前沿科技与金融业务相结合，为传统金融机构提供可落地可实施的综合业务解决方案的科技公司。

3. 商业银行与金融科技企业合作的内涵与外延

根据已有研究对金融科技与金融科技企业的理解，进一步剖析商业银行与金融科技企业合作（简称金融科技合作）的内涵与外延。金融科技企业利用互联网技术改进并创造了许多金融产品和服务，打破了原有金融生态中长期存在的稳定结构，不仅被视为可能会颠覆传统银行的替代者，也被认为是传统银行开展金融创新的重要合作对象[118]。据此，本书将广义的金融科技企业界定为商业银行的金融科技合作者。根据广义角度对金融科技企业的定义，本书将商业银行与金融科技企业合作界定为一种跨界合作行为，即为了推动金融科技运用、获得技术

---

① 有代表性的提供金融科技综合解决方案的金融科技企业包括蚂蚁金服、京东数科、度小满金融、金融壹账通等；有代表性的提供金融科技底层技术的金融科技企业包括华为、旷视科技、纸贵科技等。

溢出和构建金融科技生态系统，以科技合作为基础引进共同寻求金融创新的合作者的行为。这种跨界合作行为具有战略性、全面性和长期性的特征。其中，战略性特征是指金融科技合作通常是商业银行总行战略层面的决策，以"总对总"战略合作协议的形式呈现；全面性代表合作超出单项金融业务与科学技术合作范畴，具有多维度和多层次的特征；长期性则指合作通常会再延续一段时期，合作事项会逐渐落实直至全面铺开。根据商业银行与金融科技企业合作内涵，从合作模式和合作对象两个方面对金融科技合作的外延进行综述。

（1）合作模式。

目前，我国商业银行与金融科技企业的合作内容多为"技术+业务/场景"的双重合作，实现模式包括创设模式、共建模式和赋能模式[119-120]。国有大型商业银行和股份制商业银行基本呈现出"创设模式"与"共建模式"并行的特征，但截至2020年末，在134家城商行中，除了北京银行和廊坊银行已经创设了银行系金融科技子公司，其他城商行与金融科技企业开展合作的方式为共建模式和赋能模式[18]。城商行较少选择"创始模式"主要源于缺乏数字技术支持和复合型人才供给，自建金融科技平台的成本较高，因而选择"借船出海"的策略更加具有经济可行性[121]。

共建模式已成为传统商业银行发展金融科技的一种典型模式，即商业银行与金融科技企业联合设立金融科技实验室，融合双方优势资源，以数据共享与技术支持为核心，同时辅助以人才培养与组织变革，联合开展金融创新[122-123]。

依据现有共建合作模式的共同之处，本书总结了共建合作模式的基本流程，如图2-3所示。金融科技企业和商业银行联合成立金融科技实验室，商业银行向实验室输入金融科技开发需要的资金、风险管理经验等资源，金融科技企业则为合作提供技术资源、基础设施和客户行为数据等资源[124]，双方依托实验室孵化金融科技创新平台。在该平台的支持下，双方共同推进创新技术研究、探索服务模式优化、孵化金融创新产品和进行人才培养，创新成果优先落地于参与合作的城商行，金融科技企业也同步获得相应的利润分享，实现金融服务业务拓展。随着金融科技实验室发展逐渐成熟，进入高层次共建模式，将有越来越多的金融科技创新产品与服务模式能够进入商业化转化阶段，能够向其他中小银行输出和赋能，而参与共建的金融科技企业和城商行也会因此获得更多的外部反馈与利润分享。

近年来，赋能模式在城商行与金融科技企业的合作中也得到了广泛的应用。赋能合作模式，是指金融科技企业向商业银行提供信息技术、创新知识并帮助商业银行进行金融科技人才培养，为商业银行利用金融科技开展业务创新而赋能[119,125]。在赋能模式下，商业银行是接受赋能方，金融科技企业为赋能方。

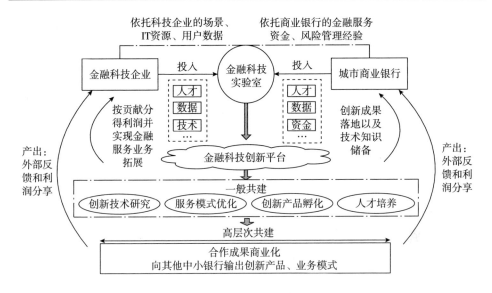

图 2-3 合作的共建模式

本书总结了实践中城商行与金融科技企业赋能合作模式的基本框架，如图 2-4 所示。金融科技企业根据城商行需求提供金融科技的综合解决方案，为商业银行提供数字化与智能化转型的方法和技术服务，如信息通信技术（ICT）产品、大数据和云计算等新技术，并帮助银行进行科技人才培养，以改善城商行 IT 架构并提升其技术能力，推动新技术在城商行的落地和应用，继而促进商业银行数字化转型和智能化升级[110]。随着赋能合作的深入，部分金融科技企业还会对合作城商行开放数字平台接口和数据资源，实现城商行金融服务的场景嵌入与数据资源的共享[126]，推动商业银行金融服务范围拓展。甘肃银行与腾讯以赋能模式开展的金融科技合作，就是以智慧信贷场景切入，发挥腾讯云在社交连接、移动支付以及金融科技等方面的技术和场景优势，立足于甘肃银行的业务发展特性以及区域市场特征，共同打造智慧银行，以助力甘肃银行向数字化和智能化方向转型升级。

（2）合作对象。

与商业银行开展合作的金融科技企业在专注领域、业务属性和发展模式方面表现出了不同特征。巴塞尔委员会（Basel Committee on Banking Supervision, BCBS）依据专注领域的不同，将金融科技企业分为支付结算、存贷款与资本筹集、投资管理和市场设施四类企业。其中，前三类金融科技企业的功能和传统金融机构类似，金融属性较强，而市场设施类企业则属于非传统金融业务范围，主要包括：提供客户身份认证、多维数据归集处理等底层基础技术的新兴科技企

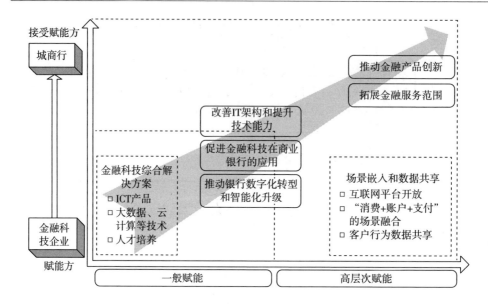

图 2-4 合作的赋能模式

业。按照业务属性对金融科技企业进行分类的代表性学者是张珏涵和罗守贵[112]，他们在研究中将金融科技企业分类为"金融属性"更强的企业和"科技属性"更强的企业。具体来说，金融属性更强的企业，主要涉及从事金融或者类金融业务的企业，包括数字融资、数字投资、数字货币、数字支付、保险和部分金融咨询业务；科技属性更强的企业，包括巴塞尔委员会提出的第四类金融科技企业，即市场设施类企业，主要是为金融机构提供技术支持，或者为金融市场提供技术基础设施的企业。

此外，依据发展模式的不同，徐继峰和廖贝妮[110] 将金融科技企业分为综合发展类企业、底层科技类企业和金融服务类企业。其中，综合发展类企业也常在国内外研究文献中被称作大型科技企业或大型金融科技平台（BigTech）。综合发展类企业在深刻改变金融服务的同时也在通过建立合作关系等方式重新塑造着金融行业，对商业银行的价值不仅体现在技术赋能上，还在客户与场景方面给商业银行带来了诸多有益影响，如图 2-5 所示。Frost 等[127] 在国际清算银行（Bank for international settlements，BIS）工作报告中对大科技企业进行了界定，提出大科技企业是指那些主要从事数字服务，且在数字服务市场上有一定的影响力的大型科技公司，这些大型科技公司通常从支付业务开始，逐渐衍生出一些金融服务。国际货币和银行研究中心在世界经济论坛发布的报告中提出大型科技企业（BigTech）与其他金融科技企业的发展模式存在差异，大科技企业依托自身拥有的数字科技平台、客户网络和技术优势，受益于范围经济和规模经济，在金融科技创新方面存在很强的竞争力[128]。综合发展类金融科技企业一定程度上具有互联网平台的特征[129]。国内学者刘少波等[130]认为，综合发展类企业是我国金融科技行业的生成者和引领者，推动了金融科技在传统金融机构的渗透。尹振涛和冯心歌[108]提出我国的综合发展类企业及其主要的金融服务平台主要有阿里巴巴（蚂蚁科技）、腾讯（腾讯FiT）、百度（度小满）和京东（京东数科）。

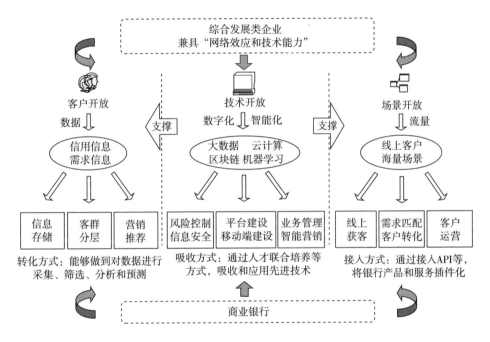

图 2-5 商业银行与综合发展类企业的合作

除综合发展类企业外，底层技术类金融科技企业多指专注于底层技术研发与应用的科技企业，这些企业不仅服务于商业银行，也是各行各业数字化转型的重要驱动力，常被称作ICT服务商。这类企业在金融科技某些底层技术领域有非常强的竞争力，信息技术输出经验丰富，善于根据商业银行需求提供基础设施支撑和全流程的数字化与智能化转型方案，是商业银行开展金融科技创新的重要合作伙伴。

目前，关于商业银行与金融科技企业合作模式和合作对象的研究尚处于质性分析阶段，为理解和研究金融科技企业与商业银行的合作奠定了基础。但就已掌握的文献来看，尚未有研究关注不同合作模式和合作对象对商业银行的影响是否存在异质性，也就无法为实践中商业银行选择高效的合作模式与合作对象提供有效指导。本书借鉴徐继峰和廖贝妮[110] 及尹振涛和冯心歌[108] 的研究，依据金融科技企业发展模式的不同特征，将与城商行开展合作的金融科技企业分为综合发展类企业、底层技术类企业和金融服务类企业。这样分类的原因在于：首先，从专注领域和业务属性对金融科技企业进行划分，在实际操作中存在较大困难，金融科技行业目前已经出现了几家头部企业，这些企业占有很大的市场份额，专注的领域比较全面，并且兼有金融属性和科技属性，很难从专注领域和业务属性的视角对其进行划分；其次，综合发展类企业、底层技术类企业和金融服务类企业的基因、技术和服务模式存在差异。特别是对于综合发展类企业，是数字科技平台、信息科学技术和金融科技服务的集合，其网络效应和技术效应，可能会为合作伙伴创造显著区别于其他金融科技企业的高效益。因此，本书将分别研究不同合作对象对城商行效率的影响效果与影响机理，以期为城商行选择优质高效的合作对象提供参考。

二、金融科技合作的内在动因分析

金融生态系统中内部主体关联性的演化直接影响着金融生态的稳定性[131]。伴随着金融开放和银行业改革的加深，商业银行与外部机构的合作、融合及相互作用形成了一种自发秩序，不仅促进了金融生态的平衡与稳定，也对推动商业银行变革自身有重要意义[132]。通过与外部机构合作引入稀缺资源是商业银行转型期的重要战略之一。在金融开放的浪潮下，2003 年起，我国商业银行一度掀起了引进境外金融机构作为合作者的浪潮，境外金融机构与商业银行的合作的形成机理得到了研究者的广泛关注[133]。境外金融机构拥有先进的公司治理理念与管理经验，引进境外金融机构为商业银行发展与变革带来了机遇，一些学者以合作的短期与长期收益为切入点，对引进境外金融机构的动因进行了推演[134-135]。

随着互联网行业向金融机构的渗透程度不断加深，金融生态中的活动主体从传统金融机构向非金融机构拓展。商业银行的合作者也不再是国内外传统金融机构，更是有从事各种第三方支付和互联网金融等业务的金融科技企业。基于此，部分学者针对商业银行与金融科技企业合作内在动因的辨识问题进行了探讨。相关研究指出，在整个合作关系的维持过程中，合作稳定性很容易受到一些因素的影响[5,136]。关于商业银行与金融科技企业合作形成动因的探索，按照研究方法可以大致分为两类：第一类是案例研究，张珺涵等[137] 基于上海市金融科技企业情况，研究了金融科技企业开放式创新的问题；Drasch 等[19] 通过理论分析提出合作伙伴的匹配程度、知识与技术的分享程度是影响商业银行与金融科技企业合作维持稳定性的重要动因；Acar 和 Çıtak[138] 通过对土耳其银行的案例分析提出由于内部创新动力不足，为了从外部获得知识与技术推动创新，商业银行产生了与金融科技企业合作的动机。第二类是博弈方法，曾玲玲和孙琳琳[139] 对传统银行与互联网金融公司的合作进行了分析，提出公平的分配机制、较低合作成本是双方建立合作的内在动因；庄雷和周函[136] 通过构建科技企业与传统银行的博弈模型，提出引入奖惩机制后，金融科技合作的稳定性增强；罗旸洋等[25] 初步探究了商业银行与金融科技企业合作的动态演化规律，研究发现合作成本与利益分配是影响合作形成及有序发展的关键；杜朝运和孙帼斌[5] 分析了地方商业银行与第三方支付平台的竞合关系，发现随着第三方支付平台的成熟和发展，产品和资源的可共享性提升，有可能推动合作的形成和长期维持；单纯[140] 利用三阶段 Hotelling 模型研究了第三方支付机构与商业银行的竞合博弈问题，指出合作策略的演化是动态变化的，应当从动态角度探索合作的形成与演化；Zhao 等[141] 分析了商业银行与互联网金融企业的竞争与合作关系，结果表明 {战略合作，战略合作} 是双方博弈的演化稳定解，资源互补性是合作建立与维持的内在动因。

上述研究揭示了知识与技术互补、合作收益分配机制、合作成本等因素对商业银行与金融科技企业合作形成的驱动作用，但大多是建立在完全理性基础上的现象解释与静态研究，忽略了合作者的有限理性，以及合作过程的长期性、复杂性和动态性特征。研究中仍然有待注意的问题是：一方面，商业银行与金融科技企业的合作问题并不是一个静态的时点问题，从策略层面来看，合作是在动态演化中双方自主学习和模仿高适应值策略而形成的，并且合作必须能抵御一部分突变倾向（如机会主义行为、道德风险等）才能长久地维持稳定态[140]；另一方面，现有研究基本是建立在理性主体假设上对合作形成机制进行了分析，缺乏对主体有限理性的量化考虑。然而，在现实情形中，商业银行与金融科技企业难以在完全理性的基础上展开决策，由于自身决策水平、认知能力等方面的制约，博弈方往往表现出有限理性特征，决策者感知与行为倾向对合作稳定性的影响不应被忽略。因此，对商业银行与金融科技企业合作形成机制的研究还有待立足于合作者有限理性和合作策略的动态演化进一步进行深入探讨。

三、金融科技合作对商业银行的经济影响

关于金融科技合作对商业银行影响的理论研究，已有研究基于资源互补理论、技术溢出理论、金融生态理论与金融中介理论进行了诸多探索。

基于资源互补与技术溢出理论，商业银行与金融科技企业合作能够弥补自身短缺的技术与知识资源。现代银行业的发展并不仅仅依赖于劳动和资本投入的增

加，主要的动力来自技术进步，当前，银行业正经历着由新兴科学技术、数字经济及新市场参与者掀起的革命[142]。金融科技合作是商业银行获得先进技术，通过先进的信息技术推动金融业务创新的关键[143]。与金融科技企业合作为商业银行重新建立恰当且高效的系统提供了有效途径[144]，有助于促进金融科技企业与商业银行在技术合作系统中共生与进步[145]。按照熊健等[11]、罗暘洋等[18]和徐晓萍等[146]的研究，商业银行金融科技合作有助于获得技术溢出，继而将外部资源内化为银行创新能力。

基于金融生态理论，金融科技合作使传统商业银行能够与金融生态系统中的其他主体形成共生关系，有助于吸收生态系统的能量，获得生态圈的技术溢出与知识溢出，促进金融科技创新与成果转化[131]。随着金融科技的发展，相关学者提出了金融科技生态圈的概念，金融科技生态圈是由金融机构独立或与金融科技企业合作，将金融科技运用于业务拓展和产品创新中，从而形成的共赢生态圈[147]。在现阶段，金融科技企业已然成为金融生态系统中的重要活动主体，在推动金融创新、改善金融服务和提高资源配置效率方面发挥着重要作用[105,143]。金融科技合作能够促进商业银行与生态系统中的金融科技企业共生与发展，将生态系统内外部资源整合起来，形成完整且高效的发展模式，同时，也有助于推进商业银行实现与其他平台企业的场景生态互联，从而对银行业务进行创新性赋能，优化客户体验[22]。

基于金融中介理论，商业银行是传统的金融中介组织，与新兴金融科技企业开展合作有助于降低中介成本。借贷双方交易成本和信息成本的存在催化了商业银行等金融中介机构的产生[148]。因此，商业银行需要在信息获取和交易监督方面始终保持优势，才能减少信息不对称，降低中介成本[149-150]。随着大数据、人工智能、区块链等信息技术不断发展，一些金融科技企业能够通过自身技术优势减缓市场信息不对称问题，为长期以来金融市场忽略的长尾客户服务，促进价值创造的同时，也对传统商业银行这类金融中介机构形成替代和补充[3]，使现有金融生态系统的结构发生变化，逐渐呈现分布式、网络化的结构[151]。在新的金融生态下，商业银行为了保持金融中介的功能，不可避免地需要与生态系统中的其他资源持有者互动与联系。通过合作，商业银行能够获得信息和知识溢出，降低其作为信息中介机构运营的信息成本与中介成本，提高资源利用效率，继而更好地充当金融体系中的信用中介。

在实证研究方面，部分学者通过实证检验发现商业银行与金融科技企业合作推动了业务创新，显著促进了商业银行财务绩效提升、信贷结构优化、经营绩效提高和风险管理能力提升。北京大学互联网金融研究中心通过对我国165家商业银行进行调查分析，发现商业银行通过与互联网金融企业合作，能够以较低的成本拓展业务范围，推进金融业务创新[152]。在技术合作或技术引进下，金融科技对银行的赋能提高了银行贷款部门服务的可触达性、灵活性和安全性，使银行能够紧密地连接到目标市场[10,153]。罗暘洋等[18] 采用双重差分法进行实证研究，发现银行与第三方支付企业合作开展金融科技创新能够显著促进商业银行财务绩效提升。徐晓萍等[146] 将商业银行与外部机构开展金融科技创新看作准自然实验事件，实证检验了合作对商业银行信贷结构调整及盈利能力的影响，结果表明与金融科技企业合作对区域性银行信贷结构调整及盈利能力提升的正向影响更为显著。熊健等[11] 将商业银行分为与金融科技企业有业务合作组和无业务合作组，实证检验发现有合作的商业银行通过业务联系显著促进了经营绩效提升。宋敏等[3] 经过实证研究发现，地区金融科技企业数量越多，商业银行与金融科技企业合作获得技术和科技赋能的可能性越大，商业银行也因此能够更有效地服务实体经济发展。张爽和何佳讯[154] 通过对浦发银行的案例研究，提出与金融科技企业合作构建数字化交互平台有助于促进顾客管理的转型升级，推动商业银行核心竞争力提升。刘孟飞和蒋维[94] 认为，通过大数据、云计算、分布式账本等技术合作，能够促进传统金融机构资源配置效率与风险管理能力获得显著提升。

第三节 金融科技合作对银行效率影响的相关研究

一、金融科技合作对银行效率的促进作用

关于金融科技合作对银行效率的影响，大部分学者认为，通过与金融科技企业建立合作，商业银行能够获得组织间学习的机会，改善组织经营管理，获得正向的知识和技术溢出，继而促进商业银行效率提高[19,28]。现有研究依据商业银行经营管理理论、组织间学习理论、资源互补理论和金融创新理论剖析了金融科技合作对商业银行效率的促进作用。其一，从商业银行经营管理角度来看，引入金融科技合作者不仅能够带来先进的技术及服务标准，还会获得更为科学的决策流程和专业化的管理经验，势必会在一定限度上改变商业银行的经营环境，促进商业银行突破既有体制约束，优化内部资源配置，从而提升效率水平[155]。Chen等[20] 认为，金融科技合作者的引入能够颠覆传统银行业经营模式，促使银行提质增效。宋首文等[156] 提出，与金融科技企业建立合作，有助于联通信息平台前

后环节，并制定简洁规范的风险管理流程，以打破传统商业银行信息孤立和部门推诿现状，缓解信息不对称，促进管理效率提升。其二，从组织间学习角度看，Bons 和 Alt[157] 认为，与金融科技企业建立合作有助于促进组织间相互学习，加速先进知识与技术的溢出，提升商业银行技术水平，改善现有的业务流程，便捷服务方式，从而提升商业银行整体效率。Hoehle[158] 提出，银行与金融科技企业的合作具有开放式创新特征，能够实现跨越企业边界的知识流动所带来的价值创造。Hagedoorn 和 Schakenraad[159] 提出，科技联盟和协作能够满足快速发展的技术发展需求，有助于组织获取外部知识资源。宫晓林[160] 认为，互联网金融对银行具有示范效应，商业银行学习互联网金融的产品、服务、渠道和平台功能创新，有助于提高效率。其三，依据资源互补理论，金融科技企业与商业银行的资源禀赋存在差异，金融科技企业的优势主要是技术和场景，城商行的优势则体现在金融业务的多样性与机构的品牌效应上[4]，双方都能够通过合作从对方处获取关键性的技术与资源，实现资源互补，将外部资源内化。对于商业银行而言，通过与金融科技企业合作能够获得开展金融科技创新所需要的智力资本，进而促进效率提升[21]。其四，根据金融创新理论，通过与金融科技企业开展联合创新，商业银行能够创新产品与服务模式，打破场景限制。依据颠覆式创新的思想，商业银行作为企业，在金融资源配置方面长期遵循固有模式和思路，回避了一些长尾客户的需求，而金融科技企业通过应用新的颠覆式创新技术，降低了信息不对称，实现了对众多长尾客户需求的瞄准[129]。在此情形下，通过建立跨组织的合作，商业银行能够借助金融科技企业的力量增强其对普惠金融及小微企业的触达能力，实现业务拓展与效率提升[11]。通过融入金融科技企业打造的线上场景，利用其用户和流量，延伸自有业务渠道的触角[126]，同时，还可以主动将合作机构的场景引进来，扩展银行 C 端场景，达到以高频生活服务场景带动低频金融服务的目的[12]。图 2-6 总结了持"金融科技合作对城商行效率有促进作用"观点文献的基本阐述。

根据图 2-6 可知，伴随着金融科技企业的引入，资源互补与知识和技术的溢出效应得到发挥，推动商业银行不断提升效率。专业化的管理经验、先进的技术、丰富的线上场景及颠覆式创新模式等要素的汇聚共同推动了商业银行管理与业务的发展，突破了以往银行只能依靠内部资金、内部技术与人员进行要素集成与局部流程改进的缺陷。虽然诸多研究者对金融科技合作对商业银行效率的促进效应进行了理论分析与描述，然而，实证研究方面的经验证据仍然缺乏，有待在中国情境下开展落地于中国商业银行的实证研究。

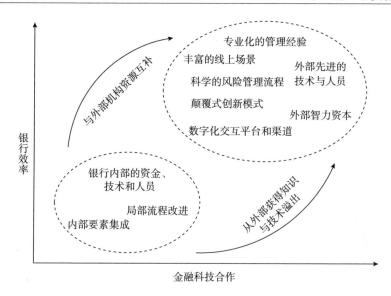

图 2-6 已有文献关于促进效应的研究

二、金融科技合作对银行效率的抑制作用

考虑到大型银行与中小型银行可能有不同的战略转型路径，并且二者在资源约束和经营模式等方面呈现出迥然不同的特征[4]，部分学者认为金融科技合作对不同规模商业银行效率的影响存在异质性。大型国有与股份制商业银行内部管理能力强，能够充分应对合作的复杂性，而城商行等中小银行信息技术能力、人力资本和治理结构相对落后，金融科技合作容易衍生出新的安全隐患与风险问题，如若不能构建有效的协同机制，反而会导致合作成果的吸收与转化不畅，加剧城商行的脆弱性，抑制城商行效率的提升。已有文献关于抑制效应的研究总结如图2-7 所示。

吴朝平[22] 认为，商业银行如若自身知识吸收与转化能力不强，容易在合作中处于"被动地位"，合作收益被金融科技企业蚕食，难以获得核心和关键的科技，也很难通过科技赋能改善自身业务痛点。赫国胜和耿丽平[14] 研究发现城商行对金融科技等智力资本的运用效果显著不及国有银行和股份制银行，金融科技合作成果在城商行内部的转化与吸收不畅。毛洪涛等[80] 基于战略引资提出引入创新合作者后，由于技术资本等前期投入的增加，使银行效率不仅没有提高反而可能下降。刘永平和阮平南[27] 提出，并非任何金融科技企业都能对银行效率发

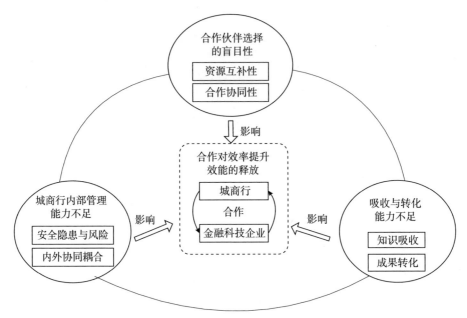

图 2-7　已有文献关于抑制效应的研究

挥正向影响，合作伙伴选择的科学性和合理性是影响合作效果的关键，协同效果差的合作伙伴会导致效率降低。部分学者还提出，金融科技合作的效果受到文化冲突、激励制度差异和知识共享障碍等因素的影响，很多城商行难以通过优化自身内部管理，促进外部合作效应更好地释放，外部合作的效果仍然具有较强不确定性[29-30]。金融科技合作受到安全隐患与风险和文化冲突等因素影响，很可能对银行效率的作用效果未及预期，甚至产生抑制作用。由此可见，相关文献中关于金融科技合作对银行效率影响的看法还存在一些分歧，亟须对金融科技合作与银行效率关系进行深层次理论分析与实证检验。

第四节　研究评述

本章从银行效率、金融科技合作以及金融科技合作对银行效率的影响三个方面对已有文献进行了梳理与总结。虽然已有研究为本书奠定了理论基础，但仍存在一些缺口，为本书提供了研究空间。

（1）关于银行效率影响因素的研究，宏观层面金融科技发展水平对银行效率的影响已经得到了研究者的广泛关注，而针对微观层面金融科技合作行为与银行效率的关系，现有研究正处于起步阶段，仍缺乏系统性的理论分析与实证证据。

已有研究着重探讨了区域金融科技发展水平对银行效率的影响，为诠释金融科技发展的经济效应奠定了基础。但是，相较于宏观金融科技发展水平，商业银行与金融科技企业合作这一微观行为更易对商业银行产生直接作用，研究金融科技合作对城商行效率的影响更有助于揭示出金融科技对银行的实际影响效果。然而，现有研究较少考虑和分析宏观金融科技发展如何借助微观金融科技合作这一渠道，对银行经济管理发挥作用。

（2）关于商业银行与金融科技企业合作关系形成的动因，现有研究多局限于现象描述与静态解释，鲜有研究从双方如何形成稳定合作关系的角度进行理论分析，针对银行与金融科技企业合作形成动因的研究尚存较大空间。

现有研究多针对商业银行和外部机构合作策略进行了现象描述与静态分析，对合作的动态演化特性和合作者的有限理性考虑不足，导致理论与实践领域关于合作形成动因的理解仍然存在片面性和局限性。将动态演化与有限理性相结合，才能把握合作主体之间持续协调的规律，突破现象层面与静态视角的局限，明晰稳定合作关系形成的内在机制[161]。建立在有限理性基础上的演化博弈理论，为探索社会系统中新兴产业与传统产业的合作规律提供了很好的分析框架[162-163]。通过充分刻画合作者有限理性的特征，将合作收益进行量化，在动态演化视角下对合作博弈的过程进行建模，才能厘清合作形成的内在规律，有助于深入把握稳定合作关系形成的内在机制。

（3）关于金融科技合作对商业银行效率的影响，现有研究仍存在分歧，并且以城商行作为对象的研究仍然不足，金融科技合作对城商行效率的作用机制仍然是一个黑箱。

从现有研究来看，其一，关于金融科技合作对银行效率的影响效果尚存分歧。其二，金融科技合作对商业银行效率影响的作用机理与路径未得到充分揭示，相关情境调节因素也尚未得到挖掘。其三，已有研究认为金融科技合作对不同性质商业银行的影响可能存在差异，而专门针对城商行的实证研究尚未发现，因此，有待以城商行为特定研究对象开展此方面的研究。

基于此，本书以城商行效率为研究对象，探索城商行与金融科技企业稳定合作关系形成的内在机制，为探究合作的效率提升效应奠定基础。进而，通过理论分析与数理推导，推演金融科技合作对银行效率的影响机理，并依次逐步开展直接效应实证检验、引入城商行业务结构的中介效应检验和纳入内部管理变量的调节效应检验。以期深化对城商行与金融科技企业合作动因的研究，丰富微观视角下金融科技对银行效率影响的研究，回应现有研究关于金融科技合作对银行效率影响的分歧。

第三章　城商行与金融科技企业
合作的形成机制

　　稳定合作关系的形成是合作释放效率提升效能的前提，本章从博弈视角探究城商行与金融科技企业稳定合作关系形成的内在机制，锁定影响合作稳定性的前置动因，为分析合作对效率的影响奠定基础，也为后续进行科学完整的合作设计提供理论依据。城商行是否选择与金融科技企业建立合作关系，是一个多重因素驱动的复杂博弈过程。该博弈过程并非一个静态时点问题，而是参与主体在有限理性的前提下不断调整决策、自主学习与模仿高收益策略的动态发展与持续协调的问题。首先，从政策导向、合作动机和合作范式方面解读城商行与金融科技企业合作形成的现实基础，为博弈模型的构建做铺垫，使合作的形成机制更具现实意义。其次，对城商行与金融科技企业的博弈关系进行分析。再次，考虑双方有限理性特征，以感知价值为切入点构建商业银行与金融科技企业的博弈支付矩阵，基于支付矩阵对博弈策略的演化路径与稳定性进行分析。最后，围绕策略的动态演化过程，理论推演合作稳定性的实现条件，揭示合作形成的内在机制，进而以南京银行与蚂蚁金服的合作为例进行数值仿真，验证理论推演的有效性，并考察合作驱动因素的敏感性。

第一节　合作形成的现实基础

　　当前，政府部门对于跨界金融科技合作的支持与引导、城商行与金融科技企业合作动机的驱使以及跨界合作范式的逐步成熟，推动着城商行与金融科技企业合作关系的形成与演化。

　　其一，从政策来看，一方面，跨界的金融科技合作和联合创新得到了国家相关部门的支持。2016 年 7 月，原银保监会发布《中国银行业信息科技"十三五"发展规划监管指导意见（征求意见稿）》，针对中小银行在资金、人力和技术方面相对缺乏的问题，支持和鼓励其与行业内外相关机构加强技术合作，开展联合创新。2019 年，中国人民银行又印发了《金融科技（FinTech）发展规划（2019-2021 年）》，从国家战略层面对金融科技发展进行了顶层设计，引导金融机构应用金融科技手段深化跨界合作，构建开放、合作、共赢的生态体系。另一方面，近年来，监管部门针对金融科技企业的监管力度越来越强，严监管的环境将"倒逼"金融科技企业向"去金融化"转型，其中，向传统金融机构进行技术与场景输出成为金融科技企业的主要转型方向，在此背景下，商业银行与金融科技企业之间的跨界合作得到迅速发展[22]。

其二，市场竞争日趋激烈，城商行与金融科技企业都有强烈的动机建立并长期维持合作关系。城商行的合作动机主要表现在以下三个方面：①获取数字化转型需要的技术与知识。相较于自主研发，与金融科技企业开展合作的商业银行，能够充分利用内部、外部两种创新资源，获取充足的技术与知识资源[164-165]。②降低研发成本和风险，更具成本效益[138,166]。据统计，通过金融科技企业建立合作，可以为商业银行降低高达50%的数据存储和管理成本[167]。③拓宽业务渠道和业务场景。以往城商行所依赖的物理距离和软信息优势，在大数据和区块链等技术的冲击下也逐渐弱化[121]。城商行与大型商业银行相比，线上拓客相对困难，直销银行的吸引力较差，手机 App 用户活跃度低。因此，一些城商行期望通过与金融科技企业建立合作，利用科技企业的场景和平台，通过数字化交互实现场景拓展与金融服务嵌入。

其三，我国大型国有商业银行与股份制商业银行基本已实现了与一家或多家金融科技企业的合作，跨界金融科技合作范式日益成熟，为城商行提供了模式参考依据。已经建立的金融科技合作基本得到了长期维持，在行业内形成了固有的合作范式，如赋能模式和共建模式等，参与合作的企业之间知识与技术保持着频繁的流动，并且基于合作而推出的金融创新产品与服务也层出不穷。城商行作为金融科技创新的第二梯队，迅速发展的跨界合作与层出不穷的合作成果，能够为城商行与金融科技企业提供范式参考与学习对象。

第二节　合作形成的博弈关系分析

城商行与金融科技企业合作关系从策略层面看实质上是基于双方博弈关系的一种策略组合[168]。该策略组合的形成与稳定维持经过了双方博弈策略的动态演化，有其深刻的动力学机制[169-170]。城商行与金融科技企业的博弈关系具有有限理性、不完全信息、动态演化、重复博弈和帕累托最优等特征。

1. 有限理性

在合作博弈中，决策者往往是有限理性的，不具备完全的知识和能力。传统博弈常常假定参与方是"理性人"，拥有完美的推理能力、识别判断能力、记忆能力以及准确操作的能力。Crawford[171] 提出关于完全理性选择的两个假定：一是能够预测当前行为的未来结果；二是能够了解这些未来结果的表现。这些假定对于现实中商业银行与金融科技企业决策者过于苛刻，不完全符合合作实践。前景理论突破了传统经济学理性人决策规则的不足，能够克服期望效用理论中的阿莱悖论（Allais Paradox）和埃尔斯悖论（Ellsberg Paradox）[172]，在刻画不确定决策下有限理性行为效用方面发挥了重要作用[173]。在城商行与金融科技企业合作博弈过程中，信息不对称往往促使双方通过主观效应感知形成决策动机，影响博弈决策，这符合前景理论关于感知价值的规定。因此，本书试图以前景理论中的感知价值为切入点，剖析城商行与金融科技企业合作创新的策略效用，构建支付矩阵，使决策者能够将有限理性这一假设贯穿于合作分析的全过程中。

2. 不完全信息

博弈的演化往往是在不完全信息的情况下进行的，合作博弈的双方难以完全观测到博弈对方在不同策略下的收益和成本。具体而言，博弈一方难以对另一方潜在的效用函数给予充分的关注和获取完全的信息，博弈一方做出的策略都是在对另一方支付的估计上完成的，信息的完全程度将制约博弈方的策略选择。

3. 动态演化

群体中获得收益支付更高的策略，将被广泛模仿和复制，而选择收益支付较低策略的群体则难以适应发展要求，逐渐改变策略。从进化动力学的角度看，采取演化稳定策略的个体在社会发展中占据了更多资源，更好地发展和进化，这种策略的基因也因此得到了更广泛的遗传和模仿，在群体中占据了主导地位。在现实经济社会中，人们的策略选择更多是通过模仿而非通过遗传[174]。城商行与金融科技企业在合作博弈过程中，双方都在学习和模仿群体中的高收益策略，从而推动合作行为的动态演化。稳定合作关系的形成是发挥合作经济效用的基础，从策略层面看，城商行与金融科技企业稳定合作关系的形成是两方主体相互博弈、不断试错和渐进学习的结果。

4. 重复博弈

Nowak[175] 提出，两个个体可以重复相遇才能促进直接互惠，继而推动合作涌现。城商行和金融科技企业长期合作的建立可简单地理解为多次博弈下，"这次你帮助我，下次我帮助你"的策略。Axelrod[176] 通过举办程序比赛，充分证明了重复相遇下的直接互惠能够为合作形成提供可能。对于经济主体而言，在一次博弈中实现均衡是很难达到的，持续交互有助于利益平衡，使合作潜力得以发挥[177]。因此，建立长期交互关系是形成重复博弈的前提，这对于直接互惠的形成有重要意义。战略合作的意义恰恰体现在两个博弈方之间长期关系的维持，使双方都更重视长期集体利益的均衡，而不会特别计较每次个体交互的得失。

5. 帕累托最优

在合作框架下，博弈关注的是博弈方基于整体利益的合作和基于个体利益的竞争。除了对个体利益的关注和收益分配的竞争，合作双方还将作为一个有机整体，以集体收益最大化为目标，进行收益决策[178]。因此，合作双方在多个博弈稳定解中的帕累托最优也是双方所关注的焦点。

基于对城商行与金融科技企业博弈关系的分析，在构建博弈模型时需要充分考虑不完全信息情况下，博弈双方对收益与成本预估的有限理性，刻画博弈的动态演化过程，求解博弈双方均衡策略，并在多个均衡稳定解中关注帕累托最优解。

第三节 合作形成的演化博弈模型

一、问题描述与模型假设

在策略层面上，针对是否通过缔结合作关系而建立并维持资源链接，商业银行与金融科技企业形成了动态博弈关系。双方在有限理性的前提下不断地试错与自主学习，策略是动态演化的，直至形成一个稳定态，双方都没有动机再改变策略。由于不完全信息和决策能力的制约，有限理性体现在参与方关注合作的感知价值而非绝对效用水平，而感知价值与其效用的参照收益有关。因此，对合作主体动态博弈的预期，使时间成为影响博弈结果的重要因素，需要充分考虑博弈的动态演化，而基于合作主体的有限理性，要求博弈分析中应当充分关注决策者行为倾向。本章基于对感知价值的考虑，改进传统演化博弈模型，引入前景理论中的参照依赖分析主体策略的效用，构建商业银行与金融科技企业博弈收益支付矩阵，进而探讨双方策略的动态演化过程的稳定性，分析合作的形成机制与内在动因。基于博弈思想的城商行与金融科技企业合作形成机制如图3-1所示。

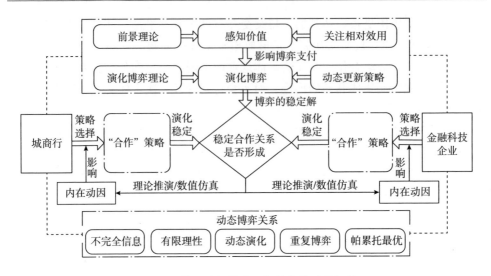

图 3-1　基于演化博弈思想的合作形成机制

关于金融科技企业与城商行两个博弈主体的假设如下：

模型假设 3-1：博弈群体。经济群落中所有金融科技企业（F）与商业银行（B），两方主体都表现出有限理性特征，但各自的价值取向并不相同，亦不甚了解对手方偏好，所以无法准确预知对方行动和未来的市场，加之信息不对称，双方之间能否顺利缔结和长期维持合作关系具有较强不确定性。博弈方依托事前对成本及收益的预测进行策略决策，有自主学习和不断优化自身策略选择的能力，为了自身利益，有可能采取中断合作的机会主义行为。

模型假设 3-2：策略集合。城商行与金融科技企业的策略选择空间均为 {合作，不合作}。对于商业银行来说，合作意味着与对方建立合作关系，有机会利用金融科技企业的技术资源和科技知识共同探索金融产品与服务的创新，但自身也需要提供资金和客户等资源；不合作则代表自主研发与应用金融科技开展创新。对于金融科技企业而言，合作意味着对商业银行进行技术和知识输出，帮助商业银行构建数字化转型的综合服务方案，与商业银行协同开展金融产品与服务创新；不合作则意味着金融科技企业独立发展。当一方选择合作而另一方选择竞争时，则采取竞争策略的一方可能存在"搭便车"行为，会获得额外的知识与技术溢出收益[179]。

模型假设 3-3：博弈策略的选择比例。假设城商行群体中选择"合作"策略的比例为 $x(0<x<1)$，即城商行选择"合作"策略的概率为 x，选择"不合作"策略的概率为 $(1-x)$，假设金融科技企业群体中选择"合作"策略的比例为 $y(0<y<1)$，即金融科技企业选择"合作"策略的概率为 y，选择"不合作"策

略的概率为（$1-y$）。

模型假设 3-4：初始收益。参考罗旸洋等[25]的研究，以城商行与金融科技企业的收入结构作为其初始收益设计的基础，城商行不与金融科技合作的初始收益为利息净收入与手续费及佣金净收入之和（I_1+S_1），金融科技企业在不引进城商行合作者时的初始收益为直接销售与服务净收入和科技服务净收入之和（I_2+S_2）。

模型假设 3-5：合作收益。基于博弈双方长期协同合作关系，分别设置短期收益和长期收益，短期收益由短期业务合作或技术合作获得，可表示为 $\Delta D_i(i=1,2)$，$i=1$ 代表商业银行，$i=2$ 代表金融科技企业，下文同。其中短期合作收益是指不需要双方深度合作，仅需短期内投入部分资源就可以获得的一次性收益的业务合作，比如 ETC 业务、联名信用卡业务和分期购物业务等，或者技术合作，比如手机 App 建设和 ICT 基础设施建设等。长期收益则反映在借贷业务、理财和支付结算业务的扩张方面，可表示为 $\Delta L_i(i=1,2)$。对商业银行而言，ΔL_1 表示借贷业务带来的利息收入增量以及理财支付业务带来的手续费及佣金收入增量，而对于金融科技企业而言；ΔL_2 表示合作获得的直接销售与服务收入增量以及输出科技服务获得的科技服务收入增量。$\beta(0<\beta<1)$ 表示合作双方的技术和知识互补系数；$\beta\Delta D_i$ 表示互补系数为 β 时，博弈双方各自获得的短期合作收益；$\beta\Delta L_i$ 代表互补系数为 β 时，博弈双方各自获得的长期合作收益。$\theta(\theta>1)$ 代表双方合作过程的协同性；$\theta\beta\Delta D_i$ 代表双方都选择合作策略时获得的额外短期协同互补收益；$\theta\beta\Delta E_i$ 代表双方都选择合作策略时获得的额外协同互补收益。

模型假设 3-6：合作成本。合作成本也分为短期合作成本和长期合作成本。短期合作成本为 $C_i(i=1,2)$，长期合作成本为 $E_i(i=1,2)$，r 表示合作的风险因子，风险系数会影响双方的合作成本，rC_i 代表考虑了风险因素的短期合作成本，rE_i 代表考虑了风险因素的长期合作成本。

模型假设 3-7：感知价值。依据前景理论中的参照依赖效应，实际收益相对于参照点的损益变化就是感知价值。借鉴王治莹等[173]和杨剑等[180]的研究，将博弈方长期合作的实际收益与参照点相比的损益离差设定为 $\Delta\pi_i=\pi_i-\pi_0$，其中，参照点 π_0 为博弈方在各种策略下的参照点。运用前景理论的价值函数形式 $\Delta L=\sum\omega(p_i)l(\Delta\pi_i)$ 来表示博弈方的感知价值收益，其中，$\omega(p_i)$ 是感知的权重函数，表示决策者对 i 事件发生客观概率 p_i 的主观认知，$l(\Delta\pi_i)$ 是决策者基于参照依赖的感知效用。

当博弈双方都采用"合作"策略时，合作的成功概率为 p，长期总收益为 π，商业银行与金融科技企业的收益分配比例分别为 λ 和 $1-\lambda$。此时，博弈双方以没有合作关系时的收益，即 0 作为感知价值的参考，$l(0)=0$，则城商行与金融科技企业的感知价值 ΔL_1 和 ΔL_2 分别如下：

$$\Delta L_1 = w(p) \cdot l(\lambda\pi - 0) + w(1-p) \cdot l(0) = w(p) \cdot l(\lambda\pi) \qquad (3-1)$$

$$\Delta L_2 = w(p) \cdot l[(1-\lambda)\pi - 0] + w(1-p) \cdot l(0) = w(p) \cdot l(\pi - \lambda\pi) \qquad (3-2)$$

根据上述模型假设，城商行与金融科技企业博弈的收益参数设定如表 3-1 所示。

表 3-1 城商行与金融科技企业的收益参数

参数符号	参数含义
I_1	城商行利息净收入
S_1	城商行手续费及佣金净收入
I_2	金融科技企业直接销售与服务净收入
S_2	金融科技企业科技服务净收入
ΔD_1	城商行短期合作收益
ΔD_2	金融科技企业短期合作收益
ΔL_1	城商行长期合作的感知收益
ΔL_2	金融科技企业长期合作的感知收益
C_1	城商行短期合作成本
C_2	金融科技企业短期合作成本
E_1	城商行长期合作成本
E_2	金融科技企业长期合作成本
β	合作双方的知识技术互补性
θ	合作过程的协同性
r	合作的风险因子

二、演化博弈模型构建

1. 策略支付矩阵

根据上述模型假设和参数设定，城商行与金融科技企业博弈的支付矩阵如表 3-2 所示。

表 3-2　城商行与金融科技企业的博弈支付矩阵

		金融科技企业（F）	
		合作（y）	不合作（$1-y$）
城商行（B）	合作（x）	$I_1+S_1+\beta\Delta D_1+\theta\beta\Delta D_1+\beta\Delta L_1+\theta\beta\Delta L_1-rC_1-rE_1$ $I_2+S_2+\beta\Delta D_2+\theta\beta\Delta D_2+\beta\Delta L_2+\theta\beta\Delta L_2-rC_2-rE_2$	$I_1+S_1+\beta\Delta D_1+\theta\beta\Delta D_1-rC_1-rE_1$ $I_2+S_2+\beta\Delta D_2+\theta\beta\Delta D_2+\beta\Delta L_2-rC_2$
	不合作（$1-x$）	$I_1+S_1+\beta\Delta D_1+\theta\beta\Delta D_1+\beta\Delta L_1-rC_1$ $I_2+S_2+\beta\Delta D_2+\theta\beta\Delta D_2-rC_2-rE_2$	$I_1+S_1+\beta\Delta D_1+\theta\beta\Delta D_1$ $I_2+S_2+\beta\Delta D_2+\theta\beta\Delta D_2$

2. 复制动态方程

由于城商行与金融科技企业的信息不对称和有限理性，双方难以了解对方的感知价值判断，上述博弈支付矩阵不存在纯策略纳什均衡，但存在混合策略纳什均衡。城商行和金融科技企业在多次博弈中通过信息观察推测对方策略，并学习本群体中的高收益策略，因此 x 和 y 也在动态调整，说明双方策略在不断地演化。根据双方的博弈支付矩阵，构建演化博弈的动态复制方程：

城商行采取"合作"的期望收益：

$$U_{B1}=y\left(I_1+S_1+\beta\Delta D_1+\theta\beta\Delta D_1+\beta\Delta L_1+\theta\beta\Delta L_1-rC_1-rE_1\right)+$$
$$\left(1-y\right)\left(I_1+S_1+\beta\Delta D_1+\theta\beta\Delta D_1-rC_1-rE_1\right) \tag{3-3}$$

城商行采取"不合作"的期望收益：

$$U_{B2}=y\left(I_1+S_1+\beta\Delta D_1+\theta\beta\Delta D_1+\beta\Delta L_1-rC_1\right)+\left(1-y\right)\left(I_1+S_1+\beta\Delta D_1+\theta\beta\Delta D_1\right) \tag{3-4}$$

城商行的混合策略收益，即采取"合作"和"不合作"的平均收益为：

$$\overline{U}_B=xU_{B1}+\left(1-x\right)U_{B2} \tag{3-5}$$

根据式（3-3）~式（3-5）求得城商行的复制动态方程为：

$$f(x)=\frac{dx}{dt}=x\left(1-x\right)\left[y\left(\theta\beta\Delta L_1+rC_1\right)-r\left(C_1+E_1\right)\right] \tag{3-6}$$

金融科技企业采取"合作"的期望收益：

$$U_{F1}=x\left(I_2+S_2+\beta\Delta D_2+\theta\beta\Delta D_2+\beta\Delta L_2+\theta\beta\Delta L_2-rC_2-rE_2\right)+$$
$$\left(1-x\right)\left(I_2+S_2+\beta\Delta D_2+\theta\beta\Delta D_2-rC_2-rE_2\right) \tag{3-7}$$

金融科技企业采取"不合作"的期望收益：

$$U_{F2}=x\left(I_2+S_2+\beta\Delta D_2+\theta\beta\Delta D_2+\beta\Delta L_2-rC_2\right)+\left(1-x\right)\left(I_2+S_2+\beta\Delta D_2+\theta\beta\Delta D_2\right) \tag{3-8}$$

金融科技企业的混合策略收益，即采取"合作"和"不合作"的平均收益为：

$$\overline{U}_F=yU_{F1}+\left(1-y\right)U_{F2} \tag{3-9}$$

根据式（3-7）~式（3-9），求得金融科技企业的复制动态方程为：

$$f(y)=\frac{dy}{dt}=y(1-y)\left[x(\theta\beta\Delta L_2+rC_2)-r(C_2+E_2)\right] \tag{3-10}$$

联立式（3-6）和式（3-10）得到一个二维动力系统：

$$\begin{cases}f(x)=x(1-x)\left[y(\theta\beta\Delta L_1+rC_1)-r(C_1+E_1)\right]\\f(y)=y(1-y)\left[x(\theta\beta\Delta L_2+rC_2)-r(C_2+E_2)\right]\end{cases} \tag{3-11}$$

因此，城商行与金融科技企业合作演化过程可由二维动力系统进行描述，令 $f(x)=0$ 和 $f(y)=0$，根据演化博弈进化稳定策略的定义，可以得到该二维演化动力系统有 5 个局部平衡点，分别为 $Z_1(0,0)$、$Z_2(0,1)$、$Z_3(1,0)$、$Z_4(1,1)$、$Z_0(x^*,y^*)$，其中，$x^*=r(C_2+E_2)/\theta\beta\Delta L_2+rC_2$，$y^*=r(C_1+E_1)/\theta\beta\Delta L_1+rC_1(0\leqslant x^*,y^*\leqslant1)$。

三、策略演化路径与稳定性分析

本部分在演化博弈模型基础上，剖析策略演化路径，并根据演化路径中的均衡点进行稳定性研究。

1. 策略演化路径

（1）城商行的策略演化路径。

令 $f(x)=0$，可得 $x_1^*=0$、$x_2^*=1$、$y^*=r(C_1+E_1)/\theta\beta\Delta L_1+rC_1$。由复制动态微分方程稳定性定理及演化稳定策略性质可知，当 $f(y^*)=0$，且 $f'(y^*)<0$ 时，y^* 为演化稳定策略。具体讨论如下：

若 $y^*=r(C_1+E_1)/\theta\beta\Delta L_1+rC_1$，则 $f(x)\equiv0$，$f'(x)\equiv0$，对于 $0\leqslant x\leqslant1$，均可达到稳定状态，即城商行的初始选择就是稳定策略，没有动力改变初始的策略。

若 $y^*>r(C_1+E_1)/\theta\beta\Delta L_1+rC_1$，对于 $x_1^*=0$，$x_2^*=1$，$f'(x_1^*)>0$，$f'(x_2^*)<0$，则此时 $x_2^*=1$ 为全局唯一的演化稳定策略。当金融科技企业选择"合作"的概率超过一定阈值，并呈增加趋势时，城商行选择"合作"这一策略的概率不断增加，最终"合作"成为城商行的稳定策略。

若 $y^*<r(C_1+E_1)/\theta\beta\Delta L_1+rC_1$，对于 $x_1^*=0$，$x_2^*=1$，$f'(x_1^*)<0$，$f'(x_2^*)>0$，则此时 $x_1^*=0$ 为全局唯一的演化稳定策略。当金融科技企业选择"不合作"的概率高于一定阈值，并呈增加的趋势时，城商行选择"不合作"的概率也不断增加，随着时间的演化，最终"不合作"成为城商行的稳定策略。

上述发现的经济学解释在于，如果将持有"不合作"策略的个体看作金融科技企业群体中的突变体，那么这个突变体占比越大，在随机重复博弈实验中，商业银行遇到"不合作"突变体的概率越大，为了得到最大化收益，其选择

"不合作"策略的概率就越大。因此，金融科技企业的策略选择是商业银行观察的对象，金融科技企业群体中选择"合作"的比例越大，城商行向合作策略演化的可能性越大。据此，城商行的复制动态相位图如图3-2所示。

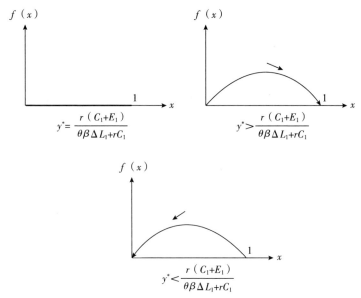

图 3-2　城商行的复制动态相位

（2）金融科技企业的策略演化路径。

令 $f(y)=0$，可得 $y_1^*=0$，$y_2^*=1$，$x^*=r(C_2+E_2)/\theta\beta\Delta L_2+rC_2$。由复制动态微分方程稳定性定理及演化稳定策略性质可知，当 $f(x^*)=0$，$f(x^*)<0$ 时，x^* 为演化稳定策略。讨论如下：

若 $x^*=r(C_2+E_2)/\theta\beta\Delta L_2+rC_2$，则 $f(x)\equiv 0$，$f'(x)\equiv 0$，即对于 $0\leqslant x\leqslant 1$，均可达到稳定状态，即金融科技企业的初始选择就是稳定策略，没有动力改变初始的策略。

若 $x^*>r(C_2+E_2)/\theta\beta\Delta L_2+rC_2$，对于 $y_1^*=0$，$y_2^*=1$，$f'(y_1^*)>0$，$f'(y_2^*)<0$，则此时 $y_2^*=1$ 为全局唯一的演化稳定策略。城商行选择"合作"的概率超过一定阈值，并呈增加趋势时，金融科技企业选择"合作"这一策略的概率不断增加，最终"合作"会成为金融科技企业的稳定策略。

若 $x^*<r(C_2+E_2)/\theta\beta\Delta L_2+rC_2$，对于 $y_1^*=0$，$y_2^*=1$，$f'(y_1^*)<0$，$f'(y_2^*)>0$，则此时 $y_1^*=0$ 为全局唯一的演化稳定策略。当城商行选择"合作"的概率低于一定阈值，并呈减少的趋势时，金融科技企业选择"不合作"的概率就会不断增加，随着时间演化，最终"不合作"成为金融科技企业的稳定策略，也成为已经建立合作关系群体中普遍存在的现象，使群体中违约概率增加，抑制知识的跨界流动和良好金融生态的建立。由此可知，城商行的策略也是金融科技企业进行策略选择时观察的对象，城商行群体中选择"合作"的比例越大，金融科技企业群体中选择"合作"的比例也随之增大。据此，金融科技企业的复制动态相位图如图 3-3 所示。

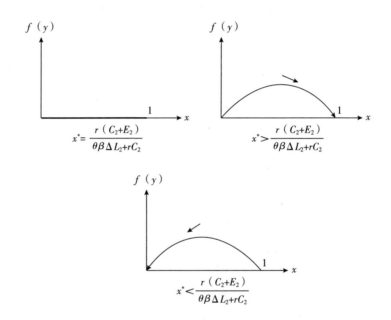

图 3-3 金融科技企业的复制动态相位

2. 策略稳定性分析

根据城商行和金融科技企业的二维动态系统见式（3-11），系统的雅可比矩阵如下：

$$G = \begin{bmatrix} \dfrac{\partial f(x)}{\partial x} & \dfrac{\partial f(x)}{\partial y} \\ \dfrac{\partial f(y)}{\partial x} & \dfrac{\partial f(y)}{\partial y} \end{bmatrix} \tag{3-12}$$

其中，$a_{11} = \partial f(x)/\partial x = (1-2x)[y(\theta\beta\Delta L_1 + rC_1) - r(C_1 + E_1)]$；$a_{12} = \partial f(x)/\partial y = x(1-x)(\theta\beta\Delta L_1 + rC_1)$；$a_{21} = \partial f(y)/\partial x = y(1-y)(\theta\beta\Delta L_2 + rC_2)$；$a_{22} = \partial f(y)/\partial y = (1-2y)[x(\theta\beta\Delta L_2 + rC_2) - r(C_2 + E_2)]$。

城商行和金融科技企业博弈系统平衡点的行列式和迹如表 3-3 所示。

表3-3　系统均衡点的行列式和迹

均衡点	$det(G)$	$tr(G)$
$Z_1(0, 0)$	$r^2(C_1+E_1)(C_2+E_2)$	$-r(C_1+E_1+C_2+E_2)$
$Z_2(0, 1)$	$(\theta\beta\Delta L_1-rE_1)r(C_2+E_2)$	$(\theta\beta\Delta L_1-rE_1)+r(C_2+E_2)$
$Z_3(1, 0)$	$r(C_1+E_1)(\theta\beta\Delta L_2-rE_2)$	$r(C_1+E_1)+(\theta\beta\Delta L_2-rE_2)$
$Z_4(1, 1)$	$(\theta\beta\Delta L_1-rE_1)(\theta\beta\Delta L_2-rE_2)$	$-(\theta\beta\Delta L_1-rE_1)-(\theta\beta\Delta L_2-rE_2)$
$Z_0(x^*, y^*)$	$-r^2(C_1+E_1)(C_2+E_2)(\theta\beta\Delta L_1-rE_1)(\theta\beta\Delta L_2-rE_2)$	0

根据雅可比矩阵系统均衡点的行列式和迹，可以从以下情形进行讨论。

情形一：当 $\theta\beta\Delta L_i-rE_i<0$ 时，即博弈双方获得的长期协同合作收益无法弥补其付出的长期合作成本，此时在合作的长期演化中，双方都有较强的背叛合作动机，双方易陷入囚徒困境，合作不是双方的占优策略。对于城商行而言，不论金融科技企业是否选择"合作"，"不合作"策略都是其收益最高的策略。同样地，对于金融科技企业而言，"不合作"策略也是其最优选择。在此情形下，博弈双方的合作无法长期维持下去，双方都会由于机会主义而背叛合作关系，通过中途违约来获得更高收益。

情形二：当 $\theta\beta\Delta L_i-rE_i>0$ 时，即博弈双方获得长期协同收益可以弥补其付出的合作成本。在合作博弈的演化过程中，"合作"是双方的最优选择，系统的演化稳定情况如表3-4所示。$Z_2(0, 1)$ 和 $Z_3(1, 0)$ 是系统中的不稳定点，系统进化的均衡点分别为（0, 0）和（1, 1），即双方会根据对对手方策略的预判，同时选择"合作"策略集合或者同时选择"不合作"策略集合。对于城商行而言，当金融科技企业选择"合作"策略时，城商行也会根据收益最大化原则选择"合作"策略，但金融科技企业选择"不合作"策略，城商行则会倾向于选择"不合作"策略，考虑到该博弈的对称性，此结论对于金融科技企业也成立。

表3-4　系统均衡点的局部稳定性

均衡点	$det(G)$	$tr(G)$	局部稳定性
$Z_0(0, 0)$	+	−	ESS
$Z_1(1, 0)$	+	+	不稳定
$Z_2(0, 1)$	+	+	不稳定
$Z_3(1, 1)$	+	−	ESS
$Z_0(x^*, y^*)$	−	0	鞍点

推论3-1 城商行和金融科技企业在长期合作博弈中，合作的长期协同收益若能弥补合作长期成本，合作策略能够驱动个体利益最大化、双方利益均衡与社会福利最优的策略选择，稳定的合作关系得以形成。

推导过程：由表3-4可知，双方合作博弈的稳定点有两个，即（0，0）和（1，1），$Z_0(x^*，y^*)$ 是系统中的鞍点。（1，1）点表示城商行和金融科技企业都采取"合作"的策略。（0，0）点表示城商行和金融科技企业都趋向于采取"不合作"的策略。根据该博弈的收益支付，从个体利益最大化来看，在 |合作，合作| 集合下，双方的个体利益都是最大的。从利益均衡来看，|合作，合作| 是双方的稳定均衡点，双方能保持利益均衡状态，没有动机改变该策略。

此外，在合作框架下，双方关注的是基于整体利益的合作和基于个体利益的竞争。除了对个体利益的关注和双方收益分配的追求，合作双方还将作为一个有机整体，以集体收益最大化为目标。因此，多个博弈稳定解中的帕累托最优点也是双方关注的焦点。从社会福利性来看，在 |合作，合作| 的博弈策略集合下，双方获得的总收益大于 |不合作，不合作| 策略的总收益支付，是帕累托最优策略组合，具有社会福利性。但博弈策略是否能演化至 |合作，合作| 博弈策略集合，既取决于城商行和金融科技企业在合作中对对方策略的观察和判断，也取决于合作过程中的长期感知价值、双方知识和技术的互补性、合作的协同系数等因素，这些因素的控制能够使合作长期保持稳定。

第四节　合作形成的动因推演与仿真

一、理论推演

在策略稳定性讨论的基础上，绘制双方复制动态及稳定性图，如图3-4所示。在图3-4的左下区域，双方行为收敛于 Z_1 点。图3-4的右上区域，系统会收敛到 $Z_4(1，1)$。两个异质群体中合作能够保持稳定的前提是使系统以最大的概率收敛于 $Z_4(1，1)$ 点，则应使博弈双方的策略选择落在图3-4的右上区域 $Z_2Z_0Z_3Z_4$ 中，即落在点 $Z_0(x^*，y^*)$ 的右上方。区域 $Z_2Z_0Z_3Z_4$ 的面积越大，博弈的初始状态落在该区域的可能性越大，系统收敛于 $Z_4(1，1)$ 的概率越大，则合作能够长期维持稳定的概率越大。

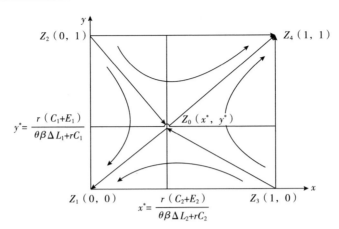

图 3-4　博弈双方复制动态及稳定性

分析影响博弈双方对于合作策略选择的因素，需要首先分析影响区域 $Z_2Z_0Z_3Z_4$ 面积大小的因素。区域 $Z_2Z_0Z_3Z_4$ 面积的计算公式如下：

$$S_{Z_2Z_0Z_3Z_4} = \frac{1}{2}\left(\frac{\theta\beta\Delta L_2 - rE_2}{\theta\beta\Delta L_2 + rC_2} + \frac{\theta\beta\Delta L_1 - rE_1}{\theta\beta\Delta L_1 + rC_1}\right) \tag{3-13}$$

区域 $Z_2Z_0Z_3Z_4$ 面积越大，博弈系统收敛于 {合作，合作} 的可能性越大。据此分析相关因素对博弈方策略选择的影响。

推论 3-2　合作感知价值越高，金融科技企业与城商行合作的稳定性越强。

推导过程：将式（3-13）对城商行的长期感知价值 ΔL_1 和金融科技企业的长期感知价值 ΔL_2 分别求导，得到：

$$\frac{\partial S_{Z_2Z_0Z_3Z_4}}{\partial \Delta L_1} = \frac{1}{2}\theta\beta r(C_1 + E_1) \tag{3-14}$$

$$\frac{\partial S_{Z_2Z_0Z_3Z_4}}{\partial \Delta L_2} = \frac{1}{2}\theta\beta r(C_2 + E_2) \tag{3-15}$$

式（3-14）和式（3-15）始终大于 0，说明区域 $Z_2Z_0Z_3Z_4$ 面积是城商行与金融科技企业合作感知价值的增函数，伴随着合作感知价值的提高，区域 $Z_2Z_0Z_3Z_4$ 面积逐渐增大，博弈双方初始策略落在该区域的可能性越大，则双方都选择"合作"的概率也会逐渐增大。该结论与罗旸洋等[25] 对第三方支付与商业银行博弈研究得到的结论契合，即当合作双方的利益增加时，双方的合作意愿增强，而双方长期合作收益减少时，双方的合作意愿趋于降低。根据 ΔL_1 和 ΔL_2 的表达式（3-14）和式（3-15）可知，城商行与金融科技企业的长期感知价值受到合作收益分配和双方对合作成功率感知的影响。$w(p)$ 代表双方都坚持合作时，对合作成功概率的感知，$w(p)$ 越大，城商行和金融科技企业对长期合作的感知价值越高，对于建立在双方知识互补性基础上的合作过程评价越高，越会积极维护合作的稳定性，有助于合作的持续。

推论3-3 合作的收益分配越均衡，合作双方机会主义行为发生的可能性越小，金融科技企业与城商行合作的稳定性越强。

推导过程：根据推论3-2可知，合作双方长期感知价值越高，双方策略收敛于{合作，合作}的可能性越大。进而，根据合作双方长期收益的感知价值式（3-1）和式（3-2）可知，双方收益的分配系数λ是影响长期收益的关键因素。根据前景理论对感知价值函数的定义：

$$l(x) = \begin{cases} x^{\gamma} & (x \geqslant 0) \\ -\delta(-x)^{\gamma} & (x \leqslant 0) \end{cases} \tag{3-16}$$

其中，γ代表边际递减的敏感性系数，δ代表损失的厌恶程度，将ΔL_1和ΔL_2对λ求导可得：

$$\frac{\partial \Delta L_1}{\partial \lambda} = w(p) \cdot \gamma \cdot \pi^{\gamma} \cdot \lambda^{\gamma-1} > 0 \tag{3-17}$$

$$\frac{\partial \Delta L_2}{\partial \lambda} = w(p) \cdot \gamma \cdot \pi^{\gamma} \cdot (1-\lambda)^{\gamma-1} > 0 \tag{3-18}$$

因此，对于城商行而言，合作的收益分配系数λ越大，其感知价值ΔL_1越大，城商行越倾向于选择"合作"策略，则区域$Z_2Z_0Z_3Z_4$面积递增，但与此同时，$1-\lambda$系数变小，金融科技企业则倾向于选择"不合作"策略，会导致区域$Z_2Z_0Z_3Z_4$面积变小。所以合作收益分配系数的过大或过小都会导致一方背叛合作，继而导致合作中途停止的可能性增加。

推论3-4 合作成本越低，城商行和金融科技企业最终都选择"合作"的概率越高，金融科技企业与城商行合作的稳定性越强。

推导过程：将式（3-13）对城商行的合作成本E_1和金融科技企业的合作成本E_2求导，分别得到：

$$\frac{\partial S_{Z_2Z_0Z_3Z_4}}{\partial E_1} = -\frac{r}{2} \frac{1}{\theta\beta\Delta L_1 + rC_1} \tag{3-19}$$

$$\frac{\partial S_{Z_2Z_0Z_3Z_4}}{\partial E_2} = -\frac{r}{2} \frac{1}{\theta\beta\Delta L_2 + rC_2} \tag{3-20}$$

式（3-19）和式（3-20）始终小于0，说明区域$Z_2Z_0Z_3Z_4$面积是城商行与金融科技企业合作成本的减函数，伴随着合作成本的降低，使鞍点$Z_0(x^*, y^*)$逐渐向左下方移动，区域$Z_2Z_0Z_3Z_4$面积逐渐增大，博弈双方初始策略落在该区域的可能性越大，双方都选择"合作"策略的概率会逐渐提高。

推论3-5　合作中的知识与技术互补系数越高，金融科技企业与城商行合作的稳定性越强。

推导过程：将式（3-13）对城商行与金融科技企业之间的知识和技术互补系数求导，得到：

$$\frac{\partial S_{Z_2 Z_0 Z_3 Z_4}}{\partial \beta} = \frac{1}{2}\theta r\left[\Delta L_2(C_2+E_2)+\Delta L_1(C_1+E_1)\right] \tag{3-21}$$

式（3-21）始终大于0，则说明区域$Z_2 Z_0 Z_3 Z_4$面积是城商行与金融科技企业知识和技术互补系数的增函数，双方知识和技术互补系数越高，在合作演化的博弈中收敛于｛合作，合作｝策略组合的概率越大。

推论3-6　合作中的协同系数越高，金融科技企业与城商行合作的稳定性越强。

推导过程：将式（3-13）对城商行与金融科技企业之间的协同系数求导，得到：

$$\frac{\partial S_{Z_2 Z_0 Z_3 Z_4}}{\partial \theta} = \frac{1}{2}\beta r\left[\Delta L_2(C_2+E_2)+\Delta L_1(C_1+E_1)\right] \tag{3-22}$$

同理，式（3-22）也是始终大于0，说明区域$Z_2 Z_0 Z_3 Z_4$面积是城商行与金融科技企业协同系数的增函数，双方合作协同性越强，双方在博弈中都选择"合作"的概率越大，双方合作能够长期维持的可能性越大。

推论3-7　合作的风险因子越低，金融科技企业与城商行合作的稳定性越强。

推导过程：将式（3-13）对长期合作的风险因子求导，得到：

$$\frac{\partial S_{Z_2 Z_0 Z_3 Z_4}}{\partial r} = -\frac{1}{2}\theta\beta\left[\Delta L_2(C_2+E_2)+\Delta L_1(C_1+E_1)\right] \tag{3-23}$$

式（3-23）始终小于0，表明区域$Z_2 Z_0 Z_3 Z_4$面积是合作风险因子的减函数，双方合作的风险越小，双方的博弈中都选择"合作"的概率越大，双方合作能够长期维持稳定的可能性越大。

根据推论3-2至推论3-7可知，感知价值、合作成本、知识与技术互补系数、协同系数以及风险因子系数是影响合作稳定性的关键因素，促进收益分配公平、降低合作成本、提高双方知识与技术互补性、提高长期合作的协同性以及降低长期合作风险，是促进合作长期维持稳定的可行路径。

二、数值仿真

根据上述推论，结合仿真分析进一步讨论策略演化过程中合作的感知价值

ΔL_1 和 ΔL_2 以及相关参数的敏感性，明晰影响城商行与金融科技企业合作持续演化的驱动因素。本书结合南京银行与蚂蚁金服的战略合作案例进行数值仿真分析，南京银行与蚂蚁金服于 2017 年 9 月 29 日签署战略合作协议并推出了双方合作的首期成果南京银行"鑫云+"互金开放平台，合作将依托"数据共创实验室"模式，采取"1+2+3N"方式连接多个支付通道与数字平台，共同对中小企业金融、个人金融等方面进行金融科技应用与创新的探索，其中 1 代表南京银行，2 代表蚂蚁金服和阿里云，3N 则代表数字科技平台、中小银行及实体企业。2017 年至今，南京银行与蚂蚁金服在阿里云技术支撑下联合研究了人工智能、大数据等前沿技术，并且在用户洞察、智能风控和智能投顾等方面开展合作，助力南京银行数字化转型、发展线上业务和拓展分销渠道，帮助其降低成本的同时提高效率。在合作的驱动下，2018 年"鑫云+"互金开放平台已经连接了 25 个知名数字科技平台，实现了 8 家支付通道的接入，平台累计获客接近千万户，累计发放贷款超过 820 亿元，日贷款交易峰值达到 100 万笔。2019 年累计获客超 2286 万户，累计投放贷款 2732 亿元，到 2020 年期末报告，"鑫云+"互金开放平台的用户数达到 4500 万户，累计贷款投放 4801 亿元。将 2018 年的利息收入和手续费及佣金收益视为合作的短期收益增量，将双方 2019 年和 2020 年的利息收入和手续费及佣金收益增量视为长期收益增量，据此，设定 $\pi = 56$，初始收益分配系数 $\lambda = 0.7$，边际敏感性系数 $\gamma = 1$，合作成功的概率 $w(p) = 0.7$。对于其他参数的设置，借鉴罗旸洋等[25] 对金融科技企业和商业银行支付参数的初始赋值，假设双方知识与技术互补系数 $\beta \in [0.1, 0.9]$，双方合作的协同系数 $\theta \in [1, 3]$，风险因子 $r \in [0.1, 1.9]$，设定 $C_1 = 2$、$C_2 = 2$、$E_1 = 4.2$、$E_2 = 1.8$、$r = 1.3$、$\theta = 1.6$、$\beta = 0.4$。

基于上述战略合作案例情况，分别针对上一部分理论推演中提出的驱动因素展开敏感性分析，具体分析如下。

（1）边际敏感性系数的敏感性分析。

边际敏感性系数是影响博弈双方长期感知价值的关键因素，根据式（3-16）可知，边际敏感性系数越大，长期感知价值越高，合作能够长期维持稳定。边际敏感性系数的数值仿真结果如图 3-5 所示，对于城商行和金融科技企业而言，边际敏感性系数为 0.6 和 0.8 时，双方在长期博弈中会收敛于 {不合作，不合作} 策略集合。当边际敏感性系数提升至 1.0 时，城商行与金融科技企业的策略演化趋势发生变化，经过一段时间的模仿和学习后，都会倾向于选择"合作"策略。当边际敏感性系数进一步提高至 1.2 和 1.4 时，博弈双方收敛于 {合作，合作} 策略集合的时间进一步缩短。由此可见，企业对于收益的敏感性越强，选择合作行为的概率越高。

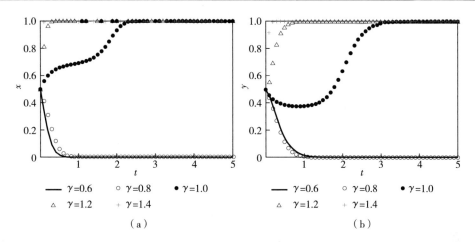

图 3-5 （a）边际敏感性系数对城商行策略演化的影响；
（b）边际敏感性系数对金融科技企业策略演化的影响

（2）合作成功率感知的敏感性分析。

根据推论 3-2 可知，合作双方的长期感知价值越高，博弈收敛于｛合作，合作｝的概率越高，同时，依据双方对于合作的感知价值函数，合作的预期成功率越高，合作方感知价值越高，越倾向于选择"合作"策略。进一步通过仿真分析，得到合作成功率对双方策略演化影响的仿真结果如图 3-6 所示，当合作预期成功率为 0.7 和 0.9 时，城商行和金融科技企业会倾向于选择"合作"策略，并且合作的预期成功率越高，双方收敛于｛合作，合作｝的速度越快。当合作

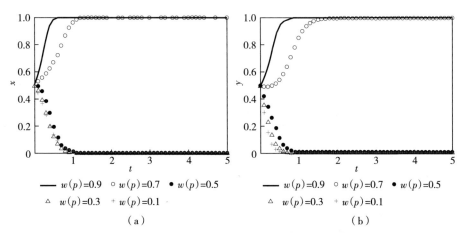

图 3-6 （a）合作成功率对城商行策略演化的影响；
（b）合作成功率对金融科技企业策略演化的影响

的预期成功率为 0.1、0.3 和 0.5 时，合作博弈收敛于 {不合作，不合作} 策略集合。因此，合作双方对合作成功率的认知越强，合作得以长期维持稳定的概率越大。

（3）收益分配系数的敏感性分析。

根据推论 3-3，收益分配越均衡，合作能够长期维持的可能性越大，数值仿真结果如图 3-7 所示。当收益分配系数为 0.9 时，城商行获得合作收益的 90%，金融科技企业获得合作收益的 10%，博弈系统收敛于 {不合作，不合作} 策略集合，城商行选择维持合作的意愿表现为先升高后降低，最终趋于选择不合作策略。当收益分配系数为 0.7、0.5 和 0.3 时，城商行与金融科技企业的博弈策略收敛于 {合作，合作} 策略集合。当收益分配系数降低为 0.1 时，金融科技企业获得合作收益的 90%，其选择维持合作的概率也表现为先提高后降低，最终博弈系统收敛于 {不合作，不合作} 策略集合。可见，收益分配系数过大或过小都会导致收益分配的不均衡，从而致使合作稳定性下降，使合作中的机会主义倾向加深，不合作的概率提高，推论 3-3 进一步得到数值仿真的证明。

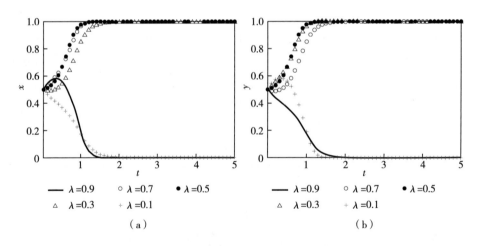

图 3-7　（a）收益分配系数对城商行策略演化的影响；
（b）收益分配系数对金融科技企业策略演化的影响

（4）合作成本的敏感性分析。

由推论 3-4 可知，合作双方付出的合作成本是影响合作持续发展的关键因素，长期合作成本越低，则双方选择合作的意愿越强，选择"合作"策略的概率越高。在仿真中设置的城商行与金融科技企业初始收益分配比例为 0.7∶0.3，则对成本的分配比例也与收益分配比例保持一致，为 0.7∶0.3。分别讨论合作的长期总成本为 5、6、7、8、9 时，合作演化趋势的变化。仿真结果如图 3-8 所示，当长期合作成本为 5 和 6 时，城商行与金融科技企业针对"是否合作"的策略选择上，趋于选择"合作"策略，而合作成本提高至 7 时，城商行承担的合作成本为 4.9，金融科技企业承担的合作成本为 2.1，此时，城商行与金融科技企业在一次博弈后就收敛于 {不合作，不合作} 策略，合作难以持续。随着合作成本继续增加，双方收敛于 {不合作，不合作} 策略集合的时间进一步加快，最终由于成本负担过重，双方都不会继续合作。

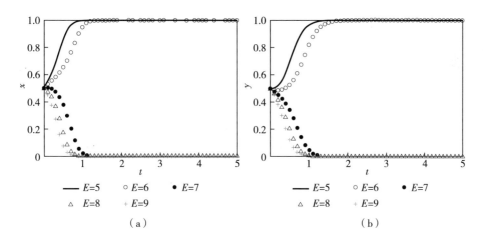

图 3-8 （a）合作成本对城商行策略演化的影响；
（b）合作成本对金融科技企业策略演化的影响

（5）互补系数的敏感性分析。

根据推论 3-5，金融科技企业与城商行的知识与技术互补系数越高，则双方能够建立并持续维持合作，使合作得到可持续发展的概率越大。根据图 3-9 的仿真结果可知，当城商行与金融科技企业的知识与技术互补系数 β 为 0.2 和 0.3 时，双方在博弈过程中经过不断地策略学习趋于选择"不合作"策略，原因在于知识和技术的互补程度较低，会导致合作中的资源整合与知识溢出效果不佳，影响合作收益的获得，进而导致双方都不愿继续合作。当双方知识与技术互补系数 β 提高至 0.4 时，双方的博弈策略则发生变化，"合作"逐渐成为群体中倾向于模仿的高收益策略，系统趋于收敛于 {合作，合作}，知识与技术互补系数 β 继续提高时，双方博弈策略收敛于 {合作，合作} 的速度加快，合作得以长期维持稳定。可见，选择技术和知识具有较强互补性的合作伙伴对于合作的形成与维持都有较强的影响，城商行与金融科技企业在选择合作伙伴时要优先考虑能够优势互补的企业，才能推动合作稳定发展。

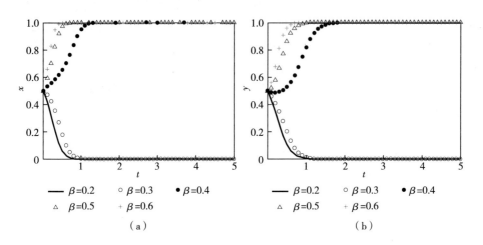

图3-9 （a）互补系数对城商行策略演化的影响；
（b）互补系数对金融科技企业策略演化的影响

（6）协同系数的敏感性分析。

根据推论3-6可知，城商行与金融科技企业在合作过程中的协同系数越高，合作得以建立并维持稳定的可能性越大。通过数值仿真，进一步讨论协同系数对合作演化的影响，仿真结果如图3-10所示，当双方合作的协同系数为1和1.4时，系统的演化均衡解是 {不合作，不合作}，此时，双方合作的协同性无法得

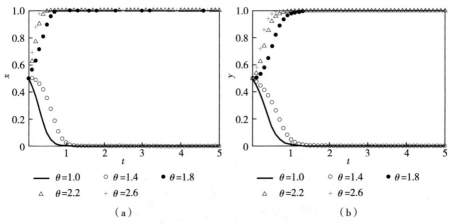

图3-10 （a）协同系数对城商行策略演化的影响；
（b）协同系数对金融科技企业策略演化的影响

到有效发挥，可能由于双方的人力资本、公司治理结构差异较大，合作中双方的人员难以有效进行知识沟通，因此，产生的知识溢出和技术溢出效应较低，不利于合作的持续发展。当双方合作的协同系数提高至 1.8 时，系统的演化稳定策略集合变为 {合作，合作}，说明协同效应的发挥能够使合作收益提高，双方也能在合作中获得良好的体验，使"合作"成为群体中的高收益策略，被广泛模仿和学习，促使群体中有更多的合作得以长期被保留和发展。合作系数进一步提高至 2.2 和 2.6 时，协同效应得到更好的发挥，资源得到有效整合，双方合作收益也随之提高，系统收敛于 {合作，合作} 的速度更快。可见，合作维持稳定依赖于各种资源的投入和双方协同互补效应的发挥。

（7）风险因子的敏感性分析。

由推论 3-7 可知，合作的风险因子越高，双方可能面临的风险成本越高，则出于规避风险的考虑而选择"中途违约"的概率越大。数值仿真结果如图 3-11 所示，当风险因子系数为 0.9、1.1 和 1.3 时，城商行与金融科技企业在经过一次博弈后，都倾向于选择"维持合作"策略，{维持合作，维持合作} 成为合作博弈的演化稳定点，且风险越小，双方收敛于该合作稳定点的速度越快，说明当风险在一定的承受范围内时，双方能够承担风险，选择将合作继续下去。当风险系数提高至 1.5 和 1.7 时，合作博弈的稳定点发生改变，最终收敛于 {中途违约，中途违约}，可见风险的提高将降低合作双方的合作意愿，导致机会主义行为出现，浪费资源并制约创新活力，不利于合作发展。

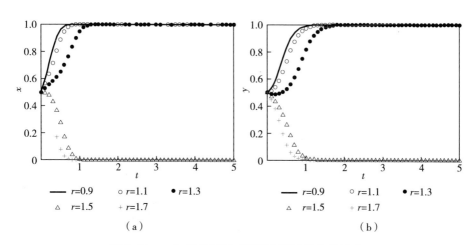

图 3-11　（a）风险因子对城商行策略演化的影响；
（b）风险因子对金融科技企业策略演化的影响

综上所述，本书从双方"合作"与"不合作"策略切入，结合策略演化趋势，综合分析了｛合作，合作｝策略组合成为稳定状态的演化过程，基于对博弈方感知价值、合作成本、双方知识与技术互补性、合作协同效应和合作风险系数影响的分析，发现促进金融科技企业与城商行合作形成与维持稳定的内在动因。

第五节　本章小结

本章在有限理性的前提下，引入前景理论中的感知价值概念，构建起城商行与金融科技企业的演化博弈模型，从"合作"和"不合作"策略切入，综合分析了双方策略的演化路径，明晰了合作形成的实现条件与驱动因素，揭示了稳定合作关系的形成机制，获得以下研究发现：

首先，在有限理性前提下，满足合作的长期协同收益能够弥补长期合作成本这一条件时，相较于"不合作"策略，"合作"策略是能够驱动商业银行与金融科技企业个体利益最大化、双方利益均衡与社会福利最优的稳定策略，合作能够形成并长期维持稳定。

其次，稳定合作关系的形成需要以下因素的推动：公平的收益分配机制和合理的合作成功率感知，会提高城商行与金融科技企业对合作的感知价值，推动合作维持稳定态；合作伙伴间知识与技术的互补性和双方合作过程的协同性；合作成本与风险的控制。在这些因素的作用下，城商行与金融科技企业能够自然地形成稳定合作关系，双方从合作中实现"共赢"。

再次，本章以城商行和金融科技企业业务收入结构为基础，构建起博弈支付矩阵，根据博弈支付可知，合作策略会影响双方业务收入，亦将进一步推进业务结构演化，从而冲击整体投入和产出；合作协同性、合作成本控制等因素是稳定合作关系形成的前提，因此，城商行需要加强内部管理，才能支持合作维持有序与稳定，进而推动合作的积极效应在城商行中得到充分释放。

最后，通过强化城商行内部管理，开展收益分配机制优化、合作伙伴考察和成本与风险控制等合作设计过程，稳定的合作关系能够形成，这一合作关系会冲击银行业务，进而影响整体投入、产出和效率。本章为城商行与金融科技企业稳定合作关系的形成机制提供了博弈论视角的解释，有助于深入理解与认识稳定合作关系的形成过程，为后续章节深入探讨合作究竟对效率产生什么影响，以及如何影响效率奠定了基础，也为第八章管理启示部分进行科学细致的合作设计提供理论依据。

第四章　金融科技合作对城商行效率影响的机理分析

通过第三章对城商行与金融科技企业合作形成机制的分析可知，金融科技合作会产生成本投入，同时也会冲击并影响城商行整体产出，进一步地，金融科技合作可能会对城商行投入产出效率产生影响，但二者关系的作用机理还有待深入探索。基于此，为了厘清金融科技合作对城商行效率的作用机理，本章在对相关理论进行深入剖析的基础上，通过构建金融科技合作约束下的银行存款、贷款及中间业务收益模型，推导与阐释金融科技合作对城商行经营效率的直接影响、中介作用路径与情境调节因素，进而提出理论假设，形成本书的理论框架，为后续实证研究奠定理论基础。

第一节　理论分析

一、直接作用的理论分析

依据成本效益理论、知识溢出理论、开放式创新理论和赋能理论，城商行与金融科技企业和开展跨组织合作至少将从四个方面对城商行效率产生影响，如图4-1所示。

其一，成本和风险分担产生的财务增进效应。依据成本效应理论，引入外部金融科技企业共同创新能够分担银行开展金融科技研发与创新的成本与风险。在过去，内部研发投入为银行带来了诸多有益影响。但如今，卓越的创新常常具有更新换代快和投资巨大的特点[181]。据统计，通过与金融科技企业的合作，银行可以降低高达50%的数据存储和管理成本[167]。以京东数科为例，商业银行通过与其合作，能够提高智能风控能力，在信贷审核效率上提高10倍以上，客单成

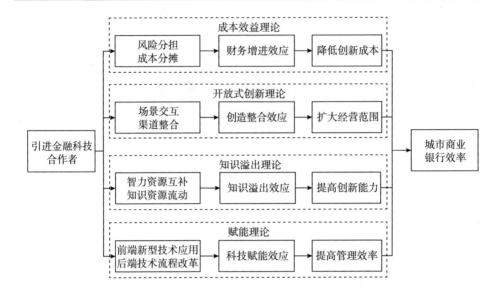

图 4-1　直接作用的理论分析框架

本降低 70% 以上[182]。与自主创新相比，跨组织的合作可能使银行更易平衡金融科技创新的风险与成本，克服内部研发效率低下和创新动力不足的问题，更有可能提高成本效率。因此，与金融科技企业开展合作对于银行来说是更具成本效益的金融科技创新方式[183]。特别是城商行等中小银行缺乏向科技研发长期投入人员、资金和业务资源的实力，与金融科技企业联合探索数字化技术解决方案，能够降低成本与风险，获得更加充分的资源保障，有助于更好地平衡技术沉淀与能力提升[184]。

其二，资源互补与资源流动产生的知识溢出效应。根据知识溢出理论，组织间的相互学习和交流能够促进知识资源流动，产生知识溢出。知识资源正在成为驱动银行塑造核心竞争力的稀缺战略资源[185]。金融创新不是一个单一主体参与的活动，而是需要跨组织的信息和资源交换，才能取得突破的创新活动[186]。通过与金融科技企业在场景、客户、技术方面的深度合作与对接，城商行能够优先获得金融科技企业的创新智力资源，促进业务创新，推进经营管理能力升级[187]。孙轻宇[188] 通过访谈调研提出依托跨界合作，商业银行能够从金融科技企业获得市场信息、技术信息和金融专业知识，补充金融创新所需资源，继而促进经营绩效提高。罗旸洋等[18] 研究发现，银行与金融科技企业开展合作有助于补充稀缺智力资源，实现更高的价值创造。除智力资源的互补之外，合作作为组织间相互学习提供了机会，促使组织间的知识流动和溢出更畅通，商业银行能够学习到更多行业内先进的信息技术，弥补技术短板，凝聚更多的创新能量，提高创新能力[14]，继而改善传统服务方式的高投入和低产出问题，提高运营效率。

其三，场景交互与渠道整合驱动的创造整合效应。根据开放式创新理论，金融科技合作有助于使城商行充分利用内部与外部两种资源和两种渠道开展创新活动，在价值共创的基本逻辑下创造出更多高附加值的金融产品与服务，进而聚合客户价值，扩大金融服务半径，扩展盈利空间。具体而言，商业银行需要更多地利用数字化交互平台创造客户价值，与金融科技企业开展合作有利于银行将金融服务嵌入合作伙伴平台，或通过开放数据端口引进合作伙伴的服务场景，与合作伙伴以数据交互、场景交互等方式充分挖掘客户需求，提高信息搜集效率，以便在存量客户群中创造更高的价值[154]。同时，构建与金融科技企业的创新连接，能够聚合更多的客户资源，触达更多零散和小规模的客户群，拓宽客户服务范围，使银行获得更高的产出[189]。

其四，技术改造与应用驱动的科技赋能效应。从赋能理论来看，在科技层面，金融科技企业能够凭借其信息技术方面的优势对商业银行进行科技赋能，提高商业银行的动态能力[3]。科技赋能有助于推进商业银行的数字化流程建设，实现智能化决策与服务，优化金融产品与服务流程，提升效率[190-191]。李建军和姜世超[192]认为，金融科技企业对商业银行的赋能有助于商业银行获得应对外部动态环境变化的能力，不断基于信息化改造和重塑业务流程，提高数字化和智能化水平，增强金融服务的地理穿透性，进而提升效率。刘春航[193]指出，从经营生态来看，银行正在价值链的各个环节与金融科技企业进行合作，由此建立了随需而变的敏捷开发模式，促进中后台运营流程优化，进而大幅提升了商业银行业务控制和风险管理效率。Donald[194]指出，金融科技企业拥有的新型数据处理技术能够赋能于商业银行，使其更充分地利用长期积累的海量数据，以提高竞争力。刘孟飞和王琦[195]发现，商业银行与金融科技企业的合作加强了银行在重点领域对金融科技的应用和开发，使新技术全面渗透进银行的金融业务，由此促进银行经营绩效提升。

在实践中，银行效率提升很大程度上是在与金融科技企业建立跨界合作的基础上实现的[165]。从世界范围来看，越来越多的传统金融机构趋于与金融科技企业建立跨组织的合作来推动业务创新，据2017年毕马威对全球金融机构的调研数据，26%的金融机构已经与一家或多家大型金融科技企业开展了合作，另有27%的金融机构提出了在未来一年内开展此类合作的总体规划[167]。英国、美国、西班牙等国家的商业银行正在积极建立金融科技战略联盟，加速数字化转型水平，依靠战略联盟创造开展的金融科技创新显著提高了这些国家的银行效率[196]。2013年以后，我国国有银行和股份制银行也在不断适应数字化和信息化的新要求，与科技企业进行了深入且全面的合作。基于合作产生的金融科技创新，诸如非接触式金融服务、银行卡信用评分模型、与信用相关的软信息生产等，逐渐改变了银行价值链，显著提升了银行在价值链各个环节上的经营效率[197-198]。与此同时，基于合作推动的金融科技应用，诸如人脸支付识别、基于大数据画像的精准营销等，有助于推动传统银行业实施战略转型，进而提高经营效率[104,199]。由此，近年来，商业银行愈加依赖与金融科技企业合作所带来的创新红利[22]。

可见，从理论上，金融科技合作有促进城商行效率提升的潜力，实践中一些商业银行也正在适应新的金融生态，积极进行金融科技合作来促进效率提升。

按照合作模式分类，城商行与金融科技企业的合作模式主要有赋能模式和共建模式。其中，商业银行与金融科技企业开展合作的传统模式是赋能模式，即金融科技企业以资金为纽带向商业银行提供技术与信息输出，为商业银行业务赋能。与此同时，面对新技术的热潮，一些城商行选择通过与科技企业共建金融科技创新实验室参与金融科技的研发过程，即银行与金融科技企业各自拿出一部分优势资源输入实验室平台，依托平台孵化和创新金融服务模式。智力资源作为知识经济时代企业最重要的一种战略资源，对于银行效率提升有重要意义。张利飞等[200]提出，参与合作研发能够促进智力资源共享，使企业嵌入知识密集型的产学研网络，获取知识和技术的外溢，从而提高企业绩效。战略性资源和能力的整合是创造企业竞争优势的关键所在，资源整合效率越高，越容易创造出高生产绩效[201]。银企双方共建金融科技实验室，能够依托实验室平台，高效整合双方优势资源，创造出更多的高附加值的产品与服务。从实践来看，外部资源和渠道的内化，有助于互补资源的整合[202]。

因此，相比传统合作模式，共建科技实验室可能更有助于释放双方优势资源，在此基础上保持科技的敏锐度，促进金融与科技的深度融合。

城商行合作对象包括综合发展类企业①、底层技术类企业②和金融服务类企业③[110]。从价值链创新来看，不同类型的合作对象在价值链各个环节上的技术能力和资源禀赋存在显著差异[203]。综合发展企业是指具有数字科技平台和信息技术优势的大型科技企业（BigTech），具有"金融+科技"双重属性，这些企业的主要业务是数字服务而非金融服务[204]，其经营模式是依托自身在发展非金融

---

① 代表性的综合发展类企业包括大型科技公司的下属金融科技公司和创新直销银行（如蚂蚁集团、度小满金融、京东数科、腾讯FiT、苏宁金融、百信银行、微众银行等）。
② 代表性的基于底层技术的金融IT服务商有华为、中兴通讯、浪潮集团、神州信息等。
③ 代表性的金融服务类企业包括大型金融机构的下属金融科技公司（如金融壹账通、建信金融科技等）和一些互联网金融创新公司（如玖富数科、中关村科金、信也科技等）。

业务过程中积累的客户基础、大数据及技术优势，向个人及企业提供金融服务，向传统金融机构提供金融科技综合解决方案；底层技术类企业是指专注于底层技术研发的金融 ICT 服务商，这类企业主要借助强大的信息技术，帮助商业银行对业务流程进行数字化和智能化改进，通过在金融服务领域实现技术创新，推动业务模式和业务流程的创新；金融服务类企业既包括了大型传统金融机构在自身金融业务的基础上，通过底层技术应用和金融创新而发展的金融科技子公司，也包括一些金融科技初创公司，这类企业依托对金融业务深入的理解与认识，在金融服务和产品的创新方面也形成了一股重要力量。

现有研究强调了综合发展类企业及其下金融科技平台相较于其他类型金融科技企业具有的优势。一方面，综合发展类企业凭借其广泛的业务涉猎和用户规模，依托其非金融业务的平台背景，能够产生强大的网络效应[127,204]，在与商业银行合作中不仅能够分享技术，还有可能通过拓展业务场景等方式为商业银行引流与获客提供助力。据调查，综合发展类科技企业取得的金融业务收益平均占其总收益的 11.3%①，而这些金融业务与其非金融业务有很强的关联性。Petralia 等[128] 指出大型科技企业的金融科技平台虽然逐渐发展成为独立运营的企业，但是这些企业与其孵化主体之间仍然有非常紧密的联系，在客户运营和数据共享方面是不可分割的。Frost 等[127] 提出综合发展类大型科技企业，其金融业务与非金融业务是齐头并进的，不仅各自发展创造收益，还形成了相互促进的局面，充分发挥了大科技的优势。Cornelli 等[204] 认为，综合发展的大型科技企业通常拥有来自非金融业务（如电子商务、社交媒体或互联网搜索）的支持，使这些企业能够获得更多有关个人和企业宝贵的数字足迹与行为数据，为信贷业务开展奠定了基础。该研究还通过数据统计分析发现，2018 年之后，中国、日本、韩国等国家的大科技企业信贷规模都超过了本国其他金融科技主体提供的信贷规模，并且从利润率来看，大科技企业的利润水平远高于其他金融科技企业，其边际利润更高，边际成本更低，因此，这类企业的实力相较于其他金融科技企业而言更加雄厚，更具合作价值。Boot 等[205] 提出综合类科技企业在电子商务、社交媒体和在线搜索平台等非金融业务领域建立了广泛的客户基础，并积累了大量的客户行为数据，在此基础上发展起来的金融业务与其非金融业务的链接与交叉十分紧密，能够形成客户体验的闭环网络。然而，其他金融科技企业无法直接触及客户的消费或社交行为数据，不具有非金融业务的支撑。因此，非金融业务与金融业务链接所发挥的网络效应能够产生规模经济和范围经济，使大型科技企业在金融

---

① 数据来源：Shin H S. Big tech in finance：opportunities and risks ［EB/OL］. （2019-05-30）［2021-09-26］. https：//www. bis. org/speeches/sp190630b. htm.

产品与服务的提供方面具有无可比拟的优势。

另一方面，综合发展类企业具有科技企业的基因，在大数据实践和移动技术开发方面积累了丰富的经验，并且在科技与金融结合上具有较强的创造力，能够为商业银行提供多层次、多元化和综合性的金融科技创新方案。京东数科和毕马威中国在《数字科技服务中国》研究报告中指出，综合发展类企业在非金融业务的发展中实现了人、物、资金流与信息流的全面数字化，形成了规模巨大的用户数据，为科技企业的发展和应用大数据相关技术提供了"土壤"。大型科技企业在大数据处理、计算和储存能力方面的优势如果赋能给传统金融机构，有助于推动传统金融机构对于存量金融数据资源的充分利用[126]。根据综合发展类科技企业 2020 年公布的活跃用户数量①，这些企业服务的个人客户数量规模巨大，掌握的数据规模呈现指数级增长趋势，企业在大数据实践中发展的核心业务能力也因此处于行业领先水平。综合发展类科技企业在长期的大数据实践中掌握了先进的人工智能、机器学习和云计算技术，并将其用于金融与科技的融合实践中，率先创造了高效率的信用评分体系、大数据风控等金融科技创新方案，也使他们在行业内塑造了较强的竞争力[206]。尹振涛和冯心歌[108]认为，综合发展类科技企业已经通过技术研发和应用创新的共同演进，形成了金融与科技相互促进的双螺旋结构，这对于提高金融科技创新效率有重要意义。

可见，综合发展类科技企业的网络优势与技术优势是在长期平台建设实践和数据实践中获得的，能够在跨界合作中发挥更大的价值[127]。

二、中介作用的理论分析

金融科技合作与城商行实现金融功能转型有密不可分的关系。依据金融功能观，金融机构的核心功能可以概括为六项：①跨越时间与空间促进资源转移；②管理与降低风险；③提供清算和结算服务，以实现商品、服务和各种资产的交易；④提供集中资本和股份分割的机制；⑤发挥信息功能，提供价格信息；⑥提供解决激励问题的方法[207]。商业银行发挥金融功能主要通过开展资产业务、负债业务和中间业务来实现[187,208]，因此，资产、负债与中间业务结构是核定银行功能演进的重要锚定指标。金融功能与商业银行业务的映射关联关系如表 4-1 所示。

---

① 阿里巴巴 2020 年活跃用户数量为 9.6 亿；百度 2020 年活跃用户数量为 5.44 亿；京东为 4.719 亿；腾讯微信活跃用户数量为 12.25 亿，QQ 活跃用户数量达到 5.95 亿，上述数据来自各科技企业年报。

表 4-1　金融功能与商业银行业务的映射关联关系

金融机构核心功能	商业银行业务	商业银行金融功能发挥
跨越时间与空间促进资源转移	资产与负债业务	存款向贷款转移
管理与降低风险	资产与负债业务	资产与负债业务的风险管理
提供清算和结算服务	中间业务	支票等转账支付
归集资源并分割	资产业务	资产端贷款业务的开展
发挥信息中介功能	中间业务	信息共享和业务咨询服务
提供解决激励问题的方法	中间业务	对企业风险进行监督

当前，城商行仍存在功能性缺陷的问题，诸如资产端风险管理能力弱、作为信息中介的中间业务存在短板、负债端依赖同业批发性存款等，导致城商行业务发展受阻，金融功能的发挥严重受限[209]。金融科技合作从资源、场景、成本与技术方面弥补了城商行经营短板，在促进城商行金融功能发挥方面展现出巨大潜力。由此，鉴于金融功能在业务结构方面的表现，本书以城商行资产、负债与中间业务结构为切入点，挖掘金融科技合作对城商行效率影响的中介作用机制。

1. 资产业务的中介作用

从资产端来看，金融科技合作势必在科技方面能够补充银行的技术短板，在审核与反欺诈、评估与定价以及全流程风险管理中帮助城商行变革模型和方法，加速信用资本化，为商业银行风险管理提供新机遇，进而影响商业银行在资产端的风险承担能力。其中，在审核与反欺诈方面，金融科技企业能够为城商行提供智能审核服务，基于大数据量化用户信用，建立高效和精准的审核机制，降低城商行信息获取与审核成本[10]。通过数字化反欺诈技术的应用，优化和升级内部风险管理系统，在金融服务的事前、事中和事后更加精准拦截可能的欺诈交易，这使城商行识别和控制风险的能力与效率得到提升，使城商行在资产选择方面的风险承担能力也进一步提升。在评估与定价方面，金融科技企业凭借先进的人工智能、大数据和云计算技术，能够帮助城商行实现灵活、精准的风险定价，利用客户"数字足迹"进行信用评估，从而建立合理和客观的风险定价机制，以吸引贷款客户，与此同时也会增加城商行风险承担偏好，由此影响了银行在资产选择上追逐与承担风险的行为[210]。在全流程风险管理方面，金融科技企业能够基于丰富的风控平台建设经验，帮助城商行建立和完善全流程的风险管理平台，实现风险数据的治理、分类、共享和整合，覆盖贷前、贷中和贷后全流程的风险管理，使风控流程清晰可见，打破传统商业银行各部门信息孤立的现状，满足城商行多方面和多层次的贷款风险管理需求，进而，风险管理平台的完善和风险控制能力的提升会促使银行资产端的风险偏好提升[156,211]。除风险管理技术方面的合作之外，城商行与金融科技企业在互联网联合贷款方面也展开了诸多探索，互联网贷款业务的开展与深入，客观上促进了城商行风险承担偏好的提高[13]。在互联网联合贷款模式下，城商行都依托了金融科技企业在信息获取、客户流量与数据、信用鉴别等方面的优势，以更加便捷和立体的渠道深入触达长尾客户群体。但由于这些长尾客户本身具有风险较高、缺乏抵押品的问题，城商行也在一定程度上提高了自身风险承担偏好[212]。由此可见，金融科技合作会影响城商行的风险管理能力和风险承担偏好，继而促进资产端风险承担提高。

同时，相关研究认为资产端的风险承担与银行效率有一定的相关性[39,73]。Hou 等[213] 基于我国商业银行实证数据，研究发现风险承担对技术效率有正向影响，原因在于风险承担能力的提高意味着商业银行在软风险约束下的信贷扩张加强，由此促进效率提升。刘忠璐[289] 研究发现互联网金融依托其丰富的大数据资源和强大的信息分析能力赋能商业银行，解决了城商行长久以来备受困扰的信息不对称问题，使其风险管理发生变革，风险承担能力加强，继而促进了经营效率提升。Sarmiento 和 Galán[63] 研究发现风险承担与银行效率之间的关系在不同商业银行中存在异质性，风险控制成本和信息不对称水平较低的商业银行中，风险承担更能促进银行效率提升。

可见，率先通过金融科技合作降低了风险控制成本与信息不对称水平的城商行在通过资产端风险承担促进银行效率提升方面更有优势。

2. 负债业务的中介作用

从负债端来看，吸收存款对于以存贷利差为主要收入来源的商业银行至关重要，是影响银行效率水平的直接因素[71]。金融科技合作大多从场景维度、用户维度和产品维度三个方面综合释放效能，帮助城商行优化获客与营销方式，促进吸收存款规模增长，从而影响负债端业务结构[214]。其一，从场景维度来看，与金融科技企业开展合作，客观上使城商行突破异地展业约束，打破场景的限制，在线上场景中对接金融科技企业的数字化开放平台，在线下场景中借助金融科技企业的数字技术支持实现智能化、数字化升级，实现线上线下的资源整合，获取更多客户资源，进而全方位提高服务效率[4,126]。其二，从用户维度来看，以往城商行受技术、地理因素的限制，多实行以产品为中心的战略，客户覆盖面难以得到有效拓展。通过合作，金融科技企业依托自身数字化技术优势，能够帮助城商行将现有存量客户进行分层营销与管理，实现利润最大化。除此之外，一些金融科技企业本身具有丰富的客户资源，跨界融合可以帮助城商行以较低成本接触以往服务不到的客群，扩大金融服务半径，进而提高负债端的存款总量，实现总体效率提升[215-216]。其三，从产品维度来看，金融科技企业与城商行开展的合作区别于以往银行服务外包，不仅能促进技术升级，而且更重要的是通过联合创新及整体解决方案的制定，能够为城商行产品优化提供强有力的支撑，以促进客户体验改善和客户黏性提高，进而实现吸收存款的突破。据此，金融科技合作会对银行负债端业务产生影响，减少城商行对同业负债的依赖程度，促进负债端吸收存款占比的提高。

同时，相关研究也指出，负债端业务结构的变化会影响银行效率。2013年之后，金融脱媒和互联网金融的加速发展，使存款资金不断通过互联网金融平台向银行间市场转移，商业银行从传统存款市场获得资金比较困难，但从银行间市场获得批发性存款相对容易，尤其是对于吸储能力较差的中小银行更为显著[217-218]。与此同时，市场准入条件的降低使银行业竞争态势愈演愈烈，大型商业银行存款竞争中的地位优势使城商行等中小银行在负债端业务管理和流动性管理中更加依赖同业业务[219-220]。在上述两种因素的综合作用下，城商行负债端同业业务不断扩张，通过"期限错配""银行挤兑"等途径提高了城商行脆弱性。一方面，批发性融资形成的同业负债属于短期融资工具，一般期限较短，与资产端中长期贷款存在期限不匹配的问题，增强了城商行的内生脆弱性，会降低银行经营效率[221-222]。另一方面，同业批发性负债是城商行最不稳定的资金来源，而零售市场的存款是城商行最安全的资金来源，过度依赖同业负债会增强挤兑风险，使城商行陷入流动性枯竭中[223-224]。零售融资渠道相较于批发性融资渠道，稳定性更强，能够将城商行与非预期的市场流动性风险隔离开，零售融资比重的增加有助于增强城商行持续经营的能力[225]。因此，提高吸收存款在负债中的占比，能够减少期限错配问题，防止流动性枯竭，从而提高银行经营效率。

可见，金融科技合作能够促进负债端吸收存款的增长，减少城商行对同业批发性融资的依赖，继而提高经营效率。

3. 中间业务的中介作用

随着利率市场化机制建设的完成，城商行面临着业务转型，发展中间业务无疑成为重点转型方向之一，金融科技合作为城商行扩大经营范围和发展中间业务创造了条件。中间业务是指不需要银行自身资金的支持，依托信息、技术和人才资源，以中间人的身份为客户提供的各种委托、代理和承办事项，比如银行卡手续费、托管及其他业务佣金、担保手续费、理财手续费和顾问及咨询费等，此类业务不构成银行的资产与负债，但会形成银行的非利息收入[226]。中间业务的开展大部分是通过员工与客户的直接接触实现的，特别是对于高附加值的知识性中间业务，非常需要高素质员工和先进的技术手段来支撑。相较于大型国有银行和股份制银行，城商行的高素质和技术人才较少，能够在高附加值的中间业务中有效发挥作用的员工也相对不足[89]。金融科技合作使商业银行能够拥有更加丰富的大数据资源和技术资源，也促进了人才流动、知识分享和员工技能培训，推动商业银行在中间业务领域的价值创造空间不断扩大。具体而言，从中间业务的范围看，依托合作，金融科技企业能够发挥其网络拓展优势，为银行提供更多的客户行为数据，提高城商行对客户需求的洞察能力，继而更好地根据客户需求创新中间业务的产品与服务，扩大中间业务的市场份额，增加手续费及佣金收益等其他非利息收入[208,227]。从交易方式来看，以金融科技创新为目标的合作促进了城商行智能化、数字化转型，改变了城商行前、中、后台服务逻辑，在业务前台，人工智能、移动互联的赋能使城商行中间业务的服务方式和服务渠道更加多元化，在业务中后台，移动智能终端的开发，使交易渠道不再受到时间和空间的限制，从而有助于促进银行经营效率的提高[193]。从操作手段来看，金融科技合作能够推动城商行提高技术水平，有助于城商行加强移动智能终端和数字化交互平台的建设与完善，将中间业务嵌入丰富的应用场景中，突破中间业务时空限制，提高运作效率[154,189]。

进一步地，许多研究发现，城商行发展中间业务有助于促进效率提升。其一，中间业务的发展能够促使城商行增加收入和实现利润最大化。薛超和李政[228]提出，城商行具有规模经济优势，其业务扩张有助于促进盈利，改善经营绩效。史仕新[226]认为中间业务受到利率波动和经济周期的影响小，其收益的稳定性强于资产和负债业务。Harimaya和Ozaki[79]、郭晔等[78]研究发现发展中间业务，实现产品和服务的多样化是小型商业银行减少对贷款业务的依赖和降低经营风险的关键手段，对于促进效率提升有重要意义。其二，中间业务使城商行能够适应《巴塞尔协议》资本监管的要求。随着《巴塞尔协议Ⅲ》和我国宏观审慎政策的推进，监管机构对商业银行资本要求不断提高，资本储备的提高虽然降低了银行经营风险，但是盈利水平也会随之降低，发展盈利水平相对稳定且资本要求较低的中间业务既能维持收入来源的稳定，也能促进经济效益和效率的提升[208]。特别是对于城商行来说，资本占用和消耗使资金成本提高、利润增速下降甚至呈现负增长趋势，合理发展不占用资本金的中间业务有助于抵消资本消耗不断提高带来的利润下行压力[187]。其三，中间业务能促进城商行降低经营成本，提高资金流动性。中间业务普遍与传统利息业务联系紧密，比如银行卡业务、转账、结算、保管、清算等业务在某种程度上形成了与传统利息业务的捆绑，客户拓展费用较低，所以城商行在中间业务上需要的投入较少，能与传统业务协同发展，提高运营效率[41]。中间业务也较少占用城商行资本金，降低了资金成本和管理成本，并且一些中间业务的开展还提高了资产流动性，比如发行备用信用证、转让有追索权的贷款债券等中间业务都增强了资产的可转让性和流动性，经营效率会大大提高[229]。其四，中间业务的拓展能够缓解利率市场化对城商行带来的冲击，有效提升城商行盈利能力与运营效率。利率市场化在我国已经基本完成，利差收窄势必会影响银行的经营管理，"倒逼"银行进行战略转型[230]。通过发展中间业务推动业务结构多元化能够降低利率市场化对商业银行的不利影响，特别是对于城商行等中小银行，可以通过中间业务收益弥补资产与负债端的收益劣势，降低收益波动[231]。

据此，金融科技合作能够通过促进城商行中间业务的发展，增加收入和降低成本，进而提高效率水平。

综上所述，资产、负债和中间业务的中介效应理论分析框架如图4-2所示。

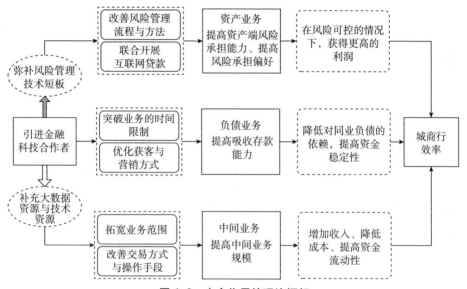

图4-2 中介作用的理论框架

三、调节作用的理论分析

基于互补协同理论，商业银行内部管理与外部合作的协调和互补有助于促进合作效应的释放，产生"1+1>2"的协同效果，更好地带动城商行效率提升。恰当的内部管理改革能够作为引进外部合作者的重要补充，降低外部合作的不确定性、提高吸收和整合知识的能力，以保障合作事项的顺利开展和合作成果的加快落地[188]。股权结构[232]、人力资本[233]与信息技术[234]是支撑城商行内部管理升级与变革的核心要素。如果金融科技合作产生的整合效应、创造效应、财务增进效应和科技赋能效应，伴随着城商行股权结构、人力资本和信息系统同时做出变革，使要素之间的协同互补性得到加强，将进一步提升经营效率，形成金融科技合作对城商行效率影响的增进[28]。据此，本书对股权结构、人力资本与信息技术的调节作用进行理论分析。

1. 股权结构的调节作用

股权结构作为现代商业银行治理结构的基础，是影响商业银行经营管理的核心变量[235]。尽管金融科技合作对城商行效率提升至关重要，但其效果的发挥仍然可能与城商行的股权结构有关。股权结构的改善和优化已被列入商业银行业务议程的优先事项中。通过股权结构改革，引入现代管理与治理机制处理委托代理问题，为持续改革提供"催化剂"，被视为提高银行效率的重要途径[236]。股权结构是指股权在不同股东之间的分配，股权的大小决定了股东对公司的控制和治理能力[237-238]。与美国等发达国家不同的是，包括我国在内的一些发展中国家的中小银行股权结构较为集中，股权被政府占据了较大比例[239]，这可能导致管理效率的低下。原因在于，一方面，大股东影响银行管理的能力随着股权集中度的提高而提高[240]，股权结构过度集中于大股东便会使小而分散的利益相关者不能有效影响银行的管理，而主要利益相关者有能力影响银行的业务决策，并倾向于通过追求个人利益而从小股东手中攫取财富[241]。另一方面，我国城商行在建立初期基本是地方政府或国有企业为第一大持股股东，股权集中于国有股东会使银行很难抵制有害的政治干预[239]。一些文献表明，国有制与其内在固有的无效率有关[242-243]。国有股东作为政府代表，有多种目标，包括社会利益、政治目标和商业的考虑[244]，有可能扭曲银行的经营目标、经营模式和决策机制[245]。然而，民营和外资企业主要追求盈利和效率，较少考虑社会利益，因此，民营银行和外资银行的效率显著高于国有商业银行[236,246]。一些实证研究表明集中的股权结构对城商行效率具有负面影响[247-248]。Claessens 等[249]研究发现，集中的股权结构可能会对银行效率产生不利影响。江俊蓉和宫鹏浩[250]提出一股独大不利于中小股东发挥监督作用，使大股东缺乏制衡，容易侵蚀中小股东权益，不利于风险控制，使银行经营管理效率降低。Lin 等[251]和 Wang 等[252]通过实证研究发现，多个大股东分散的股权结构提高了信息透明度，有助于促进公司绩效提升。

鉴于股权结构对银行经营管理的普遍影响，可以预期，股权结构可能会影响银行在金融科技合作过程中的管理和创新，继而影响金融科技合作与城商行效率之间的关系。一方面，股权集中可能削弱创新动机，原因在于在一股独大的治理结构中，风险过度集中，出于风险规避的考虑，这些银行往往投资新金融产品和服务研发的积极性较低[253]。管理层增加研发投资或加强与金融科技企业合作的倾向可能会受到大股东决策能力和风险偏好的较大限制。特别是我国城商行第一大股东多是国有企业和政府，股权集中于第一大股东，会使其在面临软预算约束时，更希望得到政府的帮助，而不是通过金融科技创新来最小化成本或提高利润[254]。与此同时，股权较为集中的商业银行由于缺乏合理的治理结构，管理人员的激励与考核上更注重即期考核，相对缺乏对长期发展的关注，并且比较注重规模而非管理，使管理层缺乏动力从长期来创新、改进和更新服务[255]。另一方面，公司治理的本质是制衡，股权过度集中会导致对大股东缺乏有效制衡，降低决策的有效性，影响城商行对合作中产生的先进技术及管理经验的吸收。一些文献认为，股权相对分散、大股东互相制衡的银行，业务组织和人力资源管理更为敏捷，因此能够更好地发挥金融科技创新的带动效应[256]。与此同时，股权结构过于集中的商业银行难以建立起有效的风险约束自律机制，导致金融科技在银行内部的转化效率偏低[257]。相比之下，股权制衡机制能够有效发挥的城商行更注重引进具备管理战略合作者能力的董事和管理者[258]，建立完善的风险约束机制，继而促进科技在内部的转化，创造最大化的客户价值[259]。此外，在股权适度分散的城商行，不仅股东之间形成了良好的相互制约和监督机制，各个股东对管理层的监督和激励也更加全面有效，"缺位"现象较少发生，这在一定程度上有利于提高内部治理的有效性，从而推动金融科技创新成果的转化和吸收[237]。

可见，股权相对分散的治理结构更有助于提高金融科技合作对城商行效率的正向作用。

2. 人力资本的调节作用

人力资本与组织资本共同构成了企业拥有的智力资本，人力资本主要指员工在实践活动和教育培训中掌握的知识、技术、经验和能力[233,260]。随着知识经济的快速发展，人力资本的重要性日益提升，一些实证分析的研究也表明，人力资本在商业银行业务创新、价值创造、绩效改善和竞争优势保持中发挥了显著作用[261-262]。Bontis和Serenko[263]认为，人力资本是金融部门开展创新活动的关键要素，人力资本效能较强的商业银行能够更好地吸收先进的知识和技术，通过实践、知识外溢和知识共享来促进银行整体经营效率的提升。戴静等[264]研究发现，人力资本的提升能够提高银行收集信息的能力，推动新产品与服务的开发和研究，从而提高经营绩效。陈晞[261]认为，人力资本对于区域性中小银行的转型至关重要，强化人力资本管理，才能在银行内部形成知识积累的收益递增，从而推动运营流程和运营模式上形成颠覆式创新。金融科技合作产生的技术溢出效应主要受商业银行吸收能力影响，而吸收能力很大程度上取决于银行内部员工对先验知识的理解与运用[265]。张珺涵等[266]提出，金融科技创新参与主体本身的人力资本决定了对创新技术的吸收效果。韩清池和赵国杰[267]通过研究发现知识获取者获取能力越高，创新联盟的知识传递越有效。

外部金融科技合作者承担了外部知识载体，而内部知识的载体是内部人力资本[266]。人力资本是商业银行重要的创新动力，也是银行与外部机构合作创新的重要支持性资源，因此人力资本的投入和积累是推动管理实践同步转型的关键，能够推动金融科技合作发挥更高的效率提升作用[28]。罗旸洋等[18] 认为，商业银行与金融科技企业的合作需要双方技术人员之间保持高频的交流和知识共享，因此，商业银行内部人员的科技能力和业务能力决定了合作产生的知识资源是否能有效内化为银行自身的创新能力。张珺涵等[266] 提出，内部人力资本是企业内部知识的载体，充足的内部人力资本能够提高跨越企业边界的知识流动效率，继而提高开放式创新绩效。李建军和姜世超[192] 提出金融科技创新是一项知识密集型活动，对人员素质的要求高，加强人力资本投入、打破人才瓶颈才能推动知识的吸收和应用，从而加速技术的累积，促进业务创新。投入方面也进行了同步转型，比如通过引进人才、对现有人力资源进行整合和调整，从实践来看一些以合作方式开展金融科技创新的商业银行在组织变革和人力资本组织结构，使商业银行的人力资本供给能够更好地匹配金融科技创新需求[4]。城商行与金融科技企业合作既有一定的复杂性，也具有一定的不确定性，为了应对跨界合作的挑战和复杂性，有必要引进高素质人才，并加强人力资本积累，提高正向激励。

可见，在城商行自身人力资本转型滞后的情况下，现有金融科技合作的边际产出必然衰减，较高的人力资本才能够更好地配合外部合作行为，形成良性互补系统，从而充分发挥金融科技合作对城商行效率的正向影响。

3. 信息技术的调节作用

根据谢平[268] 的归纳，商业银行信息技术投入具有如下特点，即初期固定成本投入很高，而随着时间的推移，每增加一单位金融产品和服务所产生的边际成本很低，甚至接近于零。黄靖雯和陶士贵[234] 通过构建数据包络分析模型，发现我国大部分商业银行在信息技术投入方面都呈现出了规模报酬递增，因此应该继续加大信息科技方面的投入，以促进效率提升。当前，我国一些商业银行对于管理的配置偏重于人员调整、治理结构和绩效考核，对于信息技术的投入仍然不足，一定程度上制约了运营效率的提升[156]。加强信息技术投入能够促进金融服务覆盖面拓展，拓展银行的盈利空间[269]，信息技术在商业银行的渗透和应用有助于促进商业银行经营管理水平提升、盈利能力提高以及管理费用的降低[270-271]。可见，信息技术对于商业银行经营效率的正向影响已经基本形成共识[272]。

信息技术作为数字经济时代商业银行最重要的内部资源之一，会对金融科技合作与银行效率之间的关系产生影响。其一，银行自身加强信息技术的投入和发展，能够推动敏捷型组织建设，凭借科技敏捷实现业务敏捷，在合作中更好地应对不确定性。普华永道通过对我国金融科技企业和传统金融机构的调查，发现金融科技企业与传统金融机构合作效应发挥面临的主要挑战之一就体现在信息科技系统的兼容性等方面[122]。京东数科和毕马威中国在研究报告中提到，商业银行借助信息技术促进自身核心能力的精进，打造高敏捷度的组织，才能够更好地利用与外部数字科技企业合作的成果，结合业务的动态需求，不断对合作成果进行改良式创新[126]。Ravichandran[273]研究发现信息技术是企业创新的驱动力，增加信息技术投入能够提高企业敏捷性和灵活性，使其能够在跨越组织的知识共享中吸收新信息，并针对机遇快速做出反应。其二，先进的软硬件系统能够为合作双方交流、沟通、知识共享和技术流动奠定基础，促进银行吸收和转化联合创新的成果。吴晓云和袁磊[274]研究发现，信息技术是商业银行硬实力的集中体现，信息技术能够提高商业银行进行利用式创新的能力，即利用合作产生的知识和技术进行拓展和改良的创新能力，随着利用式创新能力的提高，商业银行在吸收和消化与外部合作产生的知识上更有竞争力。丰超等[275]提出硬件信息系统和软件操作系统是企业 IT 能力构建的基础，在合作中，企业之间和企业内部有高频次互动和交流的需要，IT 能力会显著影响合作伙伴之间的沟通和交流效率，进而影响合作绩效。

可见，信息技术是商业银行内部管理的重要情境变量，在城商行内部信息技术投入和应用程度更高时，城商行吸收和转化合作成果的能力更强，会推动和促进创新合作的正向溢出，从而提高金融科技合作的产出。综上所述，调节作用的理论分析框架如图 4-3 所示。

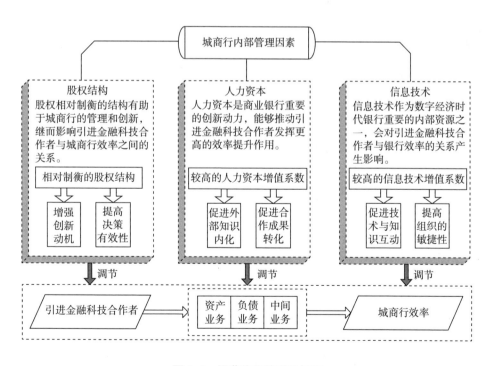

图 4-3 调节作用的理论框架

第二节　理论模型推演

一、理论模型设定

根据上述理论剖析，本书初步推断城商行金融科技合作对效率具有促进作用，即便如此，这一促进作用能否顺利实现，还需要观察金融科技合作经由资产端业务、负债端业务与中间业务渠道的转化是否畅通，也需明晰城商行内部管理是否能够发挥支持作用。为了从数理层面进一步说明影响机理，本部分构建金融科技合作约束下的银行存款、贷款及中间业务收益模型，进行数理推导，系统阐述金融科技合作与城商行效率之间的作用机理。将"金融科技合作"作为约束条件引入 Kishan 和 Opiela[276] 构建的最优化理论模型框架，借鉴郭品和沈悦[277]、余晶晶等[62] 及刘孟飞和王琦[195] 的研究对模型进行设定与改进，模型具体设定如下：

模型假设 4-1：城商行通过开展资产业务、负债业务与中间业务实现利润最大化，从家庭部门吸收存款（D）形成负债，从资本市场等途径筹集资金（E），将这些资金分配于企业贷款（L）与中国人民银行要求的存款准备金（N）。假设存款准备金率为 x，$0<x<1$，则 $N=xD$。中间业务（M）的开展不需要资金支持，只需要银行以中间人身份应用自身技术与知识等开展活动。需要注意的是，为了使模型更清晰，这里假设城商行在人民银行的存款准备金不产生利息收益。

模型假设 4-2：贷款市场约束。当前，我国贷款利率在形式上已经被放开，但定价机制仍然受到隐性管制的影响，无法完全反映市场供求情况[278]。由于政府隐性担保等原因，国有企业仍然享受着未完全覆盖信贷风险溢价的低利率，而民营企业事实上受到信贷配给，因此，在现有利率定价技术与机制下，我国商业贷款利率设定仍然是长期低于市场均衡贷款利率的。基于此，城商行利率定价低于市场均衡贷款利率的程度越大，城商行发放贷款的规模越大，即 $L=L_0+\alpha(\bar{r}_L-r_L)$，其中 α 表示城商行对贷款利率差异的反应系数，$\alpha>0$，$\bar{r}_L$ 表示贷款市场均衡利率，r_L 表示城商行的贷款利率定价。L_0 代表当 $\bar{r}_L=r_L$ 时城商行发放贷款的规模，根据刘明康等[279] 的研究可知，L_0 代表着银行自身市场力量，市场力量则与银行规模和银行经营管理产生的价值增值有密切关系，即 $L_0=L^*+\rho_L\cdot\delta$，$L^*$

代表由银行规模因素决定的贷款量，ρ_L 代表通过加强商业银行内部管理与协作而获得的贷款增量，δ 代表内部管理产生的价值增值系数，内部管理手段主要包括加强股权治理、促进人力资本价值增值和提高信息技术的价值增值。

模型假设 4-3：存款市场约束。虽然中国人民银行于 2015 年 10 月全面放开了存款利率上限，但商业银行存款利率仍然比较固定，并且普遍低于理财产品的利率，而相关研究指出理财产品利率更加能够反映市场供求关系下的利率水平[280-281]。因此，从我国存款市场利率设定来看，商业银行存款利率基本长期低于市场均衡利率[282]。商业银行设定的利率越接近市场均衡利率，不仅使自身吸收的存款规模增加，也能促使市场利率提高至均衡水平，使金融体系能够更好地发挥金融中介功能，令 $D = D_0 + \beta(\bar{r}_D - r_D)$，其中 β 表示城商行对存款利率差异的反应系数，$\beta < 0$，$\bar{r}_D$ 表示存款市场均衡利率，r_D 表示城商行的存款利率定价。贷款利率在存款利率之上波动，则 $\bar{r}_L = \bar{r}_D + \bar{\varepsilon}_D$，$r_L = r_D + \varepsilon_D$。$D_0$ 代表，当 $\bar{r}_D = r_D$ 时城商行吸收存款的规模，与 L_0 类似，D_0 也是部分由自身规模决定，部分由内部管理产生的价值增值决定，即 $D_0 = D^* + \rho_D \cdot \delta$，$D^*$ 代表由银行规模因素决定的贷款量，ρ_D 代表通过加强商业银行内部管理与协作而获得的存款增量。

模型假设 4-4：资本市场约束。在资本市场上，不考虑其他因素的情况下，城商行的资本回报率越高，筹集的资金越多，市场均衡时的投资回报率一般高于个体银行的投资回报率，因此，城商行投资回报率越接近市场均衡的投资回报率，城商行获得的资金规模越大，即 $E = E_0 + \gamma(\bar{r}_E - r_E)$，其中 γ 表示城商行对投资回报率差异的反应系数，$\gamma < 0$，$\bar{r}_E$ 表示资本市场均衡回报率，r_E 表示城商行的回报率。E_0 代表，当 $\bar{r}_E = r_E$ 时城商行通过资本市场筹集资金的规模。

模型假设 4-5：中间业务市场约束。在中间业务市场中，城商行相较于国有大型商业银行及股份制银行相对缺乏竞争优势，中间业务费率一般低于市场均衡的费率，因此，城商行的中间业务费率设定越低，则获得的中间业务规模越大，即 $M = M_0 + \theta(\bar{r}_M - r_M)$，其中 θ 表示城商行对中间业务费率差异的反应系数，$\theta > 0$，$\bar{r}_M$ 表示中间业务市场均衡费率，r_M 表示城商行的中间业务费率。M_0 代表，当 $\bar{r}_M = r_M$ 时城商行中间业务规模，与 L_0 和 D_0 类似，M_0 也是部分由自身规模决定，部分由内部管理产生的价值增值决定，即 $M_0 = M^* + \rho_M \cdot \delta$，$M^*$ 代表由银行规模因素决定的中间业务量，ρ_M 代表通过加强商业银行内部管理与协作而获得的中间业务规模增量。

模型假设 4-6：城商行业务运营成本约束。城商行在日常运营中会产生管理与服务成本（C），并且存贷款和中间业务规模越大，运营成本越高，据此，设定 $C = (u^2 D + v^2 L + w^2 M)/2$。其中，$u > 0$ 为存款的边际运营成本，$v > 0$ 为贷款的边际运营成本，$w>0$ 为中间业务的边际运营成本。

模型假设4-7：金融科技合作约束。城商行引进金融科技企业作为合作者，势必将促进城商行对金融科技的应用及创新，在存贷业务和中间业务方面降低银行边际运营成本，提高运营效率，即 $u=u(FT)$ 且 $\partial u(FT)/\partial FT<0$，$v=v(FT)$ 且 $\partial v(FT)/\partial FT<0$，$w=w(FT)$ 且 $\partial w(FT)/\partial FT<0$。

模型假设4-8：城商行效率假设。城商行的成本效率定义为理论最小成本与实际成本的比值，利润效率定义为实际利润与理论最大利润的比值，理论最小成本与理论最大利润是由行业中最先进的商业银行决定的，假设短期内理论最小成本与理论最大利润是保持不变的，而个体银行的实际成本与实际利润大小会发生变化。据此，将城商行的实际成本（Γ）与实际利润（Δ）作为目标函数。

模型的目标函数及约束条件设定如式（4-1）～式（4-3）所示：

$$\mathrm{Max}\Delta = r_L L - r_D D - r_E E + r_M M - C \tag{4-1}$$

$$\mathrm{Min}\Gamma = C \tag{4-2}$$

$$s.t. \begin{cases} D+E=L+N, \quad N=x \cdot D \\ L=L_0+\alpha(\bar{r}_L-r_L), \quad \alpha>0, \ L_0>0 \\ D=D_0+\beta(\bar{r}_D-r_D), \quad \beta<0, \ D_0>0 \\ E=E_0+\gamma(\bar{r}_E-r_E), \quad \gamma<0, \ E_0>0 \\ M=M_0+\theta(\bar{r}_M-r_M), \quad \theta>0, \ M_0>0 \\ C=\dfrac{u^2 D+v^2 L+w^2 M}{2}, \quad \dfrac{\partial u(FT)}{\partial FT}<0, \ \dfrac{\partial v(FT)}{\partial FT}<0, \ \dfrac{\partial w(FT)}{\partial FT}<0 \end{cases} \tag{4-3}$$

二、理论模型求解

在该模型中，目标函数式（4-1）和式（4-2）具有一致性，即成本的最小化意味着利润的最大化，则在模型求解过程中重点关注目标函数式（4-1）的实现。为了对上述模型进行求解，将约束条件式（4-3）代入目标函数式（4-1）中得：

$$\Delta = \left(\frac{L_0-L}{\alpha}+\bar{r}_L\right) L - r_D D - \left(\frac{E_0-L-(x-1)D}{\gamma}+\bar{r}_E\right)[L+(x-1)D]+r_M M-\frac{u^2 D+v^2 L+w^2 M}{2} \tag{4-4}$$

1. 资产业务的中介作用推导

首先，将式（4-4）对L求偏导，得到：

$$\frac{\partial \Delta}{\partial L} = \left(\frac{L_0-2L}{\alpha}+\bar{r}_L\right) - \left(\frac{E_0-2L+2(1-x)D}{\gamma}+\bar{r}_E\right)-v(FT)L \tag{4-5}$$

令 $\partial\Delta/\partial L=0$，得到最优贷款规模 L^* 如下：

$$L^*=\frac{L_0\cdot\gamma+\bar{r}_L\cdot\alpha\cdot\gamma-\bar{r}_E\cdot\alpha\cdot\gamma-E_0\cdot\alpha-2(1-x)\cdot D\cdot\alpha}{2\gamma-2\alpha+v(FT)\cdot\alpha\cdot\gamma} \tag{4-6}$$

式（4-6）中，$\bar{r}_L\cdot\alpha\cdot\gamma-\bar{r}_E\cdot\alpha\cdot\gamma<0$，$L_0\cdot\gamma-E_0\cdot\alpha<0$，$2\gamma-2\alpha<0$，$\alpha\cdot\gamma<0$。

进而，以式（4-6）为基础，借鉴刘孟飞和王琦[195] 的做法，采用风险资产占比（L/E）衡量城商行在资产端的风险承担，代表一单位资本金所支持的风险资产大小，则有 L/E 关于金融科技合作（FT）的函数：

$$\frac{L}{E}=\frac{L_0\cdot\gamma+\bar{r}_L\cdot\alpha\cdot\gamma-\bar{r}_E\cdot\alpha\cdot\gamma-E_0\cdot\alpha-2(1-x)\cdot[D_0+\beta\cdot(\bar{r}_D-r_D)]\cdot\alpha}{E[2\gamma-2\alpha+v(FT)\cdot\alpha\cdot\gamma]} \tag{4-7}$$

将风险资产占比经由 $v(FT)$ 对 FT 求导，剖析金融科技合作如何通过影响风险资产占比而作用于银行效率。

$$\frac{\partial(L/E)}{\partial v(FT)}\cdot\frac{\partial v(FT)}{FT}$$

$$=-\frac{\{L_0\cdot\gamma+\bar{r}_L\cdot\alpha\cdot\gamma-\bar{r}_E\cdot\alpha\cdot\gamma-E_0\cdot\alpha-2(1-x)\cdot[D_0+\beta\cdot(\bar{r}_D-r_D)]\cdot\alpha\}\cdot\alpha\cdot\gamma}{E[2\gamma-2\alpha+v(FT)\cdot\alpha\cdot\gamma]^2}\cdot$$

$$\frac{\partial v(FT)}{FT}>0 \tag{4-8}$$

根据式（4-8）可知，金融科技合作能够推动城商行在资产端的风险承担，并由此促进城商行的利润最大化，提高银行效率，模型推导与前述理论分析结论一致。

2. 负债业务的中介作用推导

进一步地，将式（4-4）对 D 求偏导，得到：

$$\frac{\partial\Delta}{\partial D}=-\frac{D_0-2D}{\beta}-\bar{r}_D-\frac{(x-1)(E_0+\bar{r}_E\cdot\gamma-2L)-2D(x-1)^2}{\gamma}-u(FT)D \tag{4-9}$$

令 $\partial\Delta/\partial L=0$，得到最优存款规模 D^* 如下：

$$D^*=\frac{D_0\cdot\gamma+\beta\cdot\gamma\cdot\bar{r}_D+\beta(x-1)(E_0+\bar{r}_E\cdot\gamma-2L)}{2\gamma+2(x-1)^2\cdot\beta-u(FT)\cdot\beta\cdot\gamma} \tag{4-10}$$

式（4-10）中 $E_0+\bar{r}_E\cdot\gamma-2L<0$，$D_0\cdot\gamma+\beta\cdot\gamma\cdot\bar{r}_D<0$，$2\gamma+2(x-1)^2\cdot\beta-u\cdot\beta\cdot\gamma<0$。

以式（4-10）为基础，将吸收存款规模经由 $u(FT)$ 对 FT 求导，得到：

$$\frac{\partial D}{\partial u(FT)}\cdot\frac{\partial u(FT)}{FT}=\frac{[D_0\cdot\gamma+\beta\cdot\gamma\cdot\bar{r}_D+\beta(x-1)(E_0+\bar{r}_E\cdot\gamma-2L)]\cdot\beta\cdot\gamma}{[2\gamma+2(x-1)^2\cdot\beta-u(FT)\cdot\beta\cdot\gamma]^2}\cdot$$

$$\frac{\partial u(FT)}{FT}>0 \tag{4-11}$$

根据式（4-11）可知，金融科技合作能够促进城商行在负债端吸收存款规模增加，并由此促进城商行的利润最大化，提高银行效率。

3. 中间业务的中介作用推导

贷款业务获得利息收入与中间业务获得的非利息收入是构成城商行总收入的重要组成，将式（4-4）对 M 求偏导，得到：

$$\frac{\partial \Delta}{\partial M}=\left(\frac{M_0-2M}{\theta}+\bar{r}_M\right)-w(FT)M \tag{4-12}$$

令 $\partial \Delta / \partial M=0$，得到最优贷款规模 M^* 如下：

$$M^*=\frac{\bar{r}_M \cdot \theta+M_0}{w(FT) \cdot \theta+2} \tag{4-13}$$

以式（4-13）为基础，近似地，将 M/L 表示收入多元化程度，用来衡量城商行在中间业务方面的发展，则有：

$$\frac{M}{L}=\frac{\bar{r}_M \cdot \theta+M_0}{[w(FT) \cdot \theta+2]L} \tag{4-14}$$

进而，将收入多元化程度（M/L）经由 $w(FT)$ 对 FT 求导，剖析金融科技合作如何通过影响中间业务发展而作用于银行效率。

$$\frac{\partial(L/E)}{\partial v(FT)} \cdot \frac{\partial v(FT)}{FT}=-\frac{(\bar{r}_M \cdot \theta+M_0) \cdot \theta \cdot L}{[w(FT) \cdot \theta \cdot L]^2} \cdot \frac{\partial v(FT)}{FT}>0 \tag{4-15}$$

根据式（4-15）可知，中间业务的发展有助于优化城商行盈利结构，获得更加稳定的收入来源，金融科技合作通过促进城商行中间业务发展，能够使城商行实现利润最大化，进而促进银行效率提高。

4. 内部管理因素的调节作用推导

为了进一步考察加强内部管理是否能够促进金融科技合作效率提升效应的发挥，将式（4-8）、式（4-11）和式（4-15）分别对内部管理产生的价值增值系数 δ 求偏导数。其中求式（4-8）对 δ 的偏导需要通过 L_0 和 D_0 展开，得到：

$$\frac{\partial\left[\frac{\partial\left(\frac{L}{E}\right)}{\partial v(FT)} \cdot \frac{\partial v(FT)}{FT}\right]}{\partial D_0} \cdot \frac{\partial D_0}{\partial \delta}=-\frac{L_0 \cdot \gamma^2 \cdot \alpha}{E[2\gamma-2\alpha+v(FT) \cdot \alpha \cdot \gamma]^2} \cdot \frac{\partial v(FT)}{FT} \cdot \frac{\partial L_0}{\partial \delta}>0$$

$$\tag{4-16}$$

$$\frac{\partial\left[\frac{\partial\left(\frac{L}{E}\right)}{\partial v(FT)}\cdot\frac{\partial v(FT)}{FT}\right]}{\partial L_0}\cdot\frac{\partial L_0}{\partial\delta}=\frac{2(1-x)\cdot D_0\cdot\alpha\cdot\gamma}{E\left[2\gamma-2\alpha+v(FT)\cdot\alpha\cdot\gamma\right]^2}\cdot\frac{\partial v(FT)}{FT}\cdot\frac{\partial D_0}{\partial\delta}>0$$

$$(4-17)$$

式（4-16）和式（4-17）说明，银行内部管理水平越高，在贷款与存款业务方面产生的价值增值越大，其效率水平对金融科技合作的敏感度越强，即对于内部管理价值增值效应越强的城商行，金融科技合作通过资产业务对效率发挥的促进作用越大。

求式（4-11）对 δ 的偏导需要通过 D_0 展开，得到：

$$\frac{\partial\left[\frac{\partial D}{\partial u(FT)}\cdot\frac{\partial u(FT)}{FT}\right]}{\partial D_0}\cdot\frac{\partial D_0}{\partial\delta}=\frac{D_0\cdot\gamma^2\cdot\beta}{\left[2\gamma+2(x-1)^2\cdot\beta-u(FT)\cdot\beta\cdot\gamma\right]^2}\cdot$$

$$\frac{\partial u(FT)}{FT}\cdot\frac{\partial D_0}{\partial\delta}>0 \qquad (4-18)$$

式（4-18）说明，银行内部管理水平越高，在贷款业务方面产生的价值增值越大，其效率水平对金融科技合作的敏感度越强，即对于内部管理价值增值效应强的城商行，金融科技合作通过负债业务对效率发挥的促进作用越大。

求式（4-15）对 δ 的偏导需要通过 M_0 展开，得到：

$$\frac{\partial\left[\frac{\partial(L/E)}{\partial v(FT)}\cdot\frac{\partial v(FT)}{FT}\right]}{\partial M_0}\cdot\frac{\partial M_0}{\partial\delta}=-\frac{M_0\cdot\theta\cdot L}{\left[w(FT)\cdot\theta\cdot L\right]^2}\cdot\frac{\partial v(FT)}{FT}\cdot\frac{\partial M_0}{\partial\delta}>0 \quad (4-19)$$

式（4-19）说明，银行内部管理水平越高，在中间业务方面发挥的价值增值效应越强，城商行效率水平对金融科技合作的敏感度越强，即对于内部管理价值增值效应强的城商行，金融科技合作通过中间业务对效率发挥的促进作用更大。

第三节 理论框架与假设提出

综合上述理论分析与数理模型求解，提出本书有待验证的基本理论假设4-1。进一步地，结合合作的现实情况与理论分析，将合作模式区分为赋能模式与共建模式，将合作对象划分为综合发展类企业、底层技术类企业和金融服务类企业，分别针对不同合作模式及合作对象对银行效率影响的异质性提出假设4-2和假设4-3。在直接作用假设的基础上，根据理论分析与数理模型推导可知，金融科技合作通过促进资产、负债与中间业务功能演进对银行效率发挥作用，据此，提出假设4-4、假设4-5和假设4-6。相关假设的具体内容如表4-2所示。基于直接效应与中介效应的分析，相关理论研究认为股权结构、人力资本与信息技术作为关键的内部管理因素，对金融科技合作与银行效率关系有调节作用，理论模型推导也表明高质量的内部管理水平会促进金融科技合作效率提升，据此，提出假设4-7、假设4-8和假设4-9。

表4-2 研究假设

假设类型	假设编号	假设内容
直接作用假设	假设4-1	金融科技合作可以显著促进城商行效率提升
直接作用的异质性假设	假设4-2	在共建模式下金融科技合作对城商行效率的提升作用要高于赋能模式
	假设4-3	综合发展类金融科技企业对城商行效率的提升作用要高于底层技术类和金融服务类金融科技企业
中介作用假设	假设4-4	金融科技合作会通过资产端业务影响城商行效率水平
	假设4-5	金融科技合作会通过负债端业务影响城商行效率水平
	假设4-6	金融科技合作会通过中间业务影响城商行效率水平
调节作用假设	假设4-7	股权结构会调节金融科技合作与城商行效率之间的关系，且调节效应通过业务结构的中介效应而实现
	假设4-8	人力资本会调节金融科技合作与城商行效率之间的关系，且调节效应通过业务结构的中介效应而实现
	假设4-9	信息技术会调节金融科技合作与城商行效率之间的关系，且调节效应通过业务结构的中介效应实现

根据上述假设之间的内在逻辑关系，构建了包含多重中介与多重调节的理论研究框架，如图4-4所示。本书在后续研究中将依据城商行业务特征选取投入产出指标，采用随机前沿法测量城商行的成本效率与利润效率，其中，成本效率代表在既定产出水平下，实际成本与最小成本的接近程度，利润效率表示在既定投入水平下，实际利润与最大利润的接近程度。金融科技合作是指推动金融科技运用、获得技术溢出和构建金融科技生态系统，以科技合作为基础引进共同寻求金融创新的合作者的行为，合作建立的标志是双方签订战略合作协议，本书通过文本挖掘法获取该事件变量，参见本书第五章的研究内容。

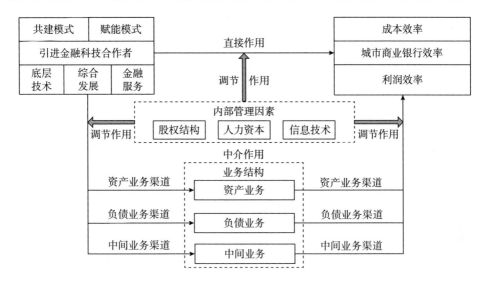

图 4-4 理论研究框架

关于中介变量，本文依据城商行的业务结构与实质功能，以风险资产占比衡量城商行资产业务结构，代表资产端城商行的风险承担；以吸收存款占比衡量城商行在负债端的业务结构，表示负债端城商行的吸储能力；以收入多元化程度衡量城商行的中间业务规模，表示中间业务方面城商行的发展水平，具体的变量选取与检验参见本书第六章。关于调节变量，城商行股权结构指不同股东间股权的分配情况，是银行治理的基础，本书以股权在大股东中的集中度衡量股权结构情况；城商行人力资本指员工掌握的知识、技能和经验，采用人力资本增值系数进行测算；城商行的信息技术水平是指城商行用于管理和处理信息所采用各种技术总称，以城商行在信息系统软、硬件方面投入产生的价值增值为代理变量，具体叙述参见本书第七章。

第四节　本章小结

本章从直接作用、中介作用与调节作用三个层次进行了递进式的理论梳理与数理推导。首先，本章结合相关理论研究，对直接作用、中介作用与调节作用进行了梳理与分析。具体而言，基于知识溢出理论与资源互补理论，从效率提升视角，挖掘金融科技合作的财务增进效应、知识溢出效应、创造整合效应与科技赋能效应，对金融科技合作影响城商行效率的直接作用进行了理论分析；在直接作用的基础上，立足于金融功能观，从金融功能演进视角，梳理了"金融科技合作—业务结构演进—效率提升"的内在逻辑；基于直接与中介作用，立足于协同互补理论，纳入内部管理要素探讨金融科技合作对城商行效率直接与间接影响的情境调节机制。其次，构建金融科技合作约束下的银行存款、贷款及中间业务收益模型，对资产业务、负债业务与中间业务的中介作用及内部管理因素的调节作用进行推导与解读。最后，根据上述理论分析与模型推导，渐进地提出了 9 个研究假设，形成了金融科技合作对城商行效率影响的理论研究框架，为下文实证研究奠定了基础。

第五章 金融科技合作对城商行效率直接影响的实证检验

第四章对金融科技合作对城商行效率的影响机理进行了理论分析与数理模型推演，提出了研究假设，构建了理论研究框架。在此基础上，本章对金融科技合作对城商行效率的直接影响进行实证研究，检验研究假设4-1、假设4-2和假设4-3。首先，进行模型构建、变量选取与样本数据收集，实证考察金融科技合作对城商行效率的直接影响是促进还是抑制。其次，进行异质性分析，检验不同合作模式和不同合作对象对城商行效率影响的异质性。再次，进行动态效应分析，采用平行趋势检验方法验证研究样本是否符合平行趋势假设，并分析金融科技合作对城商行效率的动态影响。最后，通过工具变量法和安慰剂检验讨论文章可能存在的内生性问题，并通过替换核心变量与增加控制变量的方法进行稳健性检验，确保回归的稳健性。本章对直接影响的实证检验，将为后续中介与调节作用的实证检验奠定基础。

第一节 研究设计

一、模型构建

1. 倾向得分匹配

我国城商行的基本面存在一定差异，发展程度参差不齐，这会导致城商行的投入产出效率本身就存在些许差异。对计量模型进行估计的一个挑战就是如何消除一些偶然因素对样本选择的影响，减少处理组与控制组存在的固有偏差，使两组样本具有可比性。倾向得分匹配方法（Propensity Score Matching, PSM）为我们提供了一个减少样本选择偏误的工具，因此，本章节使用倾向得分匹配方法对样本进行匹配，尽可能减少样本选择偏差对回归结果的影响。其基本思路是针对某些可观测变量，找到在这些变量取值上尽可能相似的处理组与控制组，减少两个组别的偏差，使匹配的样本尽可能接近随机抽取的实验数据。参考 Cheng 等[16]、喻微锋等[283] 和丁宁等[284] 的研究，本书选择了银行资产（Size）、权益资产比（EA）、资本充足率（CAR）、核心资本充足率（C_CAR）、贷款规模（Loan）和吸收存款规模（Deposit）六个观测变量用于处理组与控制组的匹配，其中银行资产变量和权益资产比变量反映城商行在规模上的特征，资本充足率与核心资本充足率反映城商行的风险控制特征，存贷规模用于表征城商行的资产负债业务规模。匹配方法的选择上，参考喻微锋等[283] 和王巧和佘硕[285] 的做法，用 Probit 模型估计倾向得分值，选择核匹配方法进行配对，核函数使用二次核函数，指定带宽为 0.06。

2. 双重差分模型

针对城商行等中小银行在发展金融科技方面存在的瓶颈性难题，2016 年 7 月原银保监会发布《中国银行业信息科技"十三五"发展规划监管指导意见（征求意见稿）》和 2019 年 3 月中国人民银行印发的《金融科技发展规划（2019-2021 年）》中明确提出支持和鼓励中小银行与行业内外相关机构加强技术合作，开展联合创新。金融科技合作行为一方面是受到政策鼓励而产生的，另一方面是由于，2013 年金融科技企业在我国才得到迅速发展，市场发挥了重要推动作用。可见金融科技合作行为虽然是银行自发行为，但实质上是外生政策与市场推动的结果，采用双重差分模型进行检验具有合理性。2013~2020 年，陆续有 40 多家城商行与金融科技企业建立了战略合作关系。本书将金融科技合作看作"准自然实验"事件，构建双重差分模型（Difference in Difference，DID），该模型比运用单差法更容易捕捉到相关信息，能够更准确地估计金融科技合作对城商行效率的净影响。考虑到在城商行群体中，金融科技合作分个体和分时段逐步发展的特点，采用多时点双重差分模型进行估计，实证检验金融科技合作对银行效率的整体影响及其在时间上的变化趋势。本书所有回归检验均采用了加入个体固定效应和时间固定效应的面板模型。为了研究金融科技合作的银行效率是否高于未合作银行，基准回归模型设定如下：

$$EFF\_cost_{i,t} = D + \alpha Treat_i \times Time_{i,t-1} + \sum C_j X_{j,i,t-1} + \mu_i + \lambda_t + \varepsilon_{i,t}$$

$$(5-1)$$

$$EFF\_profit_{i,t} = D + \beta Treat_i \times Time_{i,t-1} + \sum C_j X_{j,i,t-1} + \mu_i + \lambda_t + \varepsilon_{i,t}$$

$$(5-2)$$

其中，μ_i 代表个体固定效应，λ_t 代表时间固定效应，$\varepsilon_{i,t}$ 是随机扰动项。被

解释变量为 $EFF\_cost_{i,t}$ 和 $EFF\_profit_{i,t}$，分别代表城商行的成本效率与利润效率。$X_{i,t-1}$ 为其他影响银行效率的控制变量，包括银行规模、权益资产比、营业收入、贷存比等变量，$Treat_i$ 为分组虚拟变量，表示银行是否被金融科技战略合作者选中，$Treat_i=1$ 为处理组，$Treat_i=0$ 为控制组。$Time_{i,t}$ 为金融科技合作的时间虚拟变量，在金融科技合作之前赋值为 0，引进之后赋值为 1。为了对合作的时滞效应进行充分考虑，并减少研究可能存在的内生性问题，关于 $Time$ 变量，参考张璇等[286] 和杨鸣京[287] 的研究，对 $Time$ 变量滞后一期，形成时间虚拟变量与分组虚拟变量的交乘项 $Treat_i×Time_{i,t-1}$，作为金融科技合作的代理变量。在这一检验中，需要关注 α 和 β 所代表的平均处理系数，多期双重差分模型中，处理组在处理前后的变化减去控制组在处理前后的变化的期望，能够得到平均处理效应，α 和 β 的一般化模型形式可以表示如下：

$$\alpha=\left[E(Y_{it}\mid Treat_i=1,\ Time_{i,t-1}=1)-E(Y_{it}\mid Treat_i=1,\ Time_{i,t-1}=0)\right]-$$
$$\left\{\left[E(Y_{it}\mid Treat_i=0,\ Time_{i,t-1}=1)-E(Y_{it}\mid Treat_i=0,\ Time_{i,t-1}=0)\right]\right\} \quad (5-3)$$

在式（5-3）中，第一次差分用来衡量处理组在金融科技合作之前和之后的差别，第二次差分用于衡量控制组城商行在金融科技合作前后的差别，通过将两个差分再次进行差分，可以排除金融科技合作前后对总体具有影响的其他系统性因素，由此获得的 DID 估计量是金融科技合作对城商行效率的净影响。双重差分的过程如图 5-1 所示。

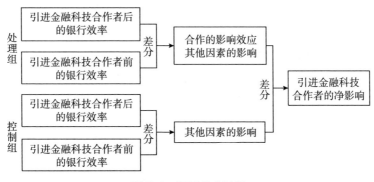

图 5-1 双重差分过程

二、变量选取及测度

1. 城商行效率

我国城商行正处在发展模式的转型期，供给侧结构性改革的深入和外部经济不确定程度的加深使商业银行面临的不确定因素增多，效率测算不可避免地会受到一些随机因素的干扰。考虑到以随机前沿为代表的参数方法能够更真实反映随机误差对银行效率的影响，本书运用随机前沿模型（SFA）对银行成本效率与利润效率进行测算，选用超越对数生产函数作为效率测算函数，使效率函数具备更好的弹性。

关于成本效率的测度，已有研究采用中介法、资产法和生产法确定投入产出指标的较多。这三种方法的差别与联系已经在第二章第一节进行阐述，此处不再赘述。本书主要参考迟国泰等[53]和郭晔[78]的做法，同时结合资产法、中介法和生产法的思想，对投入产出指标进行选取，关于投入指标，以可贷资金平均价格和营业投入价格为投入指标代理变量，可以反映银行在人力成本和固定资产等方面的投入；在产出指标方面，同时基于资产法、中介法和生产法的思想，从发放贷款及垫款余额、非利息收入及投资与证券三个方面确定产出指标，兼顾了银行资产业务产出与中间业务的产出。参考隋顺天等[288]的研究，将不良贷款作为坏的产出，从发放贷款及垫款中扣除。Battese 和 Coelli 模型假定非负的成本无效率服从截尾正态分布且独立分布，具有常方差，但均值是观察变量的线性函数。参考 Battese 和 Coelli[72]的研究，模型设定如下：

$$\ln\left(\frac{Cost}{W_2}\right) = A + B\ln\left(\frac{W_1}{W_2}\right) + C_1\ln(Y_1) + C_2\ln(Y_2) + C_3\ln(Y_3) + D\ln\left(\frac{W_1}{W_2}\right)^2 +$$
$$E_1\ln(Y_1)^2 + E_2\ln(Y_2)^2 + E_3\ln(Y_3)^2 + F_1\ln(Y_1)\ln(Y_2) +$$
$$F_2\ln(Y_1)\ln(Y_3) + F_3\ln(Y_2)\ln(Y_3) + \sum_{i=1}^{3} G_i\ln\left(\frac{W_1}{W_2}\right)\ln(Y_i) + v_{i,t} + \mu_{i,t}$$

$$(5-4)$$

$$EFF\_cost = \frac{F(w,\ y)e^{v_{it}}}{F(w,\ y)e^{v_{it}\mu_{it}}} = e^{-\mu_{it}} \qquad (5-5)$$

其中，$Cost$＝手续费及佣金支出＋利息支出＋营业支出；W_1＝手续费及佣金支出/可贷资金；W_2＝营业支出/总资产；Y_1＝贷款与垫款余额×（1-不良贷款率）；Y_2为非利息收入；Y_3＝短期资产+长期投资+其他证券及金融资产投资。$v_{i,t}$为随机误差项，服从标准正态分布；$\mu_{i,t}$为非效率项，可以假设其服从指数分布、gamma 分布或半正态分布等形式，已有研究一般假设其服从半正态分布，确定分布形式后，采用极大似然估计方法确定上述模型的系数值，然后计算各样本银行的非效率项，据此估计银行成本效率。成本效率的投入产出指标描述如表 5-1所示。

表 5-1　成本效率投入产出指标的描述性统计

变量名称	变量符号	观测值	均值	标准差	最小值	最大值
可贷资金价格	W_1	716	0.031	0.040	0.008	0.873
营业投入价格	W_2	716	0.015	0.007	0.009	0.067
贷款与垫款余额（万元）	Y_1	716	11798653	16688572	437330	152165600
非利息收入（万元）	Y_2	716	151508	236799	-43858	2026256
其他收益资产（万元）	Y_3	716	14849402	19656135	384895	130056800

关于利润效率的测算，研究中采用中介法与生产法设定投入产出指标的较为常见，借鉴 Berger 等[61]、Tabak 等[82] 以及张大永和张志伟[30] 的研究，将利润效率的投入指标设定为存款价格 W_1（利息支出/存款总额）和劳动及资本价格 W_2（非利息支出/资产总额）；产出指标基于生产法和资产法思想，从贷款、存款、其他收益资产和非息收入四个方面确定，设定为贷款总额 Y_1、存款总额 Y_2、其他收益资产 Y_3 和非利息收入 Y_4。利润由银行的净利润表示，由于净利润有可能为负值，为保证取对数的有效性，需要对利润值进行调整。为了使利润都为正数，Gaganis 等[60] 的处理方法是将所有银行的利润值都加一个固定值 θ，θ 是所有样本银行中最小利润的绝对值。但是这样处理的弊端在于，如果最小利润的绝对值很大，会使结果出现较大偏差。因此，本书采取另一种处理利润为负的方法，借鉴张大永和张志伟[30] 的做法，将净利润小于 0 的值替换为 1，这样做不会使结果出现很大偏差。计算利润效率的具体模型设定如下：

$$\ln\left(\frac{profit}{ZW_2}\right) = A + B\ln\left(\frac{W_1}{W_2}\right) + \sum_{i=1}^{4} C_i\ln\left(\frac{Y_i}{Z}\right) + D\left[\ln\left(\frac{W_1}{W_2}\right)\right]^2 +$$

$$\sum_{i=1}^{4} F_i\ln\left(\frac{Y_i}{Z}\right)\ln\left(\frac{Y_k}{Z}\right) + \sum_{i=1}^{4} G_i\ln\left(\frac{W_1}{W_2}\right)\ln\left(\frac{Y_i}{Z}\right) + v_{i,t} - \mu_{i,t} \quad (5-6)$$

$$EFF\_profit = \frac{F(w, y)e^{v_{it}\mu_{it}}}{F(w, y)e^{v_{it}}} = e^{\mu_{it}} \quad (5-7)$$

其中，$v_{i,t}$ 为随机误差项，服从半正态分布，$\mu_{i,t}$ 为非效率项，服从半正态分布，Z 表示城商行总资产，利用总资产对产出指标和净利润进行了标准化，使各个城商行的利润及产出具有可比性。利润效率的投入产出指标描述如表 5-2 所示。

表 5-2　利润效率投入产出指标的描述性统计

变量名称	变量符号	观测值	均值	标准差	最小值	最大值
存款价格	W_1	716	0.041	0.098	0.001	2.296

变量名称	变量符号	观测值	均值	标准差	最小值	最大值
劳动及资本价格	W_2	716	0.016	0.008	0.001	0.071
贷款与垫款余额（万元）	Y_1	716	11798653	16688572	437330	152165600
存款总额（万元）	Y_2	716	17513304	21475141	1042179	165614900
其他收益资产（万元）	Y_3	716	14849402	19656135	384895	130056800
非利息收入（万元）	Y_4	716	151508	236799	−43858	2026256

2. 核心解释变量

本书将某银行与金融科技企业签订针对发展金融科技的战略合作协议，相当于对实验对象的"处理"。为了排除不确定性因素，将战略合作协议作为金融科技合作的标准，不包括单一科技产品或服务的购买与外包事项。选择战略合作协议作为金融科技合作参照的原因在于，从现实情况来看，城商行与金融科技企业的合作往往具有长期性，合作关系一经建立，在短期内基本没有银行终止，并且发展金融科技的合作在短期内往往难以显现效果，因此银行与金融科技企业一般都是从战略合作出发，建立长期和多维的合作关系[146]。

关于银行与金融科技企业战略合作的时间、模式和对象，采用 Python 网络爬虫技术，在百度搜索引擎中对各城商行金融科技合作的事件进行搜索与统计，然后进行人工筛选与汇总。百度搜索是行业领先的中文搜索引擎，在我国占有超过 70% 的市场份额，拥有海量数据资源，包含城商行官网、金融科技企业官网、地方政府网站和财经类主流媒体的报道内容，通过在百度搜索中进行文本挖掘能够获得全面和可靠的合作事件。对于城商行而言，一方面，披露与金融科技企业的合作关系能够反映其战略转型和金融科技发展与应用行为，增强投资者与客户的信心。另一方面，战略合作事关城商行战略转型与发展，对城商行经营管理有重要影响，应当向公众及投资者进行披露。对于金融科技企业而言，披露与城商行的战略合作关系能够提高知名度和声誉，增强投资者信心。2015 年上交所针对上市公司披露战略合作协议提出了合规性、一致性和风险充分揭示的三大原则，不仅对上市公司，也对其他非上市公司充分和如实披露战略合作协议提供了指导。因此，城商行与金融科技企业都有主动披露和合规披露战略合作事项的动机，从战略合作的相关报道中获取事件情况具有可行性和全面性。

借鉴金洪飞[121]和刘忠璐[289]的文本挖掘方法，通过网络爬虫将银行名称与金融科技相关关键词搭配进行搜索以获取所需链接结果，对爬虫结果进行整理与筛选。首先，本书将城商行名称与金融科技战略合作进行搭配，锁定爬虫关键词，如"重庆银行"+"金融科技战略合作"进行搜索，针对不同的城商行，不断更新爬虫关键词，共爬虫搜索134次，具体过程如图5-2所示。

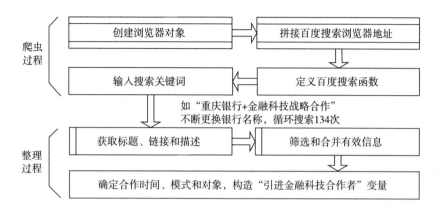

图5-2　文本挖掘过程

利用对134家城商行进行网络爬虫获取的搜索结果，过滤无关的链接后获得10820条有效爬虫数据。然后，对爬虫数据进行合并整理，考虑到一家商业银行在不同时间可能与多家金融科技企业建立战略合作关系，按照合作对象进行合并，确定各家银行与不同金融科技企业建立合作的时间和模式，据此分为对照组和处理组。采用变量 $Treat$ 描述城商行属于处理组还是对照组，表示银行是否被金融科技战略合作者选中。$Treat=1$ 表示银行属于处理组，已经与金融科技合作。$Treat=0$ 表示银行属于控制组，尚未与金融科技合作。$Time$ 为金融科技合作的时间虚拟变量，在金融科技合作之前赋值为0，金融科技合作之后赋值为1，$Treat\times Time$ 代表金融科技合作这一变量。

3. 控制变量

除上述主要解释变量外，参考已有文献，本书还设定了能够反映银行个体特征和区域特征的控制变量，以提高回归估计的准确性，各变量的符号及计算说明如表5-3所示。

表5-3　主要变量的符号说明和解释

变量名称	变量符号	指标解释或计算公式
成本效率	EFF_cost	理论最小成本/实际成本，通过随机前沿模型计算
利润效率	EFF_profit	实际利润/理论最大利润，通过随机前沿模型计算
资产规模（万元）	$Size$	总资产的对数

续表

变量名称	变量符号	指标解释或计算公式
贷存比（%）	LDR	发放贷款及垫款余额/吸收存款
不良贷款率（%）	NPL	（次级类贷款+可疑类贷款+损失类贷款）/各项贷款×100%
营业收入（万元）	GOR	营业收入的对数
权益资产比（%）	EA	所有者权益/总资产
资本充足率（%）	CAR	资本总额/加权风险资产总额
核心资本充足率（%）	C_CAR	核心资本总额/加权风险资产总额
所在省份国民生产总值（亿元）	GDP	指按市场价格计算的一个国家（或地区）所有常住单位在一定时期内生产活动的最终成果。
所在省份消费者物价指数	CPI	（一组固定商品按当期价格计算的价值÷一组固定商品按基期价格计算的价值）×100%
所在省份数字金融覆盖广度	Dfin_breath	依据北京大学数字普惠金融指数
所在省份数字金融使用深度	Dfin_depth	依据北京大学数字普惠金融指数
所在省份普惠金融数字化程度	Dfin_dig	依据北京大学数字普惠金融指数

第一，通过控制资产规模（Size）、营业收入（GOR）、权益资产比（EA）、贷存比（LDR）、不良贷款率（NPL）、资本充足率（CAR）和核心资本充足率（C_CAR）达到控制银行个体的特征。其中，资产规模和营业收入能够反映银行规模特征，权益资产比和贷存比用于控制银行的所有者投入比重和资产使用效率，不良贷款率、资本充足率和核心资本充足率反映城商行风险控制行为。

第二，由于城商行的分支机构主要分布于其所在省份中，所以，本书还控制了省份经济特征。由于 GDP、通货膨胀对银行风险与效率存在显著影响[290]，本书采用所在省份国内生产总值（GDP）反映地区经济发展水平，利用银行所在省份的物价指数（CPI）反映所在地区受通货膨胀的影响。

第三，利用北京大学数字普惠金融指数控制区域金融科技发展对银行效率的溢出效应，从数字金融覆盖广度（Dfin_breath）、数字金融使用深度（Dfin_depth）和普惠金融数字化程度（Dfin_dig）三个方面控制省级金融科技发展水平[291]。控制上述变量，能更好地估计金融科技合作净效应。控制变量都采用滞后一期的数据，减少可能存在的内生性问题。最后，纳入个体虚拟变量和时间虚拟变量控制银行个体差异与时间差异。

三、样本与数据

城商行个体层面的数据来自 CSMAR 数据库、Wind 数据库和手工收集的银行年报，*GDP* 与 *CPI* 数据来自国家统计局网站，地区数字金融发展水平的相关数据来自北京大学数字金融研究中心[①]。将样本期确定为 2013～2020 年，原因在于 2013 年余额宝上线，这一年普遍被认为是互联网金融元年。在此之后，我国金融科技获得快速发展，对商业银行的影响程度不断加深，商业银行与金融科技企业之间的关系在这个阶段逐步由竞争走向合作[②]。由于回归中考虑了滞后效应，因此，自变量与控制变量数据的样本期为 2013～2019 年，因变量数据的样本期为 2014～2020 年。

本书共收集了 134 家城商行的数据，在删除信息缺失严重的样本后，对数据中的连续型变量进行了 1% 的水平上的缩尾处理，以尽可能避免极端值对回归结果的影响，最终得到 106 家城商行的非平衡面板数据（见表 5-4）。

表 5-4　主要变量的描述性统计

变量名称	变量符号	观测值	均值	标准差	最小值	最大值
成本效率	EFF_cost	716	0.741	0.034	0.634	0.927
利润效率	EFF_profit	716	0.626	0.132	0.107	0.998
金融科技合作	$Treat×Time$	716	0.183	0.387	0.000	1.000
银行规模	$Size$	716	16.486	1.007	13.898	19.910
贷存比	LDR	716	0.619	0.122	0.247	0.742
不良贷款率	NPL	716	1.539	0.850	0.030	13.250
营业收入	GOR	716	12.823	0.933	10.447	15.658
权益资产比	EA	716	0.074	0.023	0.002	0.325
资本充足率	CAR	716	0.373	1.717	0.056	14.330
核心资本充足率	C_CAR	716	0.305	1.399	0.009	12.370
省份生产总值	GDP	716	34907.000	21937.000	1713.000	107987.000

① 北京大学数字金融研究中心课题组. 北京大学数字普惠金融指数（2011-2020 年）[EB/OL]. (2021-04-21)［2021-06-08］. https://idf.pku.edu.cn/yjcg/zsbg/513800.htm.
② 据 2016 年北京大学互联网金融研究中心课题组统计，2013 年之前仅个别城商行与金融科技企业进行过短暂的技术或贷款项目合作，但无长期战略合作，且合作事项不活跃，基本可以忽略不计。参考来源：北京大学互联网金融研究中心课题组. 商业银行互联网战略转型研究［EB/OL］. (2016-11-12)［2021-06-08］. https://www.idf.pku.edu.cn/attachments/693f68005274448897c2007bbc146811.pdf.

续表

变量名称	变量符号	观测值	均值	标准差	最小值	最大值
所在省份消费者物价指数	*CPI*	716	101.952	0.655	100.400	103.900
所在省份数字金融覆盖广度	*Rfin_breath*	716	220.164	64.155	88.180	384.660
所在省份数字金融使用深度	*Rfin_depth*	716	236.348	71.625	107.290	439.910
所在省份普惠金融数字化程度	*Rfin_dig*	716	331.717	64.023	217.930	462.230

其中，41家城商行在2020年6月之前与金融科技企业开展了战略合作，作为处理组，其余的65家城商行在样本期内未与金融科技企业合作，作为控制组。主要变量的描述性统计如表5-4所示。本节计算的成本效率均值为0.741，利润效率均值为0.626，说明整个样本相对于最优成本边界存在25.9%的成本效率损失，整个样本相对于最优利润边界存在37.4%的利润效率损失。

处理组与控制组城商行的成本和利润效率走势如图5-3所示，可以看出对于成本效率而言，处理组与控制组城商行都保持了温和波动且逐年递增的态势，并且处理组与控制组的差异并不明显，都处于较高水平。对于利润效率，处理组与控制组城商行的波动都较为明显，在2014~2016年经历了大幅下降，从2017年开始快速上升，在2018~2020年保持稳定发展态势。可以明显看出控制组的利润效率低于处理组。同时，我国城商行利润效率均值整体低于成本效率，该结论与余晶晶等[62]、周晶和陶士贵[69]的研究一致，说明城商行通过应用金融科技拓宽收益来源，促进利润效率提升。

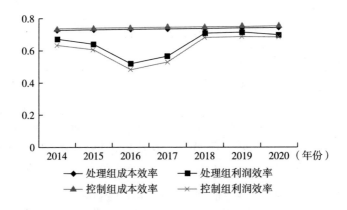

图5-3 城商行效率的走势情况

第二节　实证结果分析

基于城商行 2013~2020 年的数据，构建倾向得分匹配模型与多时点双重差分模型进行实证检验，基准回归检验结果、异质性检验结果和动态效应检验结果见下文。

一、基准回归检验结果

1. 倾向得分匹配结果

采用核匹配法，对处理组与控制组的样本进行匹配，即将处理组样本与控制组所有样本计算出的估计效果进行配对。其中，估计效果由处理组个体得分值与控制组所有样本得分值加权平均获得，而权数则由核函数计算得出。匹配后的 ATT 值为 0.017，对应的 t 值为 2.36，大于 1.96 临界值，表明平均处理效应显著。参考 Rosenbaum 和 Rubin[292] 的研究，匹配后的偏差低于 20%，说明匹配效果较好。倾向得分匹配的平衡性检验结果如表 5-5 所示，匹配后各变量的标准化偏差大幅降低，都在 10% 以内，且匹配后的 t 检验结果说明控制组与处理组接近，不具有显著差异。

表 5-5　倾向得分匹配平衡性检验结果

变量	匹配前/匹配后	标准偏差（%）	偏差减少幅度（%）	t 统计量	P 值
GOR	匹配前	66.0	97.3	3.36	0.001
	匹配后	1.8		0.09	0.932
Size	匹配前	63.9	96.8	3.24	0.002
	匹配后	2.0		0.10	0.924
EA	匹配前	−16.0	56.1	−0.79	0.429
	匹配后	7.0		0.34	0.736
CAR	匹配前	31.4	99.7	1.78	0.078
	匹配后	−0.1		−0.37	0.714
C_CAR	匹配前	31.6	99.7	1.79	0.076
	匹配后	−0.1		−0.24	0.814

变量	匹配前/匹配后	标准偏差（%）	偏差减少幅度（%）	t 统计量	P 值
Loan	匹配前	65.9	99.5	3.36	0.001
	匹配后	-0.3		-0.01	0.988
Deposit	匹配前	66.8	98.2	3.41	0.001
	匹配后	1.2		0.06	0.953

进一步地，从图 5-4 看出，匹配后，各个变量的标准化偏差相较于匹配前的样本均大幅度减少。从图 5-5 可以直观地看出，匹配后大部分观测值都还处于共同取值范围之内（On support），故匹配后也只会损失少量的样本观测值。具体来说，匹配后删除不合理的样本银行 8 家，剩余样本银行数量为 97 家，观测值为 661，其中处理组 37 家，控制组 60 家。

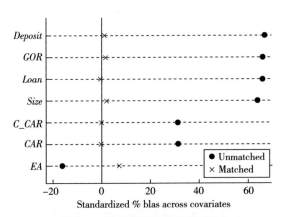

图 5-4 协变量间的标准化偏差

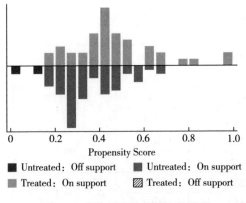

图 5-5 倾向得分的共同取值范围

2. 双重差分回归结果

首先，将全部城商行作为样本，检验金融科技合作对银行效率的影响。表5-6分别显示了 PSM 之前的双重差分回归结果以及 PSM 处理之后的双重差分回归结果。在 PSM 之前的样本中，金融科技合作对城商行的成本效率和利润效率都有显著促进作用（$\alpha = 0.00031$，$t = 3.06$；$\beta = 0.010$，$t = 3.29$）。在 PSM 之后的样本中，金融科技合作对成本效率的提升作用在 0.1% 的水平下显著（$\alpha = 0.00032$，$t = 3.45$），金融科技合作能够使城商行利润效率平均提升 1.3%（$\beta = 0.013$，$t = 3.74$）。从整体上看，金融科技合作能够显著提高银行成本与利润效率，即金融科技合作通过发挥知识溢出效应、创造整合效应、财务增进效应和科技赋能效应，显著促进城商行效率提升，模型假设 4-1 得证。

表 5-6　基准回归结果

被解释变量	双重差分回归结果		PSM 后的双重差分回归结果	
	（1）	（2）	（3）	（4）
	EFF_cost	EFF_profit	EFF_cost	EFF_profit
Treat×Time	0.0003 ***	0.0103 ***	0.0003 ***	0.0132 ***
	（3.27）	（3.26）	（3.45）	（3.74）
Size	0.0001	−0.0046	0.0011 ***	−0.0206 **
	（0.71）	（−1.14）	（4.47）	（−2.30）
LDR	0.0002	0.0002	−0.0003 ***	0.0002
	（0.11）	（0.40）	（−2.99）	（0.51）
NPL	0.0002	0.0005	0.0010	−0.0013
	（0.52）	（0.36）	（1.58）	（−0.28）
GOR	0.0004 **	−0.0024	−0.0001	0.0065
	（2.56）	（−0.48）	（−0.68）	（0.80）
EA	0.0033 **	−0.0031	0.0179 ***	−0.3958 **
	（1.99）	（−0.05）	（4.50）	（−2.07）
CAR	−0.0002	0.0054	0.0042	−0.1392
	（−0.42）	（0.35）	（1.29）	（−1.25）
C_CAR	−0.0002	−0.0111	−0.0137 ***	0.3031 **
	（−0.47）	（−0.75）	（−3.14）	（2.47）
GDP	−0.0003 **	0.0001	−0.0001	0.0001
	（−2.31）	（1.49）	（−1.41）	（1.10）
CPI	−0.0010	−0.0043	0.0003	−0.0067 *
	（−0.79）	（−1.64）	（0.42）	（−1.96）

续表

被解释变量	双重差分回归结果		PSM 后的双重差分回归结果	
	(1)	(2)	(3)	(4)
	EFF_cost	*EFF_profit*	*EFF_cost*	*EFF_profit*
Rfin_breath	-0.0001	-0.0003	-0.0001	-0.0004
	(-1.22)	(-1.54)	(-1.17)	(-1.64)
Rfin_depth	0.0006	-0.0001	0.0001	0.0002
	(0.24)	(-0.11)	(0.32)	(0.08)
Rfin_dig	-0.0025**	-0.0001	-0.0018**	0.0001
	(-2.21)	(-0.32)	(-2.47)	(0.41)
个体固定效应	是	是	是	是
时间固定效应	是	是	是	是
常数项	0.7356***	1.2221***	0.7174***	1.4772***
	(87.40)	(4.37)	(80.01)	(4.70)
观测值	714	714	661	661
Adj_R^2	0.9861	0.9232	0.9872	0.9221

注：括号中为 t 值，*代表 $p<0.1$，**代表 $p<0.05$，***代表 $p<0.01$。下同。

二、异质性检验结果

1. 合作模式异质性

本部分分别检验共建合作模式和赋能合作模式对城商行效率的影响效应，并对比分析哪种合作模式对城商行成本效率和利润效率的提升效应更强。

按照签订合作协议内容中是否包含共建金融科技实验室将城商行样本分为两组，共建金融科技实验室的有 17 家，采用赋能模式进行战略合作的有 29 家。参考郭晔等[78]对样本分组的做法，若一家城商行引入多位合作者，合作模式包括共建合作模式与赋能合作模式，则该城商行同时属于两个分组，区别在于建立战略合作的时间存在差异。需要说明的是，这样的处理方法可能会导致某种合作模式的作用被高估，但是本书在去除有两种合作模式的样本银行后，所得到的合作模式影响效应排序是不变的，因此，采用这种样本分组方式基本不会影响研究结论。将总样本分为两组子样本时，由于共建合作模式子样本和赋能合作模式子样本中的处理组城商行发生变化，需要重新对两组样本进行倾向得分匹配（PSM），才能得到控制组与处理组偏差更小的两组子样本。合作模式的异质性检验过程如图 5-6 所示。

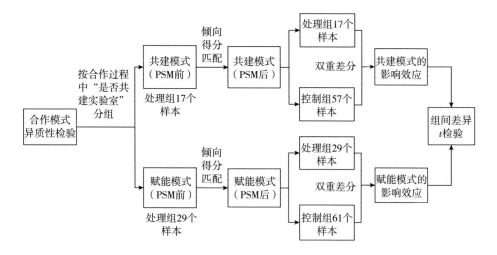

图 5-6 合作模式异质性检验过程

然后将匹配后的共建模式和赋能模式两组子样本分别代入式（5-1）和式（5-2）进行检验，检验结果如表 5-7 所示，共建模式组和赋能模式组都表现出强烈的效率敏感性。在赋能模式下，金融科技合作对城商行成本效率和利润效率都产生了显著的正向影响（$\alpha=0.00035$，$t=3.04$；$\beta=0.011$，$t=3.52$）；在共建模式下，金融科技合作也显著地促进了城商行成本效率与利润效率提升（$\alpha=0.00037$，$t=2.46$；$\beta=0.024$，$t=4.72$）。仅通过比较回归系数差异无法看出哪一种合作模式带来的效率提升效应更强，参考郭晔等[78]、Acquaah[293]、刘莉亚[294]和连玉君等[295] 的研究，采用组间差异 t 检验方法比较赋能模式与共建模式两个分组之间 $Treat \times Time$ 系数差异的显著性。

表 5-7 合作模式对效率影响的异质性

被解释变量	(1)	(2)	(3)	(4)
	赋能模式 EFF_cost	共建模式 EFF_cost	赋能模式 EFF_profit	共建模式 EFF_profit
$Treat \times Time$	0.0004*** (3.04)	0.0004** (2.46)	0.0112*** (3.52)	0.0243*** (4.72)
$Size$	0.0004 (1.25)	0.0012*** (3.73)	−0.0082** (−1.99)	−0.0183* (−1.83)
LDR	−0.0004*** (−2.77)	−0.0001*** (−2.59)	0.0001 (0.33)	0.0001 (0.52)

续表

被解释变量	(1)	(2)	(3)	(4)
	赋能模式 *EFF_cost*	共建模式 *EFF_cost*	赋能模式 *EFF_profit*	共建模式 *EFF_profit*
NPL	0.0003 * (1.89)	0.0002 (1.51)	0.0011 (0.40)	−0.0001 (−0.11)
GOR	0.0003 (1.59)	−0.0002 (−0.55)	0.0051 (1.10)	−0.0041 (−0.48)
EA	0.0082 *** (2.62)	0.0152 *** (4.12)	−0.0861 (−1.05)	−0.2042 * (−1.72)
CAR	−0.0012 (−0.21)	0.0022 (0.44)	−0.0641 (−0.86)	−0.1041 (−0.73)
C_CAR	−0.0052 (−1.35)	−0.0101 ** (−2.08)	0.1571 * (1.69)	0.2521 * (1.65)
GDP	−0.0002 * (−1.69)	−0.0001 (−1.17)	0.0002 (1.08)	0.0002 (0.81)
CPI	−0.0001 (−0.16)	0.0001 (0.75)	−0.0031 (−1.19)	−0.0083 ** (−2.27)
Rfin_breath	−0.0001 (−0.96)	−0.0001 (−0.19)	−0.0001 * (−1.80)	−0.0001 (−1.30)
Rfin_depth	0.0001 (0.43)	−0.0002 (−0.00)	0.0002 (0.50)	0.0002 (0.39)
Rfin_dig	−0.0016 ** (−2.22)	−0.0002 ** (−2.09)	0.0017 (0.81)	0.0015 (0.87)
个体固定效应	是	是	是	是
时间固定效应	是	是	是	是
常数项	0.7304 *** (75.72)	0.7143 *** (62.87)	0.9952 *** (3.93)	1.7652 *** (4.77)
观测值	612	524	612	524
Adj_R²	0.9493	0.9171	0.949	0.917

由表 5-8 中变量 *Treat×Time* 的估计系数可知，赋能模式与共建模式对成本效率影响系数的组间差异经验 p 值为 0.434，不显著，说明赋能模式与共建模式对成本效率的影响不存在显著差异。同时，表 5-9 说明赋能模式与共建模式对利润效率影响系数的组间差异经验 p 值为 0.085，在 10% 的置信水平上显著，表明共

建金融科技实验室所带来的利润效率提升效果显著高于赋能合作模式，假设4-2得到证明。采用共建模式与金融科技企业合作更有助于城商行提高利润效率。一方面，依托金融科技实验室，资源能够得到更好的整合，便于通过专业化的研发与管理加速金融与科技的融合，产生新的利润增长点。另一方面，金融科技实验室模式高效融合双方人力、智力和技术等资源，产生的合作效应能够被银行更好地吸收和转化，所以对效率的促进作用更强。

表5-8　合作模式影响成本效率的组间差异显著性检验

组别	赋能模式 EFF_cost	共建模式 EFF_cost
Treat×Time 估计系数	0.00035	0.00037
组间 Treat×Time 系数差异检验	赋能模式 EFF_cost VS. 共建模式 EFF_cost	
	系数差异：0.00002	
	经验 p 值：0.434	

注：组间差异经验 p 值用于检验组间 Treat×Time 系数差异的显著性，通过自抽样（Bootstrap）1000次得到。下同。

表5-9　合作模式影响利润效率的组间差异显著性检验

组别	赋能模式 EFF_profit	共建模式 EFF_profit
Treat×Time 估计系数	0.0112	0.0243
组间 Treat×Time 系数差异检验	赋能模式 EFF_profit VS. 共建模式 EFF_profit	
	系数差异：0.013	
	经验 p 值：0.085*	

2. 合作对象异质性

根据城商行合作对象的不同，将匹配前的总样本（106家城商行，716个观测值）分为综合发展类子样本、底层技术类子样本和金融服务类子样本。将三组子样本分别进行倾向得分匹配，减少三组子样本中可能存在的样本选择偏误问题。进而将匹配后的三组子样本，分别代入式（5-1）和式（5-2）进行双重差分检验，得到三种合作对象对城商行效率的影响效应。在此基础上通过对效应系数进行组间差异 t 检验，比较综合发展类企业与底层技术类企业和金融服务类企业影响效应的差异。按照合作对象分析影响效应异质性的过程如图5-7所示。

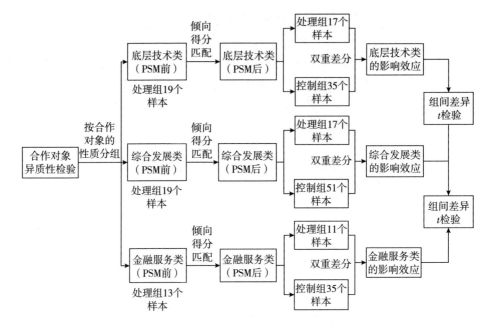

图 5-7　合作对象分析影响效应异质性检验过程

　　表 5-10 中的第（1）至第（3）列显示了合作对象对城商行成本效率影响的异质性检验结果，可以看出，在成本效率模型中，综合发展类、底层技术类和金融服务类企业对城商行的效率提升作用都在 1% 的置信水平下显著，说明这三种合作对象都能在一定程度上促进城商行成本效率水平提升。从表 5-11 的组间差异 t 检验结果中，可以看出综合发展类企业与底层技术类企业影响效应差异的经验 p 值为 0.162，与金融服务类企业影响效应差异的经验 p 值为 0.361，说明综合发展类企业对城商行成本效率提升作用与底层技术类企业和金融服务类企业对城商行成本效率提升作用不存在显著差别，假设 4-3 没有得到证明。

　　表 5-10 中的第（4）至第（6）列显示了合作对象对城商行利润效率影响的异质性检验结果，在利润效率模型中，综合发展类、底层技术类和金融服务类企业对城商行的效率提升作用都显著，其中，综合发展类企业对利润效率的提升作用在 5% 的置信水平下显著，底层技术类和金融服务类企业对利润效率的提升作用则在 1% 的置信水平下显著。为进一步分析三组子样本影响效应是否存在显著差异，进行组间差异 t 检验。根据表 5-11 和表 5-12 的结果，综合发展类企业对城商行利润效率的提升作用与其他合作对象不存在显著差异。

表 5-10 合作对象对效率影响的异质性检验

被解释变量	（1） 综合发展 *EFF_cost*	（2） 底层技术 *EFF_cost*	（3） 金融服务 *EFF_cost*	（4） 综合发展 *EFF_profit*	（5） 底层技术 *EFF_profit*	（6） 金融服务 *EFF_profit*
Treat×Time	0.0005*** （2.90）	0.0002*** （2.62）	0.0006*** （2.60）	0.0102** （2.09）	0.0113*** （3.35）	0.0203*** （3.69）
Size	0.0012*** （3.60）	0.0011*** （6.12）	0.0013*** （2.60）	−0.0271*** （−2.62）	−0.0273*** （−2.93）	0.0204*** （3.69）
LDR	−0.0001*** （−2.60）	0.0001 （0.30）	−0.0002* （−1.83）	0.0001 （0.33）	−0.0571*** （−4.31）	0.0002 （0.59）
NPL	0.0001 （0.94）	0.0002 （0.99）	0.0001*** （2.61）	0.0012 （0.42）	0.0022 （0.92）	0.0012 （0.39）
GOR	−0.0001 （−1.21）	−0.0003 （−1.45）	−0.0013** （−2.43）	0.0091 （1.13）	0.0041 （0.57）	−0.0053 （−0.44）
EA	0.0174*** （4.09）	0.0142*** （5.04）	0.0274*** （4.73）	−0.3133** （−2.51）	−0.2822** （−2.47）	0.1001 （0.70）
CAR	0.0061 （1.37）	0.0012 （0.60）	0.0051 （0.88）	−0.0601 （−0.46）	−0.0751 （−0.82）	−0.0112 （−0.07）
C_CAR	−0.0121*** （−2.61）	−0.0082*** （−2.67）	−0.0132* （−1.88）	0.3202** （2.25）	0.2791** （2.34）	0.1282 （0.72）
GDP	−0.0001 （−0.56）	−0.0001 （−0.06）	−0.0001 （−0.36）	0.0001 （1.52）	0.0001 （1.05）	−0.0001 （−0.27）
CPI	0.0001 （0.37）	−0.0002 （−0.54）	−0.0001 （−0.10）	−0.006* （−1.75）	−0.008*** （−2.63）	−0.003 （−0.75）
Rfin_breath	−0.0001 （−1.26）	−0.0002 （−0.38）	−0.0001 （−0.66）	−0.0001* （−1.94）	−0.0001 （−0.92）	−0.0002* （−1.84）
Rfin_depth	−0.0002 （−0.20）	−0.0002 （−0.98）	0.0002 （0.50）	−0.0001 （−0.28）	−0.0002 （−0.67）	0.0002 （0.90）
Rfin_dig	−0.0002** （−2.35）	−0.0002 （−1.38）	−0.0001** （−2.17）	0.0001 （1.28）	0.0001 （0.25）	0.0001** （2.44）
个体固定效应	是	是	是	是	是	是
时间固定效应	是	是	是	是	是	是
常数项	0.7202*** （57.30）	0.7191*** （90.28）	0.7111*** （43.58）	1.5981*** （4.25）	1.8962*** （5.71）	0.8101** （1.97）
观测值	460	593	318	460	593	318
Adj_R²	0.9242	0.9244	0.9484	0.9243	0.9241	0.9293

表 5-11　合作对象影响成本效率的组间差异显著性检验

组别	综合发展 *EFF_cost*	底层技术 *EFF_cost*
Treat×Time 估计系数	0.00045	0.00021
组间 *Treat×Time* 系数差异检验	综合发展 *EFF_cost* VS. 底层技术 *EFF_cost*	
	系数差异：0.00023	
	经验 *P* 值：0.1622	
组别	综合发展 *EFF_cost*	金融服务 *EFF_cost*
Treat×Time 估计系数	0.00045	0.00055
组间 *Treat×Time* 系数差异检验	综合发展 *EFF_cost* VS. 金融服务 *EFF_cost*	
	系数差异：0.0001	
	经验 *P* 值：0.3612	

表 5-12　合作对象影响利润效率的组间差异显著性检验

组别	综合发展 *EFF_profit*	底层技术 *EFF_profit*
Treat×Time 估计系数	0.0102	0.0113
组间 *Treat×Time* 系数差异检验	综合发展 *EFF_profit* VS. 底层技术 *EFF_profit*	
	系数差异：0.0011	
	经验 *P* 值：0.4162	
组别	综合发展 *EFF_profit*	金融服务 *EFF_profit*
Treat×Time 估计系数	0.0102	0.0203
组间 *Treat×Time* 系数差异检验	综合发展 *EFF_profit* VS. 金融服务 *EFF_profit*	
	系数差异：0.0101	
	经验 *P* 值：0.2022	

　　出现上述结果的原因可能有以下两点：其一，综合发展类大型科技企业的合作伙伴不仅限于城商行，还有大型国有银行和股份制银行，综合发展类企业的网络红利和客户基础可能更多地被这些银行吸收，城商行因为自身技术和知识资源不足，数字化和智能化程度低，对科技企业的技术依赖更高，场景和客户渠道开放在合作中很少落地，战略合作也只是局限在以数字化转型为核心的技术合作探索中。这一结论也得到了其他研究的支持，罗旸洋等[18]通过实证研究发现大型股份制银行在与大型科技企业创新合作中获得的财务绩效提升相较于其他区域性中小银行更高，大型股份制银行的体量、资金和技术实力都更强，与综合发展类大科技企业合作能通过高频度的人员及知识融合提升自身创新能力，而中小银行

科技人员占比少，与大型科技企业的合作多还停留在技术层面，场景与客户的合作效应尚未得到有效发挥。其二，城商行期望通过与综合发展类科技企业建立合作来获得更多元化的客户行为数据，但客户数据的开放通常面临着法律和伦理的制约，并且客户数据资源是科技企业的核心竞争力，客户数据的分享可能使企业丧失市场领先优势，因此，大型科技企业在客户数据分享等方面的合作较为谨慎。近年来，在阿里、腾讯、百度等科技企业与商业银行的助贷和引流合作中，由于科技企业的利润占比过高，拉高了融资成本。此外，联合助贷业务也受到了监管部门的严格制约，中国人民银行（央行）征信管理局在 2021 年 7 月向拥有数字平台的科技企业下发通知，要求这些企业不得向金融机构提供个人数据。因此，除去综合发展类科技企业可能带给城商行的网络效应，其在成本和利润效率提升中发挥的影响并不显著高于其他金融科技战略合作伙伴。

三、动态效应检验结果

1. 全样本动态效应检验

双重差分模型方法的有效性依赖于平行趋势假设，其基本逻辑是若处理组未受干预，应该与控制组的趋势一样，即处理组与控制组银行效率的平均变化应该具有平行趋势。借鉴 Amore 等[296] 和 Chen 等[297] 的做法，检验处理组与控制组是否满足平行趋势假设。通过构造一系列数据年份与战略合作年份距离的虚拟变量，应用动态双重差分模型检验处理组与控制组在金融科技合作之前是否存在平行趋势。将解释变量 $Treat \times Time$ 替换为七个虚拟变量，即 $Before3$、$Before2$、$Before1$、$Current$、$After1$、$After2$ 和 $After3$，分别表示建立战略合作的前三年、前二年、前一年、合作当年、合作后第一年、合作后第二年和合作后第三年，用于检验合作前后处理组与控制组的差异。

根据表 5-13 中的第（1）列和第（2）列，在控制了相关变量的情况下，PSM 处理之前，成本效率模型和利润效率模型中的 $Before3$、$Before2$、$Before1$ 系数均不显著，表明在建立金融科技合作之前，处理组与控制组具有平行趋势，满足平行趋势假定。从 PSM 处理之前的 $Current$、$After1$、$After2$、$After3$ 的系数来看，金融科技合作对城商行成本效率和利润效率的影响均具有一定滞后性和持续性，对成本效率的提升效应能够持续发挥 3 年以上，并且 $After1$、$After2$、$After3$ 的系数是逐年增加的，说明金融科技合作对城商行成本效率的提升效应是逐年递增的，同时，对利润效率的提升效应大约保持 2 年。同时，本书还检验了 PSM 处理之后的动态效应，回归结果如表 5-13 的第（3）和第（4）列所示，在控制了相关变量之后，成本效率和利润效率模型中的 $Before3$、$Before2$、$Before1$ 系数也都显示不显著，表明在金融科技合作之前，处理组与控制组的成本效率和利润效率不具有显著差异，满足了平行趋势假定的要求。关于成本效率，*Current*、*After*1、*After*2、*After*3 的系数都是显著的，并且随着时间的推进，金融科技合作发挥的成本效率提升作用越来越大，说明金融科技合作对城商行成本效率既有一定的即时影响，也有一定的滞后效应。与此同时，金融科技合作对城商行利润效率的提升作用表现出一定的滞后性，并且在合作后的第一年（*After*1）作用达到峰值，之后的两年内仍然会有提升作用，但提升作用逐渐减小。

表 5-13　金融科技合作的动态效应

被解释变量	双重差分回归结果		PSM 后的双重差分回归结果	
	（1）	（2）	（3）	（4）
	EFF_cost	*EFF_profit*	*EFF_cost*	*EFF_profit*
*Before*3	0.0000	−0.0000	0.0000	−0.0020
	（0.01）	（−0.01）	（0.37）	（−0.29）
*Before*2	0.0000	−0.0000	0.0000	−0.0021
	（0.31）	（−0.04）	（0.80）	（−0.31）
*Before*1	0.0000	0.0021	0.0000	0.0000
	（0.84）	（0.30）	（1.23）	（0.03）
Current	0.0001	0.0082	0.0004 *	0.0081
	（1.30）	（1.13）	（1.72）	（1.03）
*After*1	0.0005 *	0.0144 **	0.0009 **	0.0161 **
	（1.82）	（1.97）	（2.15）	（2.08）
*After*2	0.0019 **	0.0133 *	0.0058 **	0.0164 *
	（2.18）	（1.66）	（2.47）	（1.93）
*After*3	0.0024 **	0.0114	0.0074 ***	0.0163 *
	（2.22）	（1.31）	（2.74）	（1.70）
Size	0.0002	−0.0042	0.0011 ***	−0.0203 **
	（0.83）	（−1.09）	（4.50）	（−2.38）
LDR	0.0001	0.0001	−0.0001 ***	0.0002
	（0.12）	（0.41）	（−2.97）	（0.52）
NPL	0.0001	0.0002	0.0001	−0.0011
	（0.53）	（0.33）	（1.50）	（−0.33）
GOR	0.0003 **	−0.0031	−0.0001	0.0061
	（2.34）	（−0.55）	（−0.84）	（0.82）
EA	0.0042 **	−0.0042	0.0141 ***	−0.2343 **
	（2.01）	（−0.07）	（4.51）	（−2.18）

续表

被解释变量	双重差分回归结果		PSM 后的双重差分回归结果	
	(1)	(2)	(3)	(4)
	EFF_cost	EFF_profit	EFF_cost	EFF_profit
CAR	-0.0001 (-0.05)	0.0082 (0.53)	0.0041 (1.30)	-0.1471 (-1.32)
C_CAR	-0.0001 (-0.92)	-0.0151 (-0.99)	-0.0112*** (-3.15)	0.3162** (2.56)
GDP	-0.0002** (-2.50)	0.0003 (1.36)	-0.0002 (-1.57)	0.0001 (1.01)
CPI	-0.0006 (-0.83)	-0.0052** (-2.08)	0.0005 (0.31)	-0.0061** (-1.97)
Rfin_breath	-0.0003 (-1.18)	-0.0001 (-1.56)	-0.0002 (-1.13)	-0.0002* (-1.65)
Rfin_depth	0.0001 (0.28)	-0.0002 (-0.02)	0.0001 (0.35)	0.0002 (0.17)
Rfin_dig	-0.0003** (-2.06)	-0.0001 (-0.28)	-0.0003** (-2.33)	0.0002 (0.41)
个体固定效应	是	是	是	是
时间固定效应	是	是	是	是
常数项	0.7363*** (87.05)	1.2213*** (4.34)	0.7184*** (79.77)	1.4942*** (4.74)
观测值	714	714	661	661
Adj_R^2	0.9861	0.9232	0.9871	0.9222

图 5-8 与图 5-9 分别显示了 PSM 处理后的样本中金融科技合作对成本效率的动态效应[①]以及对利润效率的动态效应，横轴表示构建的时间虚拟变量，纵轴表示回归系数。图 5-8 与图 5-9 验证了金融科技合作对城商行效率提升效应的时间异质性，总体而言，随着时间的增长，金融科技合作对成本效率提升效应经历了一个逐年增加的过程，对利润效率的提升效应在合作后的 3 年基本保持平稳状态。说明合作在开始投入期，虽然合作在一定程度上降低了银行经营成本，但是由于前期技术与合作成本投入相对较高，总体来看，银行的成本下降空间有限，

---

① 由于金融科技合作对成本效率动态影响效应的系数值较小，且合作之前的 3 年回归 Before3、Before2 和 Before1 系数是正值，为了更好地观测合作前后系数变化趋势，本书在成本效率动态效应图示中，将各期系数减去了 Before3、Before2 和 Before1 系数的均值。

但是，随着时间的推进，成本效率的提升效应会逐渐提高。

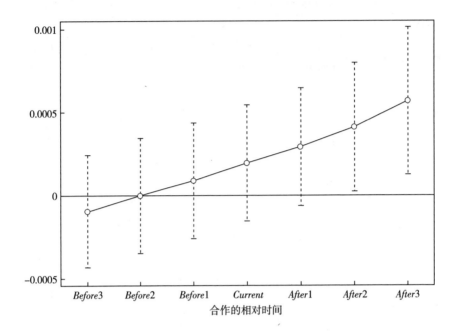

图5-8　金融科技合作对成本效率影响效应的动态变化

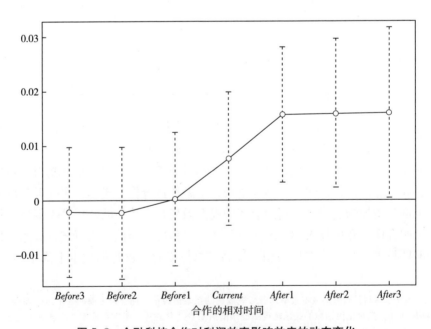

图5-9　金融科技合作对利润效率影响效应的动态变化

2. 合作模式动态效应检验

为了检验共建模式和赋能模式对城商行效率的影响是否满足平行趋势假定以及是否具有时滞效应，本书分别检验了两组合作模式子样本在合作前三年、合作当年以及合作后三年的影响效应，回归结果如表 5-14 所示。根据表 5-14 的第（1）列和第（2）列，按照合作模式分类后，在成本效率模型中，共建模式和赋能模式的 *Before*3、*Before*2 和 *Before*1 都不显著，说明在开展合作之前，处理组与控制组的成本效率不存在显著差异，两种模式的 *Current* 系数值不显著，而 *After*1、*After*2 和 *After*3 的系数显著，并且系数值是逐年递增的，说明共建模式与赋能模式都能对银行成本效率发挥持续提升作用，该效应具有一定的滞后性，从合作后第一年开始发挥作用，并且该作用至少能持续到合作建立后的第三年，两种模式下的金融科技合作能够有效地为银行赋能，持续提高银行成本效率。除此之外，表 5-14 的第（3）和第（4）列报告了利润效率模型中共建模式和赋能模式的动态效应。*Before*3、*Before*2 和 *Before*1 的系数值都不显著，表明合作之前的三年内，两种合作模式下处理组与控制组的利润效率不存在显著差别，满足双重差分模型的平行趋势假设。以赋能模式开展合作后，银行利润效率在合作当年和合作后第一年有显著提升，但在合作后第二年，该效应就不再显著，而共建模式下的合作显著促进了银行利润效率提升，除了合作当年，在合作后的第一年（*After*1）、第二年（*After*2）和第三年（*After*3）均释放了显著的效率提升效应，进一步证明了假设 4-2，即共建模式对城商行效率的促进作用更强。

表 5-14 不同合作模式的动态效应

被解释变量	(1)	(2)	(3)	(4)
	赋能模式 *EFF_cost*	共建模式 *EFF_cost*	赋能模式 *EFF_profit*	共建模式 *EFF_profit*
*Before*3	0.0002 (0.25)	0.0001 (1.03)	−0.0021 (−0.38)	0.0151 (0.98)
*Before*2	0.0001 (0.57)	0.0011 (1.19)	−0.0022 (−0.26)	0.0201 (1.32)
*Before*1	0.0001 (0.95)	0.0012 (1.46)	0.0061 (0.89)	0.0171 (1.13)
Current	0.0001 (1.44)	0.0013 (1.58)	0.0122* (1.83)	0.0334** (2.26)
*After*1	0.0003* (1.88)	0.0011* (1.86)	0.0133* (1.89)	0.0391** (2.56)
*After*2	0.0011** (1.97)	0.0011** (2.08)	0.0123 (1.55)	0.0524*** (3.33)

续表

被解释变量	（1）	（2）	（3）	（4）
	赋能模式 EFF_cost	共建模式 EFF_cost	赋能模式 EFF_profit	共建模式 EFF_profit
After3	0.0012** (2.33)	0.0013** (2.28)	−0.0001 (−0.05)	0.0631*** (3.62)
Size	0.0001 (1.25)	0.0013*** (3.86)	−0.0084* (−1.92)	−0.0164 (−1.60)
LDR	−0.0003*** (−2.74)	−0.0004** (−2.56)	0.0004 (0.40)	0.0004 (0.52)
NPL	0.0002* (1.83)	0.0003 (1.50)	0.0014 (0.56)	−0.0004 (−0.03)
GOR	0.0004 (1.51)	−0.0004 (−0.85)	0.0053 (1.08)	−0.0054 (−0.67)
EA	0.0083** (2.57)	0.0154*** (4.16)	−0.0842 (−1.03)	−0.1881 (−1.57)
CAR	−0.0003* (−1.78)	0.0024 (0.52)	0.0004 (0.94)	−0.0791 (−0.55)
C_CAR	−0.0001 (−0.27)	−0.0103** (−2.15)	−0.0031 (−1.14)	0.2222 (1.46)
GDP	−0.0002* (−1.78)	−0.0003 (−1.09)	0.0001 (0.94)	0.0002 (0.67)
CPI	−0.0001 (−0.27)	0.0002 (0.64)	−0.0033 (−1.14)	−0.0084** (−2.34)
Rfin_breath	−0.0004 (−0.97)	−0.0001 (−0.15)	−0.0001* (−1.79)	−0.0001 (−1.22)
Rfin_depth	0.0002 (0.41)	0.0001 (0.09)	0.0002 (0.50)	0.0003 (0.53)
Rfin_dig	−0.0001** (−2.08)	−0.0003** (−2.22)	0.0003 (0.87)	0.0003 (0.77)
个体固定效应	是	是	是	是
时间固定效应	是	是	是	是
常数项	0.7323*** (75.29)	0.7152*** (62.47)	0.9791*** (3.86)	1.7642*** (4.78)
观测值	612	524	612	524
Adj_R^2	0.9493	0.9742	0.9492	0.9184

3. 合作对象动态效应检验

为了检验综合发展类、底层技术类和金融服务类合作对象对城商行效率的影响是否满足平行趋势假定以及是否具有时滞效应，本书分别检验了三组子样本在合作前三年、合作当年以及合作后三年的影响效应，回归结果如表5-15所示。第（1）至第（3）列的回归结果表明处理组和控制组的成本效率趋势在金融科技合作之前是不具有显著差异的，三组子样本都满足平行趋势假定。在合作实施后的第一年（*After*1）、合作后的第二年（*After*2）和合作后的第三年（*After*3），综合发展类和底层技术类合作伙伴均能帮助城商行显著提升成本效率，说明与综合发展类和底层技术类伙伴的合作，其效应有一定时滞性，在合作后的第一年该效应显著，并且随着合作年份的延长，回归系数逐渐递增，说明战略合作的正面效应能够持续发挥三年以上。相比之下，金融服务类合作伙伴对城商行成本效率的提升作用在合作后的第三年才得到发挥，说明综合发展类和底层技术类合作伙伴在提升银行成本效率方面发挥作用的时间窗口更长。从第（4）至第（6）列的回归结果可知，*Before*3、*Before*2 和 *Before*1 的回归系数都不显著，表明在开展合作之前，处理组与控制组的利润效率不存在显著差异，三组子样本都满足平行趋势假定的要求。与综合发展类企业开展合作后的第二年（*After*2），回归系数在5%的置信水平下显著，利润效率获得了显著提升；与底层技术类企业开展合作后的第一年（*After*1），回归系数在10%的置信水平下显著，说明引进底层技术类合作者显著提升了城商行效率；与金融服务类企业开展合作的当年（Current）、合作后的第一年（*After*1）和合作后的第二年（*After*2），利润效率都得到了显著提升，说明与金融服务类伙伴开展合作，效率提升效应发挥较快，并且该效应能够维持三年左右。

表5-15　不同合作对象的动态效应

被解释变量	(1) 综合发展 *EFF_cost*	(2) 底层技术 *EFF_cost*	(3) 金融服务 *EFF_cost*	(4) 综合发展 *EFF_profit*	(5) 底层技术 *EFF_profit*	(6) 金融服务 *EFF_profit*
*Before*3	0.0002 (0.53)	0.0002 (0.40)	−0.0003 (−0.18)	−0.0031 (−0.45)	−0.0041 (−0.55)	0.0021 (0.23)
*Before*2	0.0001 (0.80)	0.0001 (0.75)	0.0001 (0.10)	−0.0060 (−0.80)	−0.0052 (−0.62)	−0.0001 (−0.01)
*Before*1	0.0001 (1.08)	0.0001 (1.17)	0.0001 (0.53)	−0.0081 (−0.82)	−0.002 (−0.29)	0.0041 (0.41)

续表

被解释变量	(1) 综合发展 *EFF_cost*	(2) 底层技术 *EFF_cost*	(3) 金融服务 *EFF_cost*	(4) 综合发展 *EFF_profit*	(5) 底层技术 *EFF_profit*	(6) 金融服务 *EFF_profit*
Current	0.0013 (1.51)	0.0002 (1.46)	0.0001 (1.17)	−0.0001 (−0.02)	0.0052 (0.65)	0.0203** (2.09)
*After*1	0.0017* (1.74)	0.0001* (1.72)	0.0011 (1.56)	0.0122 (1.55)	0.0141* (1.82)	0.0221** (2.34)
*After*2	0.0018** (1.99)	0.0001** (1.99)	0.0011 (1.34)	0.0073** (1.95)	0.008 (1.01)	0.0272** (2.50)
*After*3	0.0019** (2.24)	0.0011*** (2.63)	0.0012** (1.98)	0.0061 (0.65)	0.0142 (1.52)	0.0092 (0.68)
Size	0.0012*** (3.57)	0.0012*** (6.18)	0.0033*** (4.57)	−0.0333** (0.024)	−0.0291*** (−3.04)	0.0083 (0.55)
LDR	−0.0003** (−2.57)	0.0001 (0.36)	−0.0001* (−1.84)	0.0003 (1.16)	−0.0571*** (−4.33)	0.0002 (0.57)
NPL	0.0001 (0.88)	0.0001 (0.93)	0.0002** (2.43)	0.0006 (0.40)	0.0022 (0.87)	0.0011 (0.37)
GOR	−0.0001 (−1.27)	−0.0001 (−1.60)	−0.0012** (−2.42)	0.0150* (1.80)	0.0051 (0.63)	−0.0052 (−0.48)
EA	0.0171*** (4.03)	0.0142*** (5.13)	0.0271*** (4.69)	−0.3631** (−2.13)	−0.2961** (−2.56)	0.0932 (0.64)
CAR	0.0061 (1.41)	0.0012 (0.53)	0.0061 (0.92)	−0.0383 (−0.28)	−0.0831 (−0.91)	0.0162 (0.10)
C_CAR	−0.0131*** (−2.65)	−0.0073*** (−2.62)	−0.0141* (−1.96)	−0.2991 (1.69)	0.2863** (2.40)	0.0902 (0.50)
GDP	−0.0001 (−0.78)	−0.0002 (−0.18)	−0.0001 (−0.58)	0.0001 (1.00)	0.0002 (1.00)	−0.0001 (−0.31)
CPI	0.0001 (0.27)	−0.0001 (−0.63)	0.0002 (0.04)	−0.0041 (−0.95)	−0.0082** (−2.57)	−0.0031 (−0.85)
Rfin_breath	−0.0001 (−1.14)	−0.0001 (−0.39)	−0.0002 (−0.68)	−0.0001 (0.244)	−0.0001 (−1.00)	−0.0001* (−1.75)
Rfin_depth	−0.0001 (−0.15)	−0.0002 (−0.92)	0.0001 (0.53)	0.0001 (0.10)	−0.0002 (−0.56)	0.0001 (0.80)
Rfin_dig	−0.0001** (−2.25)	−0.0002 (−1.26)	−0.0001** (−2.05)	0.0001 (1.29)	0.0002 (0.21)	0.0003** (2.40)
个体固定效应	是	是	是	是	是	是

续表

被解释变量	(1) 综合发展 *EFF_cost*	(2) 底层技术 *EFF_cost*	(3) 金融服务 *EFF_cost*	(4) 综合发展 *EFF_profit*	(5) 底层技术 *EFF_profit*	(6) 金融服务 *EFF_profit*
时间固定效应	是	是	是	是	是	是
常数项	0.7212*** (56.77)	0.7191*** (89.85)	0.7091*** (42.73)	1.4332*** (3.50)	1.8973*** (5.69)	0.8791** (2.11)
观测值	460	593	318	460	593	318
Adj_R^2	0.9362	0.9241	0.9312	0.9361	0.9242	0.9312

第三节 稳健性检验

为保证检验结果的稳定性，并对研究可能存在的内生性问题进行讨论，本书采用工具变量、安慰剂检验、替换核心变量和增加控制变量的方法进行稳健性检验。所有稳健性检验均在经过倾向得分匹配后的样本基础上进行，有效地控制了样本选择偏误问题。

内生性问题的来源主要包括双向因果、遗漏变量和样本选择偏误问题。首先，倾向得分匹配可以解决样本选择偏误导致的内生性问题。本书通过倾向得分匹配的方式构造出准实验，对处理组和控制组进行了匹配，找出了在银行规模、资产权益比、营业收入、贷款总额、存款总额、资本充足率和核心资本充足率特征上比较相似的处理组和控制组个体，最大限度地降低了混杂因素带来的干扰。其次，为了避免反向因果问题，研究对所有的自变量与控制变量都采用了滞后一期处理。再次，本书尽可能地控制了可能影响金融科技合作和银行效率的因素，并在式（5-4）和式（5-5）中控制了个体固定效应和时间固定效应，解决了部分遗漏变量的问题。但是，潜在的遗漏变量、可能存在的双向因果和遗漏误差等问题仍可能引起对实证结果的疑虑，因此，本节将采用工具变量法和安慰剂检验法进一步讨论研究中可能存在的内生性问题，采用替换核心解释变量的方法开展稳健性检验。

一、工具变量法

关于工具变量法的应用，首先，借鉴杜勇[298]和周观平等[299]采用"行业均值"及"行业比例"构造工具变量的思路，同时，参考李春涛等[151]将"邻近地市金融科技发展水平"作为工具变量的做法，本书采用城商行邻近地区（即所在省份中剔除本市）① 金融科技合作的城商行比例，以及所在省份城商行与金融科技企业开展战略合作的事件数量（以下简称邻近地区合作比例和邻近地区合作事件数量），作为城商行是否与金融科技合作的工具变量。该工具变量符合相关性及外生性两个约束条件；一方面，这两个工具变量与金融科技合作变量具有很强的相关性，邻近地区经济发展水平相近，不同城商行面对的经营环境和地区金融科技发展水平类似，城商行的战略选择容易受到距离相近城商行战略的影响。与此同时，邻近地区的金融科技企业更加了解当地的城商行经营情况，常常会优先选择地理位置邻近的城商行作为合作伙伴，因此，地理位置相邻的城商行更可能与该省或邻近省份的同一金融科技企业建立战略合作关系。另一方面，所在省份中其他城商行开展金融科技战略合作的情况难以影响城商行自身效率水平，该变量可视为外生的。本书采用两阶段最小二乘方法（IV-2SLS）进行工具变量检验，第一阶段主要分离出金融科技合作的外生部分，第二阶段采用分离出的外生部分进行最小二乘回归。为了检验工具变量的有效性，采用 Cragg-Donald Wald F 统计量分析是否存在弱工具变量问题，结果如表5-16所示。一阶段 F 统计量都超过了10，表明工具变量与内生解释变量有较强的相关性，因此，工具变量的选择是合理的，不存在弱工具变量的问题。同时，由于采用了两个工具变量，需要应用过度识别检验分析是否存在过度识别问题，检验后发现 P 值为0.3894，故接受原假设，认为不存在过度识别问题。在控制全部变量和双重固定效应的情况下，以"邻近地区合作比例"和"邻近地区合作总数"作为工具变量后，金融科技合作仍然对城商行成本和利润效率呈现显著的正向影响，并且系数值较基准回归的估计结果更大，说明之前的基准回归低估了金融科技合作的效率提升效应。

---

① 对于北京、天津、上海、重庆这几个直辖市的城商行来说，考虑到其辖内城商行数量很少，将其与经济联系较紧密的邻近省份合并在一起考虑，北京、天津和河北作为京津冀经济体，重庆与四川作为川渝经济体，上海则与邻近的江苏及浙江作为长三角经济体，计算区域内城商行与金融科技企业开展合作的事件数量。

表5-16 工具变量法结果（一）

IV	EFF_cost	EFF_profit
Treat×Time	0.0012***	0.0215**
	（3.87）	（2.57）
控制变量	是	是
个体固定效应	是	是
时间固定效应	是	是
R^2	0.6393	0.6393
第一阶段F统计量	47.3491***	47.3491***

其次，借鉴杜勇等[298]的研究，将"最近金融财务高校距离"作为"CEO金融背景"工具变量的思路，以及张铭心等[300]的研究，将"最近数字金融活跃城市"作为"数字金融发展"工具变量的思路，本书选取城商行与最近金融科技领先企业①之间的距离（以下简称最近金融科技企业距离）②作为金融科技合作的工具变量，采用IV-2SLS方法进行回归测试。选择该工具变量的理由是：第一，最近金融科技企业距离与城商行金融科技合作密切相关。考虑到时间成本和人力成本，城商行和金融科技企业在选择合作伙伴时往往偏向于就近合作，此外，城商行与金融科技企业普遍在当地的认可度更高，因此，与最近金融科技企业的距离直接影响城商行与金融科技企业开展战略合作的概率。第二，与最近金融科技企业的距离很难直接影响城商行的效率，可以被视为随机外生的因素。从中国领先金融科技企业的地理布局来看，北京、上海、深圳、杭州等东部地区城市，合肥、西安、重庆和成都等中西部地区城市都有分布，不会因为过度集中于某一地区而使城商行建立合作有特别优势。因此，构建的"与最近金融科技企业的距离"工具变量满足了外生性和相关性两个条件。"与最近金融科技企业的距离"作为工具变量的IV-2SLS回归结果如表5-17所示，一阶段Cragg-Donald Wald F统计量大于10说明不存在弱工具变量问题，该工具变量与金融科技合作变量存在较强的相关性，二阶段回归结果显示成本效率与利润效率模型中Treat×Time的系数仍然在10%和5%的水平下显著，说明本书的结论依然成立，即金融科技合作能够显著促进城商行效率提升。

---

① 关于中国领先金融科技企业，本书从毕马威中国2016~2020年每年评选出的中国金融科技企业50强中筛选出业务领域为银行科技或底层金融科技技术，并且成立三年以上的企业，除此之外，还包括了不在该名单范围内的领先底层技术提供方，如华为、中兴通讯等企业。

② 为了消除数据的异方差问题，对"最近金融科技企业距离"取对数处理。

表 5-17 工具变量法结果（二）

IV	EFF_cost	EFF_profit
Treat×Time	0.0006*	0.0482**
	(1.70)	(2.37)
控制变量	是	是
个体固定效应	是	是
时间固定效应	是	是
R^2	0.5926	0.5926
第一阶段 F 统计量	20.4005***	20.4005***

二、安慰剂检验

双重差分模型在估计中需要注意的另一个问题是估计结果是否受到其他随时间变化但无法观测到的因素的影响。虽然加入时间和个体固定效应能够解决部分遗漏变量带来的估计偏误，但是仍然可能存在未观测到的个体特征影响估计结果。借鉴 La Ferrara 等[301] 的做法，使用随机冲击实验进行安慰剂检验，以排除不可观测因素的影响。安慰剂检验方法近年来在双重差分估计中得到了广泛使用，通过随机抽取某一年份作为金融科技合作的时点，在所有城商行中随机抽取处理组，并把这一过程重复进行 500 次，基于随机实验的选择，进行回归。更具体地说，我们在 2013 年和 2019 年之间随机生成一年作为金融科技合作的时间。在随机选择的基础上，构建一个虚拟的金融科技合作变量 $\overline{Treat×Time}$，并使用以下回归模型计算 $\overline{Treat×Time}$ 的系数 $\hat{\alpha}$：

$$\hat{\alpha} = \alpha + \delta \cdot \frac{\text{cov}(\overline{Treat×Time},\ \varepsilon \mid C)}{\text{var}(\overline{Treat×Time} \mid C)} \tag{5-8}$$

将这个随机过程重复 500 次，如果式（5-8）被正确估计，应该发现这些系数 $\hat{\alpha}$ 估计值中的大多数值接近于 0。在图 5-10 和图 5-11 中，绘制了随机抽取的 500 个金融科技合作年份生成的系数分布图。这 500 个估计值的分布集中在 0 附近，$\hat{\alpha}$ 在成本效率模型中的平均值为 -0.00007，t 值为 -1.1。与成本效率模型的基准结果相比，非常接近于 0，$\hat{\alpha}$ 在利润效率模型中的平均值为 -0.0049，t 值为 -1.4，与基准回归结果相比，也非常接近于 0，这表明未观察到的银行特征几乎不可能影响估计结果，本书的回归结果是稳健的。

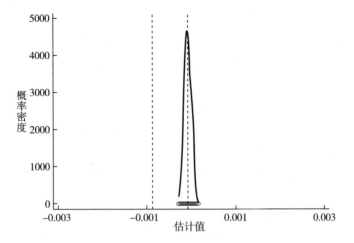

图 5-10 随机处理后 $\hat{\alpha}$ 在成本效率模型中的分布

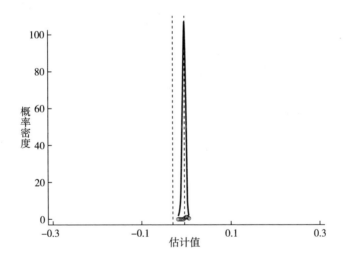

图 5-11 随机处理后 $\hat{\alpha}$ 在利润效率模型中的分布

三、其他稳健性检验

1. 替换核心变量

第一，参考 Berger 等[61]、张大永和张志伟[30] 的研究，效率排名可能更能反映城商行在行业内经营与管理的相对水平。因此，在效率值计算的基础上，构造成本效率和利润效率的效率排名得分，代替效率值作为被解释变量。效率排名得分的计算参考 Berger 等[61] 的研究，将城商行 i 在第 t 年的效率排名记为 $Rank_{it} = 1-(Order_{it}-1)/(n_t-1)$，其中 $Order_{it}$ 为城商行 i 在第 t 年的成本效率排名或利润效率排名，n_t 为第 t 年样本城商行的总数目，若 $Rank_{it}$ 为 0.7，则表示该银行的效率值高于 70% 的样本银行。将效率值替换为效率排名后，代入式（5-1）和式（5-2）重新进行检验，回归结果如表 5-18 所示，金融科技合作对城商行成本效率的影响系数为 0.0542，在 10% 的置信水平下显著，同时，金融科技合作对城商行利润效率的回归系数为 0.0933，在 5% 的置信水平下显著。因此，替换核心解释变量后的回归结果表明，金融科技合作能够显著促进银行效率水平提升，该结论是稳健的。

表 5-18　基准回归的稳健性检验（一）

解释变量	(1)	(2)
	EFF_cost_Rank	EFF_profit_Rank
Treat×Time	0.0542*	0.0933**
	(1.91)	(2.07)
LDR	-0.0091***	0.0022
	(-3.00)	(0.45)
NPL	-0.0001	-0.0262
	(-0.01)	(-1.04)
GOR	0.0051	-0.0281
	(0.08)	(-0.31)
Size	0.1212*	-0.0932
	(1.73)	(-0.83)
EA	0.0042	-0.6961
	(0.03)	(-0.48)
GDP	-0.0001	-0.0002
	(-1.23)	(-0.43)
CPI	-0.0181	0.0221
	(-0.75)	(0.58)
CAR	1.5962*	1.5762
	(1.69)	(1.06)
C_CAR	-1.0522	-1.8791
	(-1.01)	(-1.14)
ReF_breath	0.0011	0.0042
	(0.64)	(1.53)
ReF_depth	0.0012	-0.0013
	(1.20)	(-0.43)

续表

解释变量	（1）	（2）
	EFF_cost_Rank	EFF_profit_Rank
ReF_dig	0.0011	−0.0022*
	(0.97)	(−1.92)
个体固定效应	是	是
时间固定效应	是	是
常数项	−0.0832	0.1263
	(−0.03)	(0.03)
观测值	661	661
adj_R^2	0.0452	0.0422

第二，借鉴申创和赵胜民[41]、张大永和张志伟[30] 的研究，在测算银行成本效率与利润效率的超越对数生产函数中，都加入时间趋势项，以控制技术水平随时间的变化对效率值的影响，然后重新对成本效率和利润效率进行测算。检验结果如表5-19所示，说明金融科技合作能够显著促进城商行效率的结论是稳健的。

表5-19　基准回归的稳健性检验（二）

解释变量	（1）	（2）
	EFF_cost	EFF_profit
Treat×Time	0.0083***	0.0034***
	(5.42)	(7.01)
LDR	−0.0001	−0.0001
	(−1.04)	(−0.40)
NPL	−0.0011*	−0.0002
	(−1.80)	(−0.80)
GOR	0.0071***	0.0001
	(2.63)	(0.48)
Size	0.0051	−0.0043***
	(1.50)	(−3.26)
EA	0.0511	−0.0342**
	(1.15)	(−2.42)
GDP	−0.0001***	−0.0001
	(−5.65)	(−1.08)

续表

解释变量	(1) EFF_cost	(2) EFF_profit
CPI	0.0012 (0.64)	0.0011** (2.04)
CAR	0.0231 (0.49)	−0.0031 (−0.22)
C_CAR	−0.0312 (−0.61)	0.0181 (1.10)
ReF_breath	0.0001 (0.08)	−0.0002** (−2.02)
ReF_depth	−0.0001 (−0.27)	0.0001 (1.63)
ReF_dig	0.0001 (0.08)	−0.0001 (−0.20)
个体固定效应	是	是
时间固定效应	是	是
常数项	0.6951*** (5.29)	0.7952*** (19.00)
观测值	661	661
adj_R^2	0.8412	0.5931

2. 增加控制变量

借鉴郭晔等[78] 的研究，将区域差异考虑进去，在控制个体固定效应和时间固定效应的基础上，将全国省份分为东、中、西部地区，进一步控制区域固定效应和时间固定效应的交叉项，以反映时变区域差异对估计结果的影响。增加区域固定效应和时间固定效应的交叉项之后，双重差分结果如表 5-20 所示，成本效率与利润效率的 $Treat \times Time$ 的系数值仍然是显著的，证明了原有实证回归结果是稳健的。

表 5-20　基准回归的稳健性检验（三）

解释变量	(1) EFF_cost	(2) EFF_profit
Treat×Time	0.0003*** (3.36)	0.0122*** (3.52)

续表

解释变量	（1）	（2）
	EFF_cost	EFF_profit
LDR	−0.0006*** (−2.95)	0.0001 (0.56)
NPL	0.0002 (1.54)	−0.0011 (−0.33)
GOR	−0.0001 (−0.56)	0.0072 (1.05)
Size	0.0011*** (4.39)	−0.0201** (−2.39)
EA	0.0142*** (4.52)	−0.2241** (−2.07)
GDP	−0.0001 (−1.55)	0.0002 (0.89)
CPI	0.0001 (0.30)	−0.0082** (−2.46)
CAR	0.0041 (1.23)	−0.1791 (−1.60)
C_CAR	−0.0111*** (−3.14)	0.3183** (2.58)
ReF_breath	−0.0001 (−0.60)	−0.0002 (−0.78)
ReF_depth	0.0001 (0.24)	−0.0002 (−0.40)
ReF_dig	−0.0004** (−2.43)	−0.0001 (−0.48)
个体固定效应	是	是
时间固定效应×区域固定效应	是	是
常数项	0.7332*** (74.60)	1.7781*** (5.20)
观测值	661	661
adj_R^2	0.9762	0.9221

　　上述结论说明，本书不存在严重的内生性问题，在充分考虑可能的内生性问题后，本书的主要结论仍然成立，即金融科技合作能够显著促进城商行效率提

升。此外，经过一系列稳健性检验后，研究结果均与前文保持一致，说明本书的检验结果具有较好的稳健性。

第四节　本章小结

本章应用了倾向得分匹配方法对处理组与控制组样本进行匹配，进而构建双重差分模型进行了实证检验，对基准回归结果、异质性检验结果和动态效应检验结果进行了分析，最后对研究可能存在的内生性问题和稳健性问题进行了充分讨论，研究发现：

第一，从整体上看，金融科技合作对城商行成本效率与利润效率都有显著的正向影响，并且从动态效应来看，该影响会持续发挥作用在三年以上。在经过工具变量法、安慰剂检验、替换核心变量和增加控制变量一系列稳健性检验后，该影响依然成立，检验结果具有稳健性。研究结果表明城商行与金融科技企业合作能够产生效率提升，在一些业务的关键环节上实现突破式创新，扩大经营范围，塑造出更有效率的业务模式，持续促进城商行经营效率提升。

第二，将样本银行按照合作模式分为赋能模式和共建模式后，研究发现，两种合作模式都可以有效提高银行效率，并且影响效果具有一定持续性，说明金融科技合作对银行效率的提升作用存在普适性。然而，根据组间差异显著性检验，发现共建模式下的合作对银行效率的提升作用显著高于赋能模式，并且相较于赋能模式，共建模式促进利润效率提升的作用时间更长。原因在于共建模式能够依托金融科技实验室实现合作双方优势资源的有效整合，不仅有助于在金融与科技的融合下产出更有效率的业务模式，也为银行转化和吸收合作研发成果提供了良好的平台和畅通的渠道。

第三，将样本银行按照合作对象的不同，分为与综合发展类金融科技企业合作的城商行、与底层技术类企业合作的城商行和与金融服务类企业合作的城商行，经检验，与三种合作对象建立合作关系的城商行在合作后，成本效率与利润效率都获得了显著提升，并且不同合作对象的效率提升程度不存在显著差异。关于三组子样本对成本效率的影响，综合发展类企业和底层技术类企业发挥作用的时间窗口更长，能发挥三年的效率提升作用，而金融服务类企业在合作后的第三年才开始发挥作用。关于三组子样本对利润效率的影响，金融服务类企业的效率提升作用发挥较为及时，并且作用时间较长，而另外两种合作对象的效率提升作用表现出一定的滞后性。

第六章 城商行业务结构中介效应的实证检验

通过金融科技合作，城商行只是拥有了合作伙伴提供的潜在资源，要在效率提升方面实现金融科技合作的价值增值，还需要将合作转化为驱动城商行功能发挥的业务能力。可见，合作转化与吸收渠道的畅通性是影响金融科技合作效应发挥的关键，加深对金融科技合作对城商行效率影响渠道的研究至关重要。

金融科技合作通过促进城商行金融科技的应用与创新，深刻改变着银行的行为准则，对银行资产业务、负债业务和中间业务产生冲击，并通过资产业务、负债业务和中间业务渠道作用于城商行效率[302]。上一章对直接影响进行了实证检验，验证了金融科技合作对城商行效率的直接促进作用，在此基础上，本章结合第四章建构的影响机理研究框架，对资产业务、负债业务和中间业务的中介作用进行实证检验，即验证第四章提出的研究假设4-4至假设4-6。首先，构建中介效应检验模型，选取资产、负债与中间业务的代理变量。其次，实证检验三种业务的中介效应，并结合不同合作模式和不同合作对象检验中介效应的异质性。最后，通过替换核心中介变量对中介效应进行稳健性检验。业务结构中介效应的检验有助于揭示金融科技合作对城商行效率的影响渠道，为实践中更好地发挥金融科技合作提供指导。

第一节 研究设计

一、模型构建

运用中介效应模型考察金融科技合作是否通过资产、负债业务和中间业务发挥作用，进而促进银行效率水平提高。考虑到依次检验法不容易得到中介效应显著的结果，并且相较于其他方法更容易理解，错误率也更低，本书参考温忠麟等和叶宝娟[303] 关于中介效应分析方法的研究，采用依次检验法，分三个步骤进行中介效应检验，回归模型设定如式（6-1）和式（6-2）所示，检验步骤如图6-1所示。第一步是检验金融科技合作对城商行效率影响的直接效应是否显著，这一步已经在第五章的基准回归中开展，直接效应的显著性已经得到验证；第二步，在直接效应显著的基础上，检验自变量对中介变量影响的显著性以及中介变量对因变量影响的显著性，即检验系数 θ 和 δ 的显著性，若系数 θ 和 δ 都显著，则进行下一步检验，否则，需要通过 Bootstrap 方法判断中介效应的显著性，Fritz 和MacKinnon[304] 及 MacKinnon 等[305] 认为，Sobel 检验的检验力弱于 Bootstrap 检验，因此，本书选择 Bootstrap 检验作为辅助检验方法；第三步，检验系数 α' 的显著性，α' 若显著，则说明部分中介效应显著，α' 若不显著，则说明该中介效应为完全中介效应。中介效应的检验能够明晰金融科技合作对银行效率的影响渠道。

$$Mediation_{i,\,t-1} = D + \theta Treat_i Time_{i,\,t-1} + \sum C_j X_{j,\,i,\,t-1} + \mu_i + \lambda_t + \varepsilon_{i,\,t} \quad (6\text{-}1)$$

$$EFF_{i,\,t} = D + \alpha' Treat_i Time_{i,\,t-1} + \delta Mediation_{i,\,t-1} + \sum C_j X_{j,\,i,\,t-1} + \mu_i + \lambda_t + \varepsilon_{i,\,t}$$
$$(6\text{-}2)$$

其中，$Mediation_{i,t-1}$ 代表中介变量，包括 $Asset_{i,t-1}$、$Lia_{i,t-1}$ 和 $Inter_{i,t-1}$，其中 $Asset_{i,t-1}$ 代表银行资产端变量，$Lia_{i,t-1}$ 代表银行负债端变量，$Inter_{i,t-1}$ 代表银行中间业务的变量。EFF 包括 EFF_cost 和 EFF_profit，代表城商行成本效率与利润效率，$X_{i,t-1}$ 代表其他影响银行效率的控制变量，μ_i 代表个体固定效应，λ_t 代表时间固定效应，$\varepsilon_{i,t}$ 代表随机扰动项。

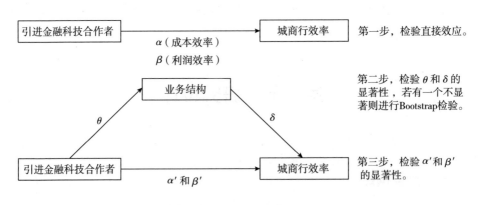

图6-1　中介效应检验步骤

二、变量选取

中介效应模型中采用的被解释变量、核心解释变量和控制变量与第五章的计算方法一致，此处不再赘述。关于资产、负债和中间业务的中介变量选取，首先，风险加权资产充分考虑了不同资产风险程度的异质性，更能体现出银行在资产端真实的风险承担状况[39]，因此，本书参考 Delis 和 Kouretas[306] 及邱晗等[211] 的研究，以风险加权资产占比①作为资产端风险承担的代理变量，以反映城商行在资产端的风险承担行为，资产业务结构的衡量公式如式（6-3）所示。其次，关于负债端业务结构，城商行的负债来源主要有吸收存款、同业拆借和向中央银行借款，参考邱晗等[211] 的研究，以吸收存款占总负债的比例来衡量银行在负债端业务结构的演进，如式（6-4）所示。再次，城商行主要的业务收入来源是利息收入，从中间业务中取得的收入主要反映在手续费及佣金收入、其他业务收入、汇兑收益等非息收入会计科目中，中间业务收入的增加，使商业银行收入多元化程度增加，本书以收入多元化的程度衡量银行中间业务的情况，参考姚志刚等[307] 和 Ji 等[308] 的研究，采用赫芬达指数对收入多元化程度进行测算，收入多元化的测算公式如式（6-5）所示，该指标数值越低表示城商行收入的多元化程度越高，当利息收入占比和非息收入占比都为 0.5 时，该指标数值为 0.5，当利息收入占比为 1 时，表示收入多元化程度最低。

$$Asset = 风险加权资产 \div 总资产 \tag{6-3}$$

$$Lia = 吸收存款 \div 总负债 \tag{6-4}$$

$$Inter = \left(\frac{利息收入}{总营业收入}\right)^2 + \left(\frac{非利息收入}{总营业收入}\right)^2 \tag{6-5}$$

中介变量的数据主要来自 Wind 数据库和 CSMAR 数据库，对于数据库中缺失的数据，通过手工从年报中收集来进行补充。除此之外，本书还对中介变量进行了如下处理：为了避免样本选择偏误影响中介效应检验结果，采用倾向得分匹配后的样本进行中介效应分析；为了避免极端值的影响，按照上下 1% 的水平对中介变量进行了缩尾处理；为了避免可能的内生性问题，中介变量都采用滞后一期的数据。中介变量的描述性统计如表 6-1 所示。

---

① 风险加权资产＝同业往来×20%＋发放贷款及垫款×100%＋固定资产×100%。

表 6-1　中介变量的描述性统计

变量名称	变量符号	观测值	均值	标准差	最小值	最大值
风险资产占比	Asset	661	0.429	0.097	0.160	0.747
吸收存款占比	Lia	661	0.718	0.118	0.343	0.983
收入多元化	Inter	661	0.727	0.147	0.500	1.000

第二节　实证结果分析

一、中介效应检验结果

1. 资产端业务的中介效应

从城商行资产端来看，金融科技合作为商业银行优化风险管理提供了机遇，推动银行风险资产占比提高。一方面，拓宽了风险评估数据源，使商业银行观测风险的视野得到拓宽，能够提升风险估计的准确程度。另一方面，风险管理模型和方法得到优化，风险的事前评估和事后监控流程更加全面高效，有助于改善风险管理，提高银行效率[156]。基于此，从风险资产占比的角度分析金融科技合作对银行效率的影响渠道。根据表 6-2 中第（1）和第（2）列的检验结果，金融科技合作对风险资产占比的影响系数为 0.0272，在 1% 的置信水平下显著，风险资产占比对成本效率的影响系数为 0.0011，在 5% 的置信水平下显著，并且加入风险资产占比作为中介变量之后，金融科技合作对成本效率的影响依旧在 1% 的置信水平下显著。可见，从整体来看，风险资产在金融科技合作与成本效率之间发挥了部分中介作用，中介效应占总效应的比值大约为（0.0272×0.0011）/0.0003 = 9.97%，表明金融科技合作会促使城商行提高风险管理能力，改善风险管理的模型和方法，在一定程度上提高城商行的风险承担，从而促进城商行成本效率提升。

表 6-2　资产业务的中介效应检验

变量	(1)	(2)	(3)
	Asset	EFF_cost	EFF_profit
Asset		0.0011 ** (2.04)	0.0813 ** (2.70)

续表

变量	(1)	(2)	(3)
	Asset	EFF_cost	EFF_profit
Treat×Time	0.0272***	0.0003***	0.0121***
	(3.40)	(3.13)	(2.77)
Size	-0.2061***	0.0012***	-0.0202**
	(-10.53)	(4.92)	(-2.17)
LDR	0.0001	-0.0002***	0.0002
	(0.12)	(-3.01)	(0.33)
NPL	0.0041	0.0002	-0.0051
	(0.97)	(1.50)	(-1.57)
EA	0.1641	0.0132***	0.1391
	(0.65)	(4.45)	(0.83)
GOR	0.1081***	-0.0002	-0.0341***
	(6.77)	(-1.22)	(-4.02)
GDP	-0.0001	-0.0002	0.0002*
	(-1.37)	(-1.29)	(1.83)
CPI	0.0072	0.0003	0.0021***
	(0.97)	(0.33)	(6.51)
CAR	-0.5171*	0.0052	-0.3442*
	(-1.96)	(1.46)	(-1.68)
C_CAR	0.2491	-0.0113***	0.3172
	(0.85)	(-3.23)	(1.47)
ReF_breath	-0.0011	-0.0002	0.0003***
	(-1.54)	(-1.03)	(4.45)
ReF_depth	0.0001	0.0002	0.0002***
	(1.28)	(0.20)	(12.85)
ReF_dig	0.0002	-0.0001**	-0.0008***
	(0.63)	(-2.53)	(-18.17)
个体固定效应	是	是	是
时间固定效应	是	是	是
常数项	1.7381**	0.7153***	-1.0461***
	(2.33)	(79.65)	(-3.16)
观测值	661	661	661
Adj_R²	0.4263	0.9773	0.9222

根据表 6-2 的第（3）列，*Asset* 对城商行利润效率的影响系数为 0.0813，在 5% 的置信水平下显著，说明风险资产占比的中介作用显著，金融科技合作对城商行利润效率的影响通过资产端风险资产占比发挥作用，风险资产占比在金融科技合作对城商行利润效率影响中的中介作用大约为（0.0272×0.0813）/0.0132 = 16.75%。模型假设 4-4 得到验证，金融科技合作通过提高资产端风险资产占比而促进了成本效率和利润效率提升。

2. 负债端业务的中介效应

客户脱媒和渠道脱媒变相推动了利率市场化，使银行负债端业务受到挤压，存款竞争加剧，特别是城商行由于本身吸储能力就比较差，一些互联网金融平台的出现进一步导致了存款被分流，吸收存款困难，更加依赖同业业务对负债的支撑[309]。然而，存贷利差是银行赖以生存的基础，吸收存款困难导致银行经营效率难以提升，并且同业负债成本高且期限相对较短，不仅会导致期限错配，还会提高银行负债端业务的脆弱性。为了提高吸储能力，与科技企业合作引流，借助大数据、人工智能等科技手段进行精准营销，成为商业银行的重要转型战略。

基于此，本书以吸收存款占总负债的比重作为负债端的代理变量，考察金融科技合作是否通过银行负债端存款占比而影响银行效率。根据表 6-3 的第（1）和第（2）列报告的回归结果可知，全样本的 *Treat×Time* 对 *Lia* 的影响系数为 0.0313，在 1% 的置信水平下显著，*Lia* 对成本效率的影响系数为 0.0013，在 5% 的置信水平下显著，并且加入吸收存款占比这一中介变量之后，*Treat×Time* 对成本效率的影响依然显著，这表明吸收存款占比在金融科技合作和城商行成本效率之间发挥了中介作用，中介效应占总效应的比值约为（0.0313×0.0013）/0.0003 = 13.56%。根据表 6-3 的第（3）列，加入吸收存款占比这一中介变量之后，*Lia* 对利润效率的影响系数为 0.0242，在 5% 的置信水平下显著，并且 *Treat×Time* 对利润效率的影响也依然显著，表明吸收存款占比在金融科技合作与利润效率之间的中介作用也成立，该中介效应占比大约为（0.0313×0.0242）/0.0132 = 5.74%。可见，负债端业务这一传导渠道在金融科技合作对成本效率和利润效率的影响中均比较畅通，模型假设 4-5 得到验证。

表 6-3　负债业务的中介效应检验

变量	(1)	(2)	(3)
	Lia	*EFF_cost*	*EFF_profit*
Lia		0.0013 **	0.0242 **
		(2.20)	(2.00)

续表

变量	(1)	(2)	(3)
	Lia	EFF_cost	EFF_profit
Treat×Time	0.0313***	0.0003***	0.0112***
	(2.66)	(3.09)	(3.38)
Size	-0.2891***	0.0012***	-0.0141
	(-11.16)	(5.00)	(-1.57)
LDR	-0.0132***	-0.0001	0.0012
	(-10.65)	(-1.64)	(1.36)
NPL	-0.0041	0.0001	-0.0002
	(-0.68)	(1.64)	(-0.25)
EA	1.9432***	0.0142***	-0.1201
	(6.51)	(4.62)	(-1.36)
GOR	-0.0063	-0.0001	-0.0062
	(-0.37)	(-1.36)	(-1.21)
GDP	0.0001*	-0.0001	0.0002
	(1.85)	(-1.38)	(1.46)
CPI	0.0212**	0.0002	-0.0061*
	(2.06)	(0.28)	(-1.96)
CAR	0.3051	0.0042	-0.1283
	(0.78)	(1.28)	(-1.16)
C_CAR	-1.4071***	-0.0112***	0.2412**
	(-3.46)	(-3.18)	(2.07)
ReF_breath	-0.0013	-0.0001	-0.0001
	(-1.18)	(-1.06)	(-1.56)
ReF_depth	0.0012*	0.0001	-0.0001
	(1.71)	(0.13)	(-0.07)
ReF_dig	-0.0003*	-0.0004**	0.0002
	(-1.82)	(-2.37)	(0.37)
个体固定效应	是	是	是
时间固定效应	是	是	是
常数项	-1.2611	0.7162***	1.2941***
	(-1.19)	(79.76)	(4.30)
观测值	661	661	661
Adj_R²	0.3422	0.9762	0.9221

3. 中间业务的中介效应

在资产端和负债端业务活动中，商业银行通常扮演着信用中介的角色，而在中间业务活动中，银行则不再承担信用中介的职能，而是发挥着服务中介的作用，在银行卡服务、货币结算、票据担保和顾问咨询等方面提供服务。中间业务的发展使商业银行收入结构逐渐呈现多元化发展趋势，因此本书采用收入多元化程度作为城商行中间业务的代理变量，检验金融科技合作对城商行成本效率和利润效率的影响是否经过收入多元化这一传导渠道。根据表6-4第（1）列报告的结果，金融科技合作对收入多元化的影响系数为-0.0382，在5%的置信水平下显著，由于收入多元化指标的数值越低，代表收入多元化程度越高，因此，该结果表明金融科技合作显著促进了城商行收入多元化程度的提高。第（2）列的回归结果显示，Inter 对城商行成本效率的影响系数为-0.0011，在1%的置信水平下显著，在加入收入多元化作为中介变量之后，金融科技合作对成本效率的影响效应仍在1%的置信水平下显著。说明金融科技合作通过促进收入多元化水平的提升，对成本效率起到了助推作用，收入多元化的中介作用占比大约为 $[-0.0382\times(-0.0011)]/0.0003 = 14.01\%$，模型假设4-5得到验证。中间业务长期以来被看作是传统资产和负债业务的附属，与传统利息业务联系较为紧密，多能够与之形成"捆绑销售"，其客户来源常常是通过对存量客户的关系营销获得，客户拓展成本相对较低，因此发展中间业务有效地促进了成本效率的提升。金融科技合作通过知识分享、人员培养和技术支持提高了员工开展中间业务服务的能力，在中间业务的经营管理上能够更多地开发客户需求和拓展客户群体，从而降低中间业务的边际成本，促进成本效率提高。

表6-4 中间业务的中介效应检验

变量	(1)	(2)	(3)
	Inter	EFF_cost	EFF_profit
Inter		-0.0011 ***	-0.0012
		(-2.86)	(-0.09)
Treat×Time	-0.0382 **	0.00031 ***	0.0123 ***
	(-2.17)	(3.19)	(3.72)
Size	0.0751 *	0.0013 ***	-0.0191 **
	(1.72)	(4.70)	(-2.28)
LDR	-0.0031	-0.0003 ***	0.0001
	(-1.45)	(-3.18)	(0.50)

续表

变量	(1)	(2)	(3)
	Inter	*EFF_cost*	*EFF_profit*
NPL	0.0013	0.0001	-0.0013
	(0.07)	(1.60)	(-0.28)
EA	1.0333*	0.0142***	-0.2202**
	(1.83)	(4.74)	(-2.06)
GOR	-0.0061	-0.0003	-0.0062
	(-0.37)	(-1.36)	(-1.21)
GDP	-0.0021	-0.0002	0.0003
	(-0.12)	(-1.40)	(1.10)
CPI	0.0211**	0.0002	-0.0061*
	(2.06)	(0.28)	(-1.96)
CAR	-0.2901	0.0042	-0.1392
	(-0.49)	(1.23)	(-1.25)
C_CAR	-0.2602	-0.0111***	0.3033**
	(-0.40)	(-3.21)	(2.46)
ReF_breath	-0.0031***	-0.0002	-0.0002
	(-2.91)	(-1.52)	(-1.64)
ReF_depth	0.0011	0.0003	0.0002
	(1.01)	(0.44)	(0.08)
ReF_dig	-0.0002	-0.0001**	0.0002
	(-0.26)	(-2.51)	(0.41)
个体固定效应	是	是	是
时间固定效应	是	是	是
常数项	0.6191	0.7183***	1.4772***
	(0.37)	(80.58)	(4.70)
观测值	661	661	661
Adj_R^2	0.0951	0.9762	0.9223

表6-4第（3）列的回归结果则显示 *Inter* 对城商行利润效率的影响系数为 -0.0012，不显著，需要进行 Bootstrap 检验分析中介效应的显著性。采用双向固定效应模型进行 Bootstrap 检验，迭代次数为1000次，Bootstrap 检验结果如表6-5所示，95%的置信区间为 [-0.00055，0.00061]，包含0，表明收入多元化这一中介变量的间接效应值不显著，金融科技合作对城商行利润效率的影响不能通过中间业务这一渠道发挥作用。

表6-5　中间业务的 Bootstrap 中介检验

变量	系数观测值	*Bootstrap* 标准差	Z 值	P 值	95%置信区间	
间接效应	0.00003	0.00030	0.09000	0.92800	−0.00055	0.00061
直接效应	0.01248	0.00415	3.00000	0.00300	0.00434	0.02062

出现这一结果的原因主要有：其一，在我国商业银行实践中，中间业务的开展常常是为存贷款竞争服务，从而出现竞相压低中间业务服务价格的现象，导致中间业务普遍利润水平较低[310]。申创和赵胜民[41] 也通过实证研究发现，随着市场竞争度的提高，非利息业务发展对利润效率的影响趋于负面，原因在于价格竞争促使非利息业务的边际收益不断降低，比如转账业务近年来在互联网平台的挤压下，手续费率不断降低，甚至许多银行都将转账业务的费用定为0，这必然会降低银行的利润效率。其二，中间业务与资产和负债业务不同，其市场化程度更高，波动性更强，城商行市场势力较弱，并且经营范围较窄，多元化经营容易出现规模和范围的不经济，还可能挤压传统业务发展的资源，降低利润效率。因此，中间业务的扩展不能有效促进利润效率提升，中间业务在金融科技合作和利润效率之间也就不具有中介作用。

二、中介效应的异质性检验结果

1. 合作模式中介效应的异质性检验

根据表6-6中第（1）至第（3）列报告的检验结果，在共建合作模式下，资产端业务在成本效率与利润效率模型中均发挥了中介作用，其中，金融科技合作通过提高资产端风险资产占比而提高的成本效率为（0.0234×0.0014）/0.0004＝8.19%，通过提高资产端风险资产占比提高的利润效率为（0.0234×0.1171）/0.0243＝11.28%。在赋能合作模式下，资产端业务在金融科技合作对成本效率影响中发挥的中介效应占总效应的比重大约为（0.0273×0.0013）/0.0004＝8.87%，而依次检验法和 Bootstrap 检验的结果（见表6-7）都表明，在赋能合作模式下，资产端业务在金融科技合作对利润效率影响中发挥的中介效应不显著。因此，相较于赋能模式，共建模式在资产业务方面的传导效应更畅通。

表6-6　不同合作模式的资产业务中介效应检验

变量	共建模式			赋能模式		
	(1) *Asset*	(2) *EFF_cost*	(3) *EFF_profit*	(4) *Asset*	(5) *EFF_cost*	(6) *EFF_profit*
Asset		0.0014* (1.93)	0.1171*** (3.47)		0.0013** (2.42)	0.0091 (0.64)
Treat×Time	0.0234* (1.95)	0.0004** (2.27)	0.0222*** (4.50)	0.0273** (2.90)	0.0003** (2.72)	0.0102** (3.41)
控制变量	是	是	是	是	是	是
个体固定效应	是	是	是	是	是	是
时间固定效应	是	是	是	是	是	是
常数项	2.2561** (2.58)	0.7123*** (63.33)	−0.9272** (−2.49)	1.1431 (1.43)	0.7293*** (75.78)	0.9841*** (3.88)
观测值	524	524	524	612	612	612
Adj_R^2	0.3192	0.9763	0.7383	0.2662	0.9841	0.9482

表6-7　赋能模式下资产业务的 **Bootstrap** 中介检验

变量	系数观测值	*Bootstrap* 标准差	*Z* 值	*P* 值	95%置信区间	
间接效应	0.00025	0.00065	0.38	0.703	−0.00103	0.00153
直接效应	0.01030	0.00357	2.89	0.004	0.00331	0.01729

如表6-8所示，在共建模式下，负债端业务在金融科技合作与成本效率以及金融科技合作与利润效率之间均发挥了显著的中介作用。其中，负债端业务在金融科技合作对成本效率影响中发挥的中介效应为 (0.0413×0.0012)/0.0004 = 12.39%，在金融科技合作对利润效率影响中发挥的中介效应占总效应的比值约为 (0.0413×0.0273)/0.0243 = 4.64%。在赋能模式下，负债端业务在金融科技合作对成本效率影响中发挥的中介效应占比为 (0.0362×0.0007)/0.0004 = 6.34%，在金融科技合作对利润效率影响中发挥的中介效应占比为 (0.0362×0.0242)/0.0112 = 7.82%。

表6-8 不同合作模式的负债业务中介效应检验

变量	共建模式			赋能模式		
	(1) *Lia*	(2) *EFF_cost*	(3) *EFF_profit*	(4) *Lia*	(5) *EFF_cost*	(6) *EFF_profit*
Lia		0.0012 ** (2.17)	0.0273 * (1.77)		0.0007 * (1.66)	0.0242 ** (2.16)
Treat×Time	0.0413 *** (2.80)	0.0003 ** (2.15)	0.0222 *** (4.41)	0.0362 *** (2.94)	0.0003 ** (2.81)	0.0103 ** (3.22)
控制变量	是	是	是	是	是	是
个体固定效应	是	是	是	是	是	是
时间固定效应	是	是	是	是	是	是
常数项	2.9461 ** (2.75)	0.7112 *** (62.28)	1.5641 *** (4.44)	1.3632 (1.33)	0.7291 *** (75.63)	0.9632 *** (3.81)
观测值	524	524	524	612	612	612
Adj_R²	0.4313	0.9523	0.9172	0.4272	0.9843	0.9492

如表6-9所示,在共建模式下,金融科技合作(*Treat×Time*)对中间业务的影响系数为-0.037,不显著,则需要进一步通过Bootstrap检验中介效应的显著性。在经过1000次迭代后,表6-10报告的Bootstrap自抽样结果显示,P值均不显著,95%的置信区间包含了0,表明在金融科技合作对城商行成本与利润效率发挥作用过程中,中间业务的中介作用不显著。如表6-9所示,在赋能模式下,金融科技合作对收入多元化程度的影响在10%的置信水平下显著,并且收入多元化对银行成本效率的影响在5%的置信水平下显著,说明金融科技合作对成本效率的作用有一部分是通过中间业务发挥作用的,中间业务的中介效应占比大约为(-0.0358×-0.0005)/0.0004 = 4.48%。此外,依次检验法和Bootstrap检验的结果(见表6-11),表明在赋能模式下,收入多元化在金融科技合作与利润效率之间的中介作用不显著。

表6-9 不同合作模式的中间业务中介效应检验

变量	共建模式			赋能模式		
	(1) *Inter*	(2) *EFF_cost*	(3) *EFF_profit*	(4) *Inter*	(5) *EFF_cost*	(6) *EFF_profit*
Inter		-0.0008 ** (-3.08)	-0.0092 (-0.95)		-0.0005 ** (-2.11)	0.0046 (0.71)

续表

变量	共建模式			赋能模式		
	(1) Inter	(2) EFF_cost	(3) EFF_profit	(4) Inter	(5) EFF_cost	(6) EFF_profit
Treat×Time	-0.0373 (-1.40)	0.0003 ** (2.27)	0.0232 *** (4.64)	-0.0358 * (-1.75)	0.0003 *** (2.88)	0.0112 *** (3.56)
控制变量	是	是	是	是	是	是
个体固定效应	是	是	是	是	是	是
时间固定效应	是	是	是	是	是	是
常数项	1.5613 (0.80)	0.7162 *** (63.60)	1.7783 *** (4.80)	1.0912 * (0.63)	0.7312 *** (76.01)	0.9903 *** (3.91)
观测值	524	524	524	612	612	612
Adj_R^2	0.0933	0.9832	0.9173	0.0912	0.9841	0.9482

表 6-10　共建模式下中间业务的 Bootstrap 中介检验

路径：$Treat×Time-Inter-EFF\_cost$

变量	系数观测值	Bootstrap 标准差	Z 值	P 值	95%置信区间	
间接效应	0.00003	0.00003	1.00	0.320	-0.00003	0.00010
直接效应	0.00035	0.00013	2.75	0.006	0.00010	0.00059

路径：$Treat×Time-Inter-EFF\_profit$

变量	系数观测值	Bootstrap 标准差	Z 值	P 值	95%置信区间	
间接效应	0.00033	0.00044	0.76	0.445	-0.00052	0.00119
直接效应	0.02335	0.00818	2.86	0.004	0.00733	0.03938

表 6-11　赋能模式下中间业务的 Bootstrap 中介检验

路径：$Treat×Time-Inter-EFF\_profit$

变量	系数观测值	Bootstrap 标准差	Z 值	P 值	95%置信区间	
间接效应	-0.00017	0.00026	-0.64	0.520	-0.00068	0.00034
直接效应	0.01071	0.00388	2.76	0.006	0.00310	0.01832

　　综上所述，共建模式和赋能模式在金融科技合作对银行效率影响路径上具有一定异质性，表6-12总结了不同合作模式下中介效应占比的情况。整体来看，相比于赋能模式，共建模式对城商行资产端和负债端的业务改善更显著，从而对城商行效率有更大的提升效果。具体而言，共建模式对成本效率与利润效率影响

的传导效果更好，可以通过改善资产与负债业务进而提升城商行效率，而赋能模式对成本效率影响的作用路径更广泛，能够通过改善资产端风险控制、提高负债端吸收存款比重和中间业务拓展能力而促进城商行效率提升。由此说明共建模式更容易促进双方知识与技术的整合、消化和吸收，提供高效率的金融产品与服务，从而在商业银行主要的资产与负债业务上释放出更高的创新效应，促进效率提升。

表 6-12 不同合作模式下中介效应总结

合作模式	直接路径	间接路径	中介效应占比	中介效应占比总计
共建模式	$Treat \times Time$—EFF_cost	$Treat \times Time - Asset - EFF\_cost$	8.19%	20.58%
		$Treat \times Time - Lia - EFF\_cost$	12.39%	
		$Treat \times Time - Inter - EFF\_cost$	—	
	$Treat \times Time$—EFF_profit	$Treat \times Time - Asset - EFF\_profit$	11.28%	15.92%
		$Treat \times Time - Lia - EFF\_profit$	4.64%	
		$Treat \times Time - Inter - EFF\_profit$	—	
赋能模式	$Treat \times Time$—EFF_cost	$Treat \times Time - Asset - EFF\_cost$	8.87%	19.96%
		$Treat \times Time - Lia - EFF\_cost$	6.34%	
		$Treat \times Time - Inter - EFF\_cost$	4.48%	
	$Treat \times Time$—EFF_profit	$Treat \times Time - Asset - EFF\_profit$	—	7.82%
		$Treat \times Time - Lia - EFF\_profit$	7.82%	
		$Treat \times Time - Inter - EFF\_profit$	—	

2. 合作对象中介效应的异质性检验

根据合作对象的不同，采用依次检验法分样本进行中介效应检验。表 6-13 报告了资产端业务的中介效应检验结果，与综合发展类企业开展合作的城商行，资产端业务在金融科技合作对银行成本效率影响中的中介效应显著，中介效应占总效应的比重为 $(0.0182 \times 0.0023)/0.0005 = 8.37\%$；与底层技术类企业开展合作的城商行，资产端业务的中介效应占比为 $(0.0203 \times 0.0013)/0.0002 = 13.20\%$；与金融服务类企业开展合作的城商行，资产端业务的中介效应显著，中介效应占比为 $(0.0512 \times 0.0031)/0.0006 = 26.45\%$。

此外，关于金融科技合作对利润效率的影响，与综合发展类企业开展合作的城商行，资产端业务的中介效应占比为 $(0.0182 \times 0.1213)/0.0102 = 21.64\%$；与底层技术类企业开展合作的城商行，资产端业务的中介效应占比为 $(0.0203 \times$

0.0413)/0.0113＝7.42%；与金融服务类企业开展合作的城商行，资产端业务在金融科技合作与利润效率之间发挥的中介效应占总效应的比重为（0.0512×0.1232)/0.0203＝31.07%。

表6-13　不同合作对象的资产业务的中介效应检验

变量	综合发展类		
	Asset	*EFF_cost*	*EFF_profit*
Asset		0.0023 **	0.1213 ***
		(2.65)	(3.21)
Treat×Time	0.0182 *	0.0004 **	0.0092 **
	(1.81)	(2.66)	(2.06)
控制变量	是	是	是
个体固定效应	是	是	是
时间固定效应	是	是	是
常数项	1.9432 **	0.7222 ***	0.9611 ***
	(2.38)	(57.00)	(6.80)
观测值	460	460	460
Adj_R²	0.4201	0.9822	0.6942

变量	底层技术类			金融服务类		
	Asset	*EFF_cost*	*EFF_profit*	*Asset*	*EFF_cost*	*EFF_profit*
Asset		0.0013 *	0.0413 *		0.0031 **	0.1232 **
		(170)	(1.70)		(2.64)	(2.70)
Treat×Time	0.0203 **	0.0002 **	0.0112 **	0.0512 ***	0.00042 *	0.0221 **
	(3.05)	(2.36)	(3.10)	(3.97)	(1.91)	(2.06)
控制变量	是	是	是	是	是	是
个体固定效应	是	是	是	是	是	是
时间固定效应	是	是	是	是	是	是
常数项	0.9922	0.7221 ***	1.8632 ***	1.5231	0.7122 ***	-0.7931 **
	(1.59)	(90.10)	5.58	(1.45)	(43.67)	(-1.59)
观测值	593	593	593	318	318	318
Adj_R²	0.5794	0.9911	0.9243	0.2803	0.9781	0.7182

根据表6-14报告的负债端业务的中介效应检验结果，与综合发展类企业开展合作的城商行，负债端业务在金融科技合作对成本效率影响中发挥的中介效应显著，中介效应占总效应的比重为（0.0563×0.0013)/0.0005＝14.64%；与底层

技术类企业开展合作的城商行，负债端吸收存款占比的提高也是金融科技合作促进成本效率提升的重要中介，负债业务中介效应占比为（0.0443×0.0007）/0.0002＝15.51%；与金融服务类企业开展合作的城商行，负债业务的中介效应不显著，进一步通过 Bootstrap 检验分析负债业务的中介效应，Bootstrap 检验结果如表 6-15 所示，P 值不显著，并且 95%的置信区间包含 0，说明与金融服务类企业开展战略合作没有通过改善负债端业务结构而影响成本效率。

表 6-14　不同合作对象的负债业务中介效应检验

变量	综合发展类		
	Lia	*EFF_cost*	*EFF_profit*
Lia		0.0013 ** (2.14)	−0.0102 (−0.64)
Treat×Time	0.0563 *** (3.79)	0.0004 ** (2.44)	0.0102 ** (2.17)
控制变量	是	是	是
个体固定效应	是	是	是
时间固定效应	是	是	是
常数项	2.0992 * (1.75)	0.7171 *** (57.14)	1.6202 *** (4.29)
观测值	460	460	460
Adj_R^2	0.4122	0.9823	0.9244

变量	底层技术类			金融服务类		
	Lia	*EFF_cost*	*EFF_profit*	*Lia*	*EFF_cost*	*EFF_profit*
Lia		0.0007 ** (1.98)	0.0422 * (1.74)		0.0023 ** (2.13)	0.0433 ** (2.18)
Treat×Time	0.0443 *** (4.14)	0.00022 ** (2.21)	0.0173 ** (2.55)	0.0242 (1.43)	0.0005 ** (2.42)	0.0193 ** (3.51)
控制变量	是	是	是	是	是	是
个体固定效应	是	是	是	是	是	是
时间固定效应	是	是	是	是	是	是
常数项	2.7381 ** (2.65)	0.7173 *** (89.67)	−1.0251 ** (−2.91)	1.5951 (1.23)	0.7081 *** (43.59)	0.7403 * (1.81)
观测值	593	593	593	318	318	318
Adj_R^2	0.3092	0.9913	0.7181	0.4832	0.9783	0.9332

表 6-15　综合发展类企业的负债业务 Bootstrap 中介检验

路径：*Treat×Time-Inter-EFF_profit*

变量	系数观测值	*Bootstrap* 标准差	*Z* 值	*P* 值	95%置信区间	
间接效应	-0.00058	0.00110	-0.53	0.599	-0.00275	0.00159
直接效应	0.01021	0.00567	1.80	0.072	-0.00090	0.02134

关于金融科技合作对利润效率的影响，表 6-14 显示，与综合发展类企业开展合作的城商行，负债业务的中介效应不显著，未通过依次回归检验，并且 Bootstrap 检验的 *P* 值不显著，且 95% 的置信区间包含 0，说明与综合发展类企业开展战略合作无法通过提高负债端吸收存款而促进利润效率提升；与底层技术类企业开展合作的城商行，负债业务的中介效应占比为（0.0443×0.0422）/0.0113＝16.54%；依次回归的检验结果表明与金融服务类企业开展合作的城商行，负债业务的中介效应不显著，进一步地，Bootstrap 检验也未通过（见表 6-16），说明负债业务没有在与金融服务类企业的战略合作与利润效率之间发挥中介作用。

表 6-16　金融服务类企业的负债业务 Bootstrap 中介检验

路径：*Treat×Time-Inter-EFF_cost*

变量	系数观测值	*Bootstrap* 标准差	*Z* 值	*P* 值	95%置信区间	
间接效应	0.00004	0.00007	0.59	0.555	-0.00009	0.00017
直接效应	0.00051	0.00017	3.05	0.002	0.00018	0.00084

路径：*Treat×Time-Inter-EFF_profit*

变量	系数观测值	*Bootstrap* 标准差	*Z* 值	*P* 值	95%置信区间	
间接效应	0.00104	0.00117	0.88	0.377	-0.00127	0.00335
直接效应	0.01869	0.00674	2.77	0.006	0.00547	0.03191

根据表 6-17 报告的中间业务中介效应检验结果，关于金融科技合作对成本效率的影响，与综合发展类企业开展合作的城商行，中间业务的中介效应占比为 [（-0.0423）×（-0.0012）]/0.0005＝10.15%；与底层技术类企业开展合作的城商行，中间业务的中介效应占比为 [（-0.0422）×（-0.0004）]/0.0002＝8.44%；与金融服务类企业开展合作的城商行，中间业务的中介效应不显著，表 6-20 报告了 Bootstrap 的检验结果，仍然说明与金融服务类企业的合作没有通过中间业务而促进成本效率提升。

关于金融科技合作对利润效率的影响，根据表6-17报告的中间业务中介效应检验结果，综合发展类企业、底层技术类企业和金融服务类企业的中间业务都没有发挥显著的中介作用，表6-18~表6-20的Bootstrap检验结果也证实了中间业务的中介效应不显著。

表6-17　不同合作对象的中间业务中介效应检验

变量	综合发展类		
	Lia	*EFF_cost*	*EFF_profit*
Lia		−0.0012*** (−3.51)	0.0013 (0.13)
Treat×Time	−0.0423* (−1.68)	0.0004** (2.85)	0.0091* (1.93)
控制变量	是	是	是
个体固定效应	是	是	是
时间固定效应	是	是	是
常数项	2.1345 (1.09)	0.0723*** (60.99)	1.3024*** (3.57)
观测值	460	460	460
Adj_R^2	0.0651	0.9823	0.9221

变量	底层技术类			金融服务类		
	Lia	*EFF_cost*	*EFF_profit*	*Lia*	*EFF_cost*	*EFF_profit*
Lia		−0.0004** (−2.00)	−0.0013 (−0.14)		−0.0022*** (−4.13)	0.0064 (0.57)
Treat×Time	−0.0422** (−2.23)	0.0002** (2.41)	0.0112** (3.32)	−0.0141 (−0.44)	0.0013** (2.57)	0.0204*** (3.70)
控制变量	是	是	是	是	是	是
个体固定效应	是	是	是	是	是	是
时间固定效应	是	是	是	是	是	是
常数项	0.4323 (0.24)	0.7245*** (90.58)	1.9023*** (5.70)	0.5717 (0.23)	0.7126*** (45.00)	0.8136* (1.96)
观测值	593	593	593	318	318	318
Adj_R^2	0.0814	0.9915	0.9242	0.1141	0.9793	0.9324

表6-18　综合发展类企业的中间业务 Bootstrap 中介检验

路径：*Treat×Time-Inter-EFF_profit*

变量	系数观测值	*Bootstrap* 标准差	Z 值	P 值	95%置信区间	
间接效应	−0.00004	0.00038	−0.10	0.920	−0.00077	0.00070
直接效应	0.00968	0.00545	1.78	0.076	−0.00100	0.02036

表6-19　底层技术类企业的中间业务 Bootstrap 中介检验

路径：*Treat×Time-Inter-EFF_profit*

变量	系数观测值	*Bootstrap* 标准差	Z 值	P 值	95%置信区间	
间接效应	0.00005	0.00037	0.13	0.899	−0.00068	0.00078
直接效应	0.01145	0.00416	2.75	0.006	0.00329	0.01960

表6-20　金融服务类企业的中间业务 Bootstrap 中介检验

路径：*Treat×Time-Inter-EFF_cost*

变量	系数观测值	*Bootstrap* 标准差	Z 值	P 值	95%置信区间	
间接效应	0.00002	0.00006	0.39	0.697	−0.00009	0.00014
直接效应	0.00053	0.00019	2.76	0.006	0.00015	0.00090

路径：*Treat×Time-Inter-EFF_profit*

变量	系数观测值	*Bootstrap* 标准差	Z 值	P 值	95%置信区间	
间接效应	−0.00008	0.00042	−0.20	0.841	−0.00091	0.00074
直接效应	0.01982	0.00748	2.65	0.008	0.00516	0.03447

　　综上所述，本书将不同合作对象的中介效应占比在表6-21进行总结，从中介效应占比情况来看，三类合作对象通过资产业务提升银行成本和利润效率的传导渠道均比较畅通，负债业务和中间业务这两个中介渠道在与综合发展类企业和底层技术类企业合作过程中传导效果较好。原因可能在于，金融服务类企业基本由初创金融科技企业与大型金融机构的子公司构成，这些企业拥有金融业务牌照，直接供给金融服务与金融产品，与城商行在金融科技合作的同时也存在较强的业务竞争关系，特别是在吸储和发展中间业务方面，涉及其发展的核心竞争力，与城商行分享资源的意愿较低，因此，城商行很难在合作中获得能够促进负债与中间业务发展的核心资源。

表 6-21　不同合作对象的中介效应总结

合作企业类型	直接路径	间接路径	中介效应占比	中介效应占比总计
综合发展类	$Treat \times Time$ — EFF_cost	$Treat \times Time - Asset - EFF\_cost$	8.37%	33.16%
		$Treat \times Time - Lia - EFF\_cost$	14.64%	
		$Treat \times Time - Inter - EFF\_cost$	10.15%	
	$Treat \times Time$ — EFF_profit	$Treat \times Time - Asset - EFF\_profit$	21.64%	21.64%
		$Treat \times Time - Lia - EFF\_profit$	—	
		$Treat \times Time - Inter - EFF\_profit$	—	
底层技术类	$Treat \times Time$ — EFF_cost	$Treat \times Time - Asset - EFF\_cost$	13.20%	37.15%
		$Treat \times Time - Lia - EFF\_cost$	15.51%	
		$Treat \times Time - Inter - EFF\_cost$	8.44%	
	$Treat \times Time$ — EFF_profit	$Treat \times Time - Asset - EFF\_profit$	7.42%	23.96%
		$Treat \times Time - Lia - EFF\_profit$	16.54%	
		$Treat \times Time - Inter - EFF\_profit$	—	
金融服务类	$Treat \times Time$ — EFF_cost	$Treat \times Time - Asset - EFF\_cost$	26.45%	
		$Treat \times Time - Lia - EFF\_cost$	—	
		$Treat \times Time - Inter - EFF\_cost$	—	
	$Treat \times Time$ — EFF_profit	$Treat \times Time - Asset - EFF\_profit$	31.07%	31.07%
		$Treat \times Time - Lia - EFF\_profit$	—	
		$Treat \times Time - Inter - EFF\_profit$	—	

第三节　稳健性检验

为了确保中介效应检验的结果稳健可靠，本书除采取控制相关变量、控制个体与时间固定效应、采用滞后一期的中介变量等措施之外，还通过替换资产端、负债端与中间业务中介变量对中介效应模型进行重新检验，以及更换检验方法重新检验。

首先，本书替换中介变量重新检验，关于资产业务，采用风险资产增长率指标（$Asset.ro$）代替风险资产占总资产比例这一指标；关于负债业务的测度，采用吸收存款增长率（$Lia.ro$）代替吸收存款占总负债比例来反映负债业务的情况；关于中间业务的测度，用非利息收入占总收入的比例（*Inter. ro*）代替收入多元化指标。更换中介变量之后的检验结果（见表6-22～表6-24）表明，解释变量和中介变量的符号与显著性均与前文结果非常接近，无较大变化，说明关于中介效应的结论是稳健和可靠的。

表6-22　资产业务中介效应的稳健性检验

变量	（1）	（2）	（3）
	Asset. ro	*EFF_cost*	*EFF_profit*
Asset. ro		0.0002 **	0.0303 **
		（1.96）	（3.27）
Treat×Time	0.0789 **	0.0003 ***	0.0367 ***
	（2.18）	（3.99）	（4.60）
控制变量	是	是	是
个体固定效应	是	是	是
时间固定效应	是	是	是
常数项	0.5443	0.7232 ***	3.6251 ***
	（0.84）	（80.69）	（8.43）
Adj_R^2	0.6812	0.9863	0.5212

表6-23　负债业务中介效应的稳健性检验

变量	（1）	（2）	（3）
	Lia. ro	*EFF_cost*	*EFF_profit*
Lia. ro		0.0005 *	0.0165 *
		（1.68）	（1.70）
Treat×Time	0.0376 **	0.0003 ***	0.0128 ***
	（2.37）	（3.54）	（3.83）
控制变量	是	是	是
个体固定效应	是	是	是
时间固定效应	是	是	是
常数项	1.9962 ***	0.7163 ***	1.4221 ***
	（6.96）	（79.56）	（4.50）
Adj_R^2	0.9183	0.9871	0.9222

表 6-24　中间业务中介效应的稳健性检验

变量	(1)	(2)	(3)
	Inter. ro	*EFF_cost*	*EFF_profit*
Inter. ro		0.0008 **	0.0042
		(2.17)	(0.73)
Treat×Time	0.0454 **	0.0003 **	0.0132 ***
	(2.08)	(3.43)	(3.74)
控制变量	是	是	是
个体固定效应	是	是	是
时间固定效应	是	是	是
常数项	2.3002 **	0.6081	1.4812 ***
	(2.20)	(50.40)	(4.71)
Adj_R²	0.0313	0.9361	0.9222

其次，本书更换中介效应的检验方法，参考 MacKinnon 等[311]、刘澜飚和李博韬[220] 的研究，采用 Sobel 方法重新检验中介效应的结果，该方法是直接针对原假设 H_0：$ab=0$ 提出检验，检验力高于依次检验的方法。Sobel 检验的结果如表 6-25 所示，中介效应检验结果与前文结论一致，说明中介效应检验具有较好的稳健性。

表 6-25　中介效应稳健性检验：Sobel 检验

Sobel 检验	资产端业务	负债端业务	中间业务
EFF_cost	$Z=1.747>0.97$	$Z=1.869>0.97$	$Z=1.728>0.97$
EFF_profit	$Z=1.755>0.97$	$Z=1.05>0.97$	$Z=0.086<0.97$

第四节　本章小结

基于金融功能理论，本章以城商行在资产、负债和中间业务为切入点，实证检验了城商行业务结构的中介作用，研究结论如下：

第一，从整体来看，金融科技合作通过改善资产、负债结构和提升中间业务收入占比，显著促进了城商行成本与利润效率提升。其中资产业务渠道表现为通过风险资产占总资产比重的上升而提高城商行效率，负债业务渠道表现为通过提高吸收存款占总负债比重而促进城商行效率提升，中间业务渠道表现为通过提高中间业务占比促进收入多元化而提高城商行效率。研究结果经过稳健性检验，仍然成立，说明中介效应检验结果具有较好的稳健性。

第二，从不同合作模式来看，共建模式通过资产和负债业务渠道显著促进银行成本与利润效率提升，赋能模式对银行成本效率的影响通过资产、负债和中间业务三重渠道发挥作用，但对利润效率的影响仅通过负债业务发挥作用。从中介效应占比情况来看，共建模式对利润效率影响的传导效果更好，而赋能模式对成本效率影响的传导更畅通。

第三，从不同合作对象来看，综合发展类、底层技术类和金融服务类合作对象在资产业务渠道的传导均比较畅通，而负债业务和中间业务这两个中介渠道在与综合发展类企业和底层技术类企业合作过程中发挥的中介传导效应较强。

第七章 城商行内部管理因素
调节效应的实证检验

　　根据已有研究，内部管理与外部合作的深度互锁，有助于促进银行效率的持续提升，而城商行内部管理失衡，会阻滞金融科技合作对银行效率积极推动作用的发挥，甚至还会改变金融科技合作对效率的影响方向。为了实现城商行效率水平的持续提升，增强内部管理与外部合作的协同性至关重要。在检验直接作用与中介作用的基础上，立足于本书第四章的理论研究框架，本章分别讨论股权结构、人力资本和信息技术对金融科技合作与银行效率关系的调节作用，分析不同内部管理情境下金融科技合作效应的差异，验证第四章提出的研究假设 4-7 至假设 4-9。首先，构建有调节的中介效应检验模型，确定股权结构、人力资本和信息技术的代理变量，实证检验城商行内部管理因素对金融科技合作与银行成本和利润效率关系的调节效应。其次，在此基础上针对合作模式两个子样本的调节效果以及合作对象三个子样本的调节效果进行实证检验和异质性分析。最后，采用替换核心调节变量的方法进行稳健性检验。通过内部管理因素的调节效应检验，有助于明晰内部管理与外部合作的协同耦合作用，为城商行最大限度地发挥金融科技合作的效率提升作用提供可行路径。

第一节 研究设计

一、模型构建

　　检验有调节的中介效应的前提是直接与中介效应显著。在金融科技合作对城商行效率影响的直接效应和中介效应检验通过的基础上，为了确定城商行管理因素是否影响金融科技合作与城商行效率之间的关系，在式（7-1）中设定了

Treat×Time 和内部管理调节因素 *Moderator* 的交互作用项。交互作用项 *Treat×Time×Moderator* 的系数可以解释城商行内部管理因素是否影响金融科技合作与城商行效率之间的关系。同时，式（7-1）中的 γ 系数可以解释在不同管理结构的城商行中金融科技合作释放效能的差异。由于研究中涉及中介变量，在构建调节模型时不仅要考虑调节变量对直接效应的调节，而且还要考虑调节变量是否作用于中介过程的前半路径与后半路径。参考温忠麟和叶宝娟[312]、关宇航和师一帅[313] 对有调节的中介模型的研究，将调节变量放入中介效应分析中，采用依次检验法构建有调节的中介模型。建模时，对各变量进行中心化处理，以便对模型系数进行解释。

第一步，检验在未考虑中介效应时，金融科技合作对效率的直接影响路径是否受到城商行内部管理因素的调节。将调节效应的回归模型设定如下，主要检验式（7-1）中 γ 的显著性。

$$
\begin{aligned}
EFF_{l,t} = {} & D + \alpha Treat_i Time_{i,t-1} + \sigma Moderator_{i,t-1} + \\
& \gamma Treat_i Time_{i,t-1} Moderator_{i,t-1} + \sum C_j X_{j,i,t-1} + \mu_i + \lambda_t + \varepsilon_{i,t}
\end{aligned}
$$

$$(7-1)$$

第二步，进行依次检验，先检验式（7-2）中 θ 和 γ 是否显著，再检验式（7-3）或式（7-4）中的 δ 和 φ 的显著性。需要注意的是，当直接路径没有受到调节时，采用式（7-3）检验中介过程是否受到调节，当直接路径受到调节时，则采用式（7-4）检验，回归模型如下：

$$
\begin{aligned}
Mediation_{i,t} = {} & D + \theta Treat_i Time_{i,t-1} + \sigma Moderator_{i,t-1} + \\
& \gamma Treat_i Time_{i,t-1} Moderator_{i,t-1} + \sum C_j X_{j,i,t-1} + \mu_i + \lambda_t + \varepsilon_{i,t}
\end{aligned}
$$

$$(7-2)$$

$$
\begin{aligned}
EFF_{i,t} = {} & D + \alpha Treat_i Time_{i,t-1} + \sigma Moderator_{i,t-1} + \delta Mediation_{i,t-1} + \\
& \varphi Mediation_{i,t-1} Moderator_{i,t-1} + \sum C_j X_{j,i,t-1} + \mu_i + \lambda_t + \varepsilon_{i,t}
\end{aligned}
$$

$$(7-3)$$

$$
\begin{aligned}
EFF_{i,t} = {} & D + \alpha Treat_i Time_{i,t-1} + \sigma Moderator_{i,t-1} + \\
& \gamma Treat_i Time_{i,t-1} Moderator_{i,t-1} + \delta Mediation_{i,t-1} + \\
& \varphi Mediation_{i,t-1} Moderator_{i,t-1} + \sum C_j X_{j,i,t-1} + \mu_i + \lambda_t + \varepsilon_{i,t}
\end{aligned}
$$

$$(7-4)$$

下面三种情形中，满足其中一种情形则说明有调节的中介成立：

情形一，式（7-2）中的 θ 与式（7-3）或式（7-4）中的 φ 显著，说明调节变量调节了中介过程的后半路径；

情形二，式（7-2）中的 γ 和式（7-3）或式（7-4）中的 δ 显著，说明调节变量调节了中介过程的前半路径；

情形三，式（7-2）中的 γ 和式（7-3）或式（7-4）中的 φ 显著，说明调节变量同时对中介过程的前半路径和后半路径发挥作用。

其中，*Moderator* 代表内部管理因素调节变量，*Mediation* 代表中介变量，$EFF_{i,t}$ 包括 *EFF_cost* 和 *EFF_profit*，分别代表城商行的成本效率与利润效率。调节直接路径与中介过程如图 7-1 所示。

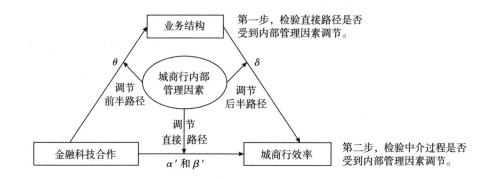

图 7-1　调节效应检验步骤

二、变量选取

调节效应模型中采用的被解释变量、核心解释变量和控制变量与第五章的计算方法一致，本章不再赘述。

首先，关于股权结构的代理变量，参考张博等[314] 的研究，选择第一大股东的持股比例作为股权结构的代理变量。

其次，人力资本的代理变量，借鉴陈晞[261]、赫国胜和耿丽平[14] 的研究，用人力资本的价值创造来计算测量人力资本增值，具体而言，采用"价值增值/员工费用"计算人力资本增值系数，如下所示：

$$HCE = VA/HC \tag{7-5}$$

其中，价值增值（*VA*）用城商行的总收入减去总支出，总收入包括利息收入、手续费及佣金收入和其他收入等，总支出包括利息支出、手续费及佣金支出、营业支出等（不包括员工成本）；*HC* 指用于员工的一切费用，包括薪金、养老金费用、住房福利与补贴、职工教育经费等。

最后，信息技术的代理变量，采用信息技术的价值创造来测量，具体而言，采用"价值增值/信息技术投入"，计算信息技术增值系数（TE），如下所示：

$$TE = VA/Tech \tag{7-6}$$

其中，价值增值的计算方法同上，信息技术投入（$Tech$）借鉴李运达等[28]的处理方法，采用银行财务报表中披露的固定资产中硬件及网络设备投入和无形资产中软件项目投入加总获得①，虽然从事信息技术研究与应用的科技人员薪酬也应当计算进入商业银行信息技术投入，但是由于这部分数据难以获得，本书不将此部分投入计入。股权结构和人力资本变量的数据从 Wind 数据库中获取，信息技术变量的数据，基本由笔者从各城商行年报及附注中手工收集，为了避免可能存在的内生性问题，本书对上述调节变量均进行了滞后一期处理。调节变量的描述性统计如表 7-1 所示。

表 7-1　调节变量的描述性统计

变量名称	变量符号	观测值	均值	标准差	最小值	最大值
股权结构	OS	661	0.182	0.118	0.035	0.771
人力资本增值	HCE	661	3.778	2.824	1.022	10.717
信息技术增值	TE	661	24.743	27.944	1.239	99.953

第二节　实证结果分析

一、调节效应检验结果

1. 股权结构的调节效应

表 7-1 报告了对式（7-1）、式（7-2）和式（7-3）的回归估计，在金融科技合作对银行成本效率和利润效率影响的估计结果基础上，进一步用一个交互项 $Treat \times Time \times OS$ 作为股权结构的代表，检验城商行股权结构是否影响金融科技合作与银行效率的关系。表 7-1 的第（1）和第（2）列分别报告了 $Treat \times Time \times OS$ 这一交互项系数在成本效率与利润效率模型中的估计结果。第（1）和第（2）

---

① 固定资产明细中的"硬件及网络设备投入"在一些银行财务报表中也称为"电子设备"。

列中 Treat×Time×OS 系数不显著，说明股权结构没有显著调节金融科技合作对成本效率和利润效率的直接影响路径。由于第六章证明了金融科技合作通过资产业务和负债业务中介机制影响了成本效率与利润效率，股权结构还可能调节资产业务和负债业务的中介过程。因此，分别检验股权结构对前半路径和对后半路径的调节效应。根据表 7-2 第（3）至第（5）列的检验结果，Treat×Time×OS 对资产端风险承担的影响系数为−0.1063，在 10% 的置信水平下显著，说明相对分散的股权结构，会显著提高金融科技合作对城商行资产端风险承担的正向影响；Treat×Time×OS 对负债端吸收存款占比影响的系数为−0.1182，在 10% 的置信水平下显著，说明股权结构越分散，金融科技合作对城商行吸收存款的正向影响越大；Treat×Time×OS 对中间业务影响系数不显著，说明股权结构没有显著调节金融科技合作与中间业务之间的关系。

表 7-2　股权结构的调节效应检验—直接路径与前半路径

被解释变量	（1）EFF_cost	（2）EFF_profit	（3）Asset	（4）Lia	（5）Inter
Treat×Time	0.0003 *** (3.31)	0.0132 *** (3.85)	0.0272 *** (3.35)	0.0342 *** (3.57)	−0.0391 ** (−2.19)
OS	−0.0003 (−0.40)	0.0451 * (1.87)	−0.1123 * (−1.95)	0.0882 (1.27)	−0.1141 (−0.88)
Treat×Time×OS	0.0012 (0.93)	−0.0023 (−0.07)	−0.1063 * (−1.83)	−0.1182 * (−1.68)	−0.0282 (−0.21)
Size	0.0011 *** (4.53)	−0.0193 ** (−2.36)	−0.2033 *** (−10.54)	−0.2432 *** (−10.14)	0.0762 * (1.72)
LDR	−0.0002 *** (−2.98)	0.0002 (0.50)	0.0001 (0.13)	−0.0102 *** (−9.31)	−0.0031 (−1.45)
NPL	0.0002 * (1.66)	−0.0012 (−0.40)	0.0053 (1.14)	−0.0051 (−0.89)	0.0012 (0.11)
EA	0.0141 *** (4.52)	−0.2132 ** (−2.00)	0.1633 (0.65)	−0.5291 * (−1.74)	1.0062 * (1.77)
GOR	−0.0001 (−0.71)	0.0061 (0.90)	0.1022 *** (6.57)	0.1292 *** (6.73)	−0.0512 (−1.41)
GDP	−0.0001 (−1.56)	0.0002 (1.28)	−0.0001 (−1.33)	−0.0001 (−0.97)	0.0001 (0.10)
CPI	0.0002 (0.46)	−0.0061 ** (−2.13)	0.0062 (0.95)	0.0121 (1.51)	−0.0002 (−0.03)

续表

被解释变量	(1)	(2)	(3)	(4)	(5)
	EFF_cost	EFF_profit	Asset	Lia	Inter
CAR	0.0041 (1.30)	−0.1352 (−1.22)	−0.5791** (−2.23)	−0.0181 (−0.06)	−0.3021 (−0.51)
C_CAR	−0.0112*** (−3.17)	0.2911** (2.36)	0.3391 (1.16)	0.3102 (0.88)	−0.2191 (−0.34)
ReF_breath	−0.0001 (−1.01)	−0.0001* (−1.73)	−0.0011* (−1.73)	−0.0002 (−0.64)	−0.0031*** (−2.86)
ReF_depth	0.0001 (0.23)	0.0001 (0.17)	0.0002 (1.09)	0.0001 (1.17)	0.0011 (0.98)
ReF_dig	−0.0001** (−2.43)	0.0002 (0.39)	0.0001 (0.17)	−0.0001 (−1.31)	−0.0001 (−0.26)
个体固定效应	是	是	是	是	是
时间固定效应	是	是	是	是	是
常数项	0.7172*** (79.52)	1.5312*** (4.86)	1.7911** (2.42)	1.8703** (2.08)	0.4961 (0.30)
观测值	661	661	661	661	661
Adj_R^2	0.9872	0.9221	0.3172	0.4802	0.0733

由于直接路径没有被调节，按式（7-3）进行回归检验，通过构造股权结构与中介变量（资产业务、负债业务和中间业务）的交互项，检验股权结构对后半路径的调节效应。根据表7-3的第（1）列，在资产业务做中介的模型中，Asset 的系数显著，结合前半路径的系数，可知有调节的中介成立，股权结构通过调节资产业务中介效应的前半路径而影响金融科技合作与成本效率的关系。根据表7-3的第（2）列，交互项 Asset×OS 的系数在5%的置信水平下显著，结合前半路径的系数，也说明有调节的中介成立，股权结构同时调节了资产业务中介效应的前半路径和后半路径，继而影响金融科技合作与利润效率的关系。表7-3的第（3）和第（4）列显示 Lia 系数都在5%的置信水平下显著，而交互项 Lia×OS 的系数都不显著，结合表7-3中报告的前半路径回归结果可知，在负债业务为中介的模型中，有调节的中介成立，股权结构通过调节负债业务中介效应的前半路径分别影响了金融科技合作与成本效率和利润效率的关系。表7-3的第（5）列 Inter×OS 的系数不显著，说明在中间业务做中介的模型中，股权结构没有调节该中介效应。综上可知，股权结构调节了金融科技合作对成本效率和利润效率影响的中介过程，股权结构的调节作用如图7-2和图7-3所示。

表7-3　股权结构的调节效应检验—后半路径

被解释变量	(1)	(2)	(3)	(4)	(5)
	EFF_cost	EFF_profit	EFF_cost	EFF_profit	EFF_cost
Treat×Time	0.0003***	0.0165***	0.0003***	0.0117***	0.0003***
	(3.09)	(2.67)	(3.05)	(3.49)	(3.16)
OS	−0.0002	0.0008	−0.0004	0.0433*	−0.0003
	(−0.26)	(0.02)	(−0.51)	(1.78)	(−0.46)
Asset	0.0010**	0.0808***			
	(1.99)	(2.69)			
Asset×OS	−0.0007	−0.4909**			
	(−0.21)	(−2.15)			
Lia			0.0008**	0.0246**	
			(2.03)	(2.01)	
Lia×OS			−0.0048	0.0358	
			(−1.45)	(0.31)	
Inter					−0.0012***
					(−2.86)
Inter×OS					0.0013
					(0.37)
Size	0.0011***	−0.0222**	0.0012***	−0.0172*	0.0011***
	(4.87)	(−2.39)	(5.02)	(−1.93)	(4.71)
LDR	−0.0001***	0.0002	−0.0002*	0.0005	−0.0001***
	(−3.00)	(0.33)	(−1.83)	(1.38)	(−3.17)
NPL	0.0001	−0.0062*	0.00011*	−0.0007	0.0001
	(1.49)	(−1.68)	(1.74)	(−0.38)	(1.63)
EA	0.0132***	0.1363	0.0142***	−0.1101	0.0142***
	(4.41)	(0.81)	(4.65)	(−1.24)	(4.72)
GOR	−0.0002	−0.034***	−0.0003	−0.0051	−0.0002
	(−1.20)	(−3.96)	(−1.36)	(−1.14)	(−0.88)
GDP	−0.0001	0.0002**	−0.0002	0.0002	−0.0002
	(−1.28)	(2.10)	(−1.22)	(1.59)	(−1.42)
CPI	0.0002	0.019***	0.0001	−0.006**	0.0002
	(0.34)	(6.15)	(0.32)	(−2.12)	(0.44)
CAR	0.0051	−0.3642*	0.0043	−0.1221	0.0043
	(1.43)	(−1.78)	(1.18)	(−1.10)	(1.21)

续表

被解释变量	(1)	(2)	(3)	(4)	(5)
	EFF_cost	EFF_profit	EFF_cost	EFF_profit	EFF_cost
C_CAR	-0.0112***	0.3511	-0.0113***	0.2242*	-0.0111***
	(-3.16)	(1.63)	(-3.06)	(1.91)	(-3.19)
ReF_breath	-0.0001	0.0004***	-0.0002	-0.0003*	-0.0002
	(-1.03)	(4.49)	(-1.03)	(-1.66)	(-1.50)
ReF_depth	0.0002	0.0011***	0.0002	0.0002	0.0001
	(0.20)	(12.88)	(0.09)	(0.02)	(0.41)
ReF_dig	-0.0001**	-0.0012***	-0.0003**	0.0001	-0.0002**
	(-2.53)	(-18.26)	(-2.36)	(0.35)	(-2.53)
个体固定效应	是	是	是	是	是
时间固定效应	是	是	是	是	是
常数项	0.7163***	1.5932***	0.7162***	1.3581***	0.7172***
	(79.19)	(5.05)	(79.66)	(4.49)	(80.03)
观测值	661	661	661	661	661
Adj_R²	0.9873	0.9232	0.9872	0.9223	0.9873

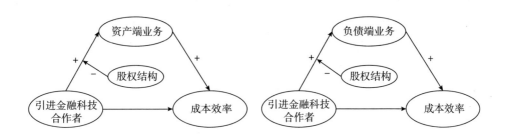

图7-2 股权结构对金融科技合作与成本效率关系的调节作用

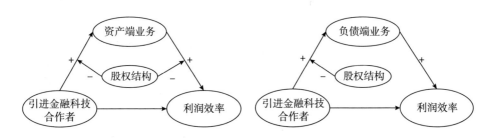

图7-3 股权结构对金融科技合作与利润效率关系的调节作用

可见，模型假设4-7得到证明，股权结构通过调节中介作用过程而显著调节了金融科技合作与城商行效率的关系。股权结构相对分散的城商行与金融科技企业建立合作关系，更容易发挥金融科技合作产生的效率提升作用。原因在于：其一，股权结构相对分散的城商行股东间制衡机制更完善，大股东承担的创新风险较少，不会表现出强烈的风险规避行为，在面临技术风险高、周期长、不确定性强的合作事项时，能够做出更具前瞻性的决策，通过加大资源投入等方式提高战略合作的成功率。其二，由于我国城商行的第一大股东多是政府部门或国有企业，股权较多地集中于第一大股东会导致政治干预对城商行经营活动产生较大影响，相比之下，相对分散的股权结构能够使城商行受到较少的政治限制，更加专注于效率提升目标，在合作过程中重视短期利益与长期目标的平衡。这还可以用银行的目标函数和决策机制来解释，国有性质的股东更加追求政府、公众和其他各方利益的最大化，为了经济利益而改进现有效率模型的动机较少，金融科技合作所能够发挥的有益作用也就比较小。

2. 人力资本的调节效应

在控制了相关变量、个体固定效应和时间固定效应后，表7-4和表7-5报告了人力资本增值系数对金融科技合作与城商行效率关系的调节作用。表7-4的第（1）列回归结果表明，交互项 $Treat \times Time \times HCE$ 的系数不显著，说明人力资本增值没有显著提高金融科技合作对城商行成本效率的正向影响。第（2）列的交互项 $Treat \times Time \times HCE$ 回归系数为0.0031，在1%的置信水平下显著，表明人力资本增值系数越大，金融科技合作对利润效率的正向影响越强。第（3）至第（5）列的交互项 $Treat \times Time \times HCE$ 系数都不显著，说明人力资本增值没有对资产业务、负债业务和中间业务的前半中介路径发挥显著的调节作用。

表7-4 人力资本的调节效应检验—直接路径与前半路径

被解释变量	(1)	(2)	(3)	(4)	(5)
	EFF_cost	EFF_profit	$Asset$	Lia	$Inter$
$Treat \times Time$	0.0003***	0.0152***	0.0272***	0.0363***	−0.0384**
	(3.55)	(4.85)	(3.39)	(3.30)	(−2.09)
HCE	0.0002	0.0013***	−0.0001	−0.0003	0.0002
	(0.94)	(5.87)	(−0.36)	(−0.58)	(0.21)
$Treat \times Time \times HCE$	0.0004	0.0031***	0.0013	−0.0011	0.0012
	(0.92)	(4.15)	(0.54)	(−0.58)	(0.31)
$Size$	0.0013***	−0.0142*	−0.2103***	−0.3031***	0.0802*
	(4.43)	(−1.78)	(−10.68)	(−11.49)	(1.81)

续表

被解释变量	（1）	（2）	（3）	（4）	（5）
	EFF_cost	EFF_profit	Asset	Lia	Inter
LDR	-0.0001***	0.0002	0.0001	-0.0142***	-0.0032
	（-2.97）	（0.50）	（0.14）	（-12.20）	（-1.45）
NPL	0.0001*	0.0012	0.0051	-0.0032	0.0033
	（1.69）	（0.44）	（1.21）	（-0.56）	（0.29）
EA	0.0141***	-0.1792*	0.0942	-0.4343	1.0401*
	（4.44）	（-1.79）	（0.37）	（-1.28）	（1.83）
GOR	-0.0001	0.0012	0.1142***	0.1741***	-0.0542
	（-0.61）	（0.09）	（7.05）	（8.02）	（-1.47）
GDP	-0.0002	0.0003	-0.0001	-0.0002	0.0002
	（-1.41）	（1.26）	（-1.45）	（-0.46）	（0.16）
CPI	0.0001	-0.0052*	0.0073	0.0131	0.0002
	（0.42）	（-1.92）	（1.10）	（1.47）	（0.01）
CAR	0.0042	-0.1381	-0.5402**	0.0293	-0.3242
	（1.24）	（-1.34）	（-2.06）	（0.08）	（-0.55）
C_CAR	-0.0113***	0.2612**	0.3323	0.1341	-0.2192
	（-3.08）	（2.27）	（1.14）	（0.34）	（-0.33）
ReF_breath	-0.0001	-0.0002*	-0.0013	-0.0012	-0.0033***
	（-1.19）	（-1.66）	（-1.54）	（-1.16）	（-2.82）
ReF_depth	0.0002	-0.0003	0.0002	0.0011*	0.0012
	（0.30）	（-0.08）	（1.32）	（1.91）	（1.04）
ReF_dig	-0.0002**	0.0002	0.0003	-0.0001	-0.0001
	（-2.47）	（0.36）	（0.67）	（-1.03）	（-0.27）
个体固定效应	是	是	是	是	是
时间固定效应	是	是	是	是	是
常数项	0.7172***	1.4133***	1.6331**	2.0982**	0.3843
	（79.22）	（4.81）	（2.19）	（2.10）	（0.23）
观测值	661	661	661	661	661
Adj_R²	0.9871	0.9322	0.3203	0.3701	0.07342

进一步检验人力资本增值是否通过调节中介过程的后半路径而影响到金融科技合作效应的发挥。分别构造了资产业务、负债业务和中间业务与人力资本增值系数的交互项，采用式（7-3）对人力资本增值是否调节了金融科技合作对成本效率影响的中介过程进行检验。由于前述研究表明人力资本增值显著调节了金融

科技合作与利润效率的直接关系，在后半路径检验中，采用式（7-4）对人力资本增值是否调节了金融科技合作对利润效率影响的中介过程进行检验。检验结果如表7-5所示，交互项 $Asset×HCE$、$Lia×HCE$ 和 $Inter×HCE$ 对成本效率和利润效率的影响均不显著，不满足模型构建中设定的有调节的中介成立的三种情况，说明人力资本没有显著调节金融科技合作对银行效率影响的中介过程。

表7-5　人力资本的调节效应检验—后半路径

被解释变量	（1）	（2）	（3）	（4）	（5）
	EFF_cost	EFF_profit	EFF_cost	EFF_profit	EFF_cost
Treat×Time	0.0003 ***	0.0175 ***	0.0003 ***	0.0123 ***	0.0003 ***
	(3.11)	(2.78)	(3.10)	(3.91)	(3.16)
HCE	0.0000	0.0003	−0.0001	−0.0004	0.0002
	(0.28)	(0.44)	(−0.84)	(−0.93)	(0.58)
Asset	0.0011 **	0.0909 ***			
	(2.03)	(3.07)			
Asset×HCE	0.0002	0.0006			
	(0.21)	(0.16)			
Treat×Time×HCE		0.0005		0.0734 ***	
		(0.37)		(2.90)	
Lia			0.0008 **	0.0258 **	
			(2.17)	(2.25)	
Lia×HCE			−0.0001	−0.0035	
			(−0.89)	(−1.59)	
Inter					−0.0007 ***
					(−2.84)
Inter×HCE					−0.0002
					(−0.53)
Size	0.0011 ***	−0.0121	0.0012 ***	−0.0121	0.0012 ***
	(4.87)	(−1.37)	(4.89)	(−1.39)	(4.65)
LDR	−0.0002 ***	0.0001	−0.0001	0.0004	−0.0001 ***
	(−3.00)	(0.30)	(−1.58)	(1.06)	(−3.17)
NPL	0.0001	−0.0062 *	0.0001	0.0002	0.0001 *
	(1.50)	(−1.71)	(1.50)	(0.12)	(1.68)
EA	0.0142 ***	0.1441	0.0142 ***	−0.0962	0.0141 ***
	(4.42)	(0.87)	(4.56)	(−1.16)	(4.65)

续表

被解释变量	(1)	(2)	(3)	(4)	(5)
	EFF_cost	EFF_profit	EFF_cost	EFF_profit	EFF_cost
GOR	−0.0002 (−1.19)	−0.0392*** (−4.49)	−0.0003 (−1.32)	−0.0032 (−0.37)	−0.0002 (−0.87)
GDP	−0.0001 (−1.28)	0.0001* (1.83)	−0.0002 (−1.39)	0.0001 (1.57)	−0.0002 (−1.38)
CPI	0.0002 (0.32)	0.0192*** (6.24)	0.0001 (0.32)	−0.0052** (−1.98)	0.0002 (0.44)
CAR	0.0052 (1.44)	−0.3313 (−1.64)	0.0041 (1.36)	−0.0872 (−0.84)	0.0042 (1.20)
C_CAR	−0.0112*** (−3.20)	0.2863 (1.34)	−0.0113*** (−3.20)	0.1731 (1.57)	−0.0112*** (−3.15)
ReF_breath	−0.0002 (−1.04)	0.0001*** (4.51)	−0.0001 (−1.03)	−0.0003* (−1.71)	−0.0002 (−1.50)
ReF_depth	0.0002 (0.19)	0.0013*** (13.28)	0.0002 (0.14)	0.0002 (0.11)	0.0003 (0.45)
ReF_dig	−0.0003** (−2.53)	−0.0012*** (−18.41)	−0.0003** (−2.29)	0.0004 (0.73)	−0.0003** (−2.55)
个体固定效应	是	是	是	是	是
时间固定效应	是	是	是	是	是
常数项	0.7162*** (79.10)	−0.8543** (−2.58)	0.7164*** (79.22)	1.3362*** (4.71)	0.7171*** (79.68)
观测值	661	661	661	661	661
Adj_R^2	0.9872	0.9323	0.9871	0.9333	0.9872

综合上述检验结果来看，图7-4显示了人力资本增值的调节作用，可见人力资本增值通过调节直接路径正向促进了金融科技合作对利润效率的影响，而未显著调节金融科技合作对成本效率的正向影响，模型假设4-8得到部分支持。原因在于：其一，较高的人力资本增值系数表明整体上商业银行员工的创造力、技术能力和管理能力比较强，能更好地吸收外部知识和技术，形成知识积累的收益递增现象，继而促进金融科技合作更好地发挥利润效率提升效应。其二，人力资本产生价值增值必须依赖物质资本的积累，较高的人力资本增值需要通过增加绩效激励薪酬、培训支出等成本投入来实现，这些投入会使银行经营成本增加，故在短期内可能难以释放人力资本与金融科技创新的协同效用，从而阻碍成本效率提升。

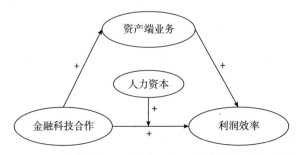

图 7-4　人力资本对金融科技合作与利润效率关系的调节作用

3. 信息技术的调节效应

为检验信息技术的调节效应，将信息技术增值系数与金融科技合作的交互项纳入回归模型，回归结果如表 7-6 所示。经检验，交互项 $Treat×Time×TE$ 对成本效率的影响系数在 10% 的置信水平下显著，对利润效率的影响系数不显著，说明信息技术增值能够显著提高金融科技合作对成本效率的直接效应。进一步检验信息技术增值是否调节了金融科技合作与资产业务、负债业务和中间业务的关系，根据表 7-6 的第（3）至第（4）列检验结果，交互项 $Treat×Time×TE$ 对资产业务和负债业务的影响系数都在 5% 的置信水平下显著。根据表 7-6 第（5）列，可知交互项 $Treat×Time×TE$ 对中间业务的影响不显著，说明信息技术投入增值调节了资产业务和负债业务作为中介的前半路径。

表 7-6　信息技术的调节效应检验—直接路径与前半路径

被解释变量	（1）	（2）	（3）	（4）	（5）
	EFF_cost	*EFF_profit*	*Asset*	*Lia*	*Inter*
Treat×Time	0.0003 ***	0.0112 ***	0.0303 ***	0.0354 ***	-0.0432 **
	(3.34)	(3.51)	(3.64)	(3.15)	(-2.30)
TE	-0.0002 ***	0.0003	-0.0005 **	-0.0003	0.0004
	(-4.13)	(1.08)	(-2.30)	(-0.68)	(0.41)
Treat×Time×TE	0.0002 *	0.0001	0.0013 **	0.0012 **	-0.0003
	(1.69)	(0.10)	(2.29)	(2.54)	(-0.43)
Size	0.0013 ***	-0.0172 **	-0.1952 ***	-0.2892 ***	0.1063 **
	(3.98)	(-2.19)	(-9.08)	(-10.22)	(2.18)
LDR	-0.0002 ***	0.0001	0.0002	-0.0143 ***	-0.0031
	(-3.18)	(0.58)	(0.03)	(-12.25)	(-1.45)
NPL	0.0002	-0.0012	0.0053	-0.0031	0.0023
	(0.54)	(-0.64)	(1.10)	(-0.50)	(0.19)

续表

被解释变量	（1）	（2）	（3）	（4）	（5）
	EFF_cost	EFF_profit	Asset	Lia	Inter
EA	0.0142***	−0.1691*	0.0922	−0.4043	1.3661**
	(4.22)	(−1.69)	(0.34)	(−1.14)	(2.23)
GOR	−0.0002	−0.0002	0.1173***	0.1981***	−0.0862**
	(−0.33)	(−0.05)	(6.55)	(8.40)	(−2.12)
GDP	−0.0003	0.0002	−0.0003	−0.0003	0.0002
	(−1.12)	(0.49)	(−0.55)	(−0.64)	(0.63)
CPI	0.0002	−0.0021	0.0062	0.0143	−0.0032
	(0.37)	(−0.65)	(0.76)	(1.41)	(−0.18)
CAR	0.0061*	−0.2122**	−0.4013	0.1051	−0.6281
	(1.76)	(−2.08)	(−1.46)	(0.29)	(−1.01)
C_CAR	−0.0122***	0.3233***	0.1402	0.0291	−0.2363
	(−3.34)	(2.90)	(0.47)	(0.07)	(−0.35)
ReF_breath	−0.0002	−0.0003	−0.0011	−0.0012	−0.0032***
	(−1.30)	(−1.11)	(−1.38)	(−1.59)	(−2.60)
ReF_depth	−0.0002	0.0003	0.0001	0.0012**	0.0003
	(−0.21)	(0.37)	(1.15)	(2.13)	(0.66)
ReF_dig	−0.0002*	−0.0003	0.0003	−0.0001	−0.0001
	(−1.79)	(−0.35)	(0.63)	(−1.23)	(−0.21)
个体固定效应	是	是	是	是	是
时间固定效应	是	是	是	是	是
常数项	0.7162***	1.1403***	1.5371*	1.5811	0.7283
	(70.57)	(3.74)	(1.87)	(1.45)	(0.39)
观测值	661	661	661	661	661
Adj_R^2	0.9862	0.9403	0.3271	0.3923	0.0832

鉴于信息技术调节了金融科技合作对成本效率的直接影响，检验信息技术对成本效率后半路径的调节效应时，采用式（7-4）进行检验，而信息技术没有显著调节金融科技合作对利润效率的直接影响，故采用式（7-3）检验信息技术对利润效率后半路径的调节。纳入信息技术投入增值系数与资产业务、负债业务和中间业务的交互项后，根据表7-7第（1）和第（2）列中报告的检验结果，交互项 Asset×TCE 对成本效率和利润效率的影响系数均不显著，不满足资产业务中介过程后半路径被调节的假设，但加入交互项之后的模型中，Asset 对利润效率的影响仍然在1%的置信水平下显著，结合前半路径的调节情况，在资产业务作为

中介的利润效率模型中，信息技术对前半路径的调节成立。根据表7-7第（3）和第（4）列中 Lia 的系数，结合前半路径中信息技术与负债业务交互项的系数，可知信息技术调节了金融科技合作对负债业务这一前半路径，有调节的中介成立。表7-7第（5）列中 Inter×TE 的系数在5%的置信水平下显著为负，满足有调节的中介成立的第一种情形，信息技术通过调节中间业务中介过程的后半路径而发挥作用，即当信息技术投入产生的价值增值较高时，发展中间业务对银行成本效率的提升作用更强。

表7-7　信息技术的调节效应检验—后半路径

被解释变量	（1）	（2）	（3）	（4）	（5）
	EFF_cost	EFF_profit	EFF_cost	EFF_profit	EFF_cost
$Treat \times Time$	0.0003 *** (3.12)	0.0140 ** (2.26)	0.0003 *** (2.98)	0.0098 *** (3.16)	0.0003 *** (2.95)
TE	−0.0004 *** (−2.87)	0.0002 * (1.68)	−0.0003 *** (−3.38)	0.0001 (1.50)	−0.0004 *** (−3.43)
$Asset$	0.0007 (1.24)	0.0996 *** (3.27)			
$Asset \times TE$	−0.0002 (−1.15)	0.0001 (0.16)			
$Treat \times Time \times TE$	0.0003 * (1.79)		0.0003 (1.53)		0.0004 * (1.67)
Lia			0.0012 *** (3.04)	0.0265 ** (2.30)	
$Lia \times TE$			−0.0003 (−0.89)	−0.0002 (−0.71)	
$Inter$					−0.0008 *** (−3.19)
$Inter \times TE$					−0.0001 ** (−2.10)
$Size$	0.0012 *** (4.21)	−0.0151 * (−1.75)	0.0012 *** (4.95)	−0.0121 (−1.39)	0.0012 *** (4.15)
LDR	−0.0002 *** (−3.20)	0.0001 (0.44)	0.0002 *** (−3.38)	0.0001 (0.84)	−0.0003 *** (−3.81)
NPL	0.0003 (0.50)	−0.0061 * (−1.92)	0.0001 (0.70)	−0.0012 (−0.54)	0.0002 (0.60)

续表

被解释变量	(1)	(2)	(3)	(4)	(5)
	EFF_cost	EFF_profit	EFF_cost	EFF_profit	EFF_cost
EA	0.0141*** (4.22)	0.1902 (1.15)	0.0153*** (4.38)	−0.0811 (−1.00)	0.0152*** (4.44)
GOR	−0.0001 (−0.74)	−0.0512*** (−5.68)	−0.0003 (−1.32)	−0.0113** (−2.52)	−0.0001 (−0.53)
GDP	−0.0001 (−1.18)	0.0001 (0.94)	−0.0003 (−1.10)	0.0001 (0.76)	−0.0002 (−1.10)
CPI	0.0002 (0.31)	0.0203*** (6.27)	0.0002 (0.07)	−0.0021 (−0.70)	0.0002 (0.38)
CAR	0.0062* (1.90)	−0.4563** (−2.24)	0.0052 (1.60)	−0.2062** (−2.03)	0.0063* (1.71)
C_CAR	−0.0133*** (−3.43)	0.3831* (1.80)	−0.0122*** (−3.25)	0.2723** (2.55)	−0.0134*** (−3.49)
ReF_breath	−0.0001 (−1.20)	0.0012*** (5.44)	−0.0001 (−1.02)	−0.0002 (−0.98)	−0.0003 (−1.60)
ReF_depth	−0.0002 (−0.24)	0.0013*** (13.07)	−0.0001 (−0.45)	0.0002 (0.20)	−0.0002 (−0.09)
ReF_dig	−0.0002* (−1.75)	−0.001*** (−17.77)	−0.0004* (−1.66)	−0.0003 (−0.36)	−0.0003* (−1.93)
个体固定效应	是	是	是	是	是
时间固定效应	是	是	是	是	是
常数项	0.7162*** (70.45)	−0.7913** (−2.26)	0.7162*** (70.34)	1.0081*** (3.45)	0.7163*** (71.41)
观测值	661	661	661	661	661
Adj_R^2	0.9862	0.9403	0.9862	0.9401	0.9874

综合上述检验结果，信息技术发挥的调节作用如图7-5和图7-6所示。信息技术调节了金融科技合作对成本效率的直接影响路径和中介过程，也显著调节了金融科技合作对利润效率的中介过程，模型假设4-9得到验证。可见，相对充足的信息科技投入和相对完善的数字化建设能强化商业银行吸收战略合作成果的能力和效率，故城商行应当重视自身信息技术与金融科技合作的协同耦合作用。2019年，我国大型国有商业银行和股份制商业银行的信息科技投入普遍已经占到营业收入的2%以上，而城商行这一比例还相对较低，有待加强信息技术投入和提高信息技术应用程度。城商行加强自身软硬件建设，促进信息科技应用，是

发挥金融科技合作效应的重要前提，通过增加信息科技投入，促进行内软硬件系统的升级，使银行信息化、数字化和智能化水平不断提高，有助于更好地配合与金融科技企业的联合创新，吸收和转化跨组织创新产生的知识和成果，形成内部系统转型与外部创新合作良性互补的生态系统，从而推动银行效率向更高水平发展。

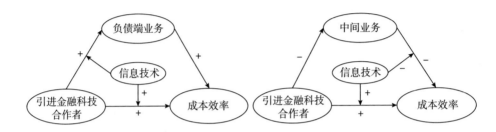

图 7-5　信息技术对金融科技合作与成本效率关系的调节作用

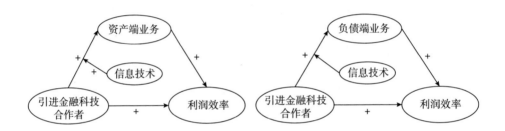

图 7-6　信息技术对金融科技合作与利润效率关系的调节作用

二、调节效应的异质性检验结果

1. 合作模式调节效应的异质性检验

（1）不同合作模式下股权结构调节效应。

考虑在不同合作模式下股权结构的调节作用可能存在差异，本书分别针对共建模式子样本和赋能模式子样本检验股权结构的调节效应。表 7-8 和表 7-9 报告了共建合作模式子样本中股权结构的调节作用。表 7-8 第（1）和第（2）列中 $Treat \times Time \times OS$ 系数都不显著，说明在共建合作模式下，股权结构没有显著调节金融科技合作对成本效率和利润效率的直接影响路径。第（3）至第（5）列中的交互项 $Treat \times Time \times OS$ 用于检验股权结构对中介前半路径的调节作用，$Treat \times$

Time×OS 对资产业务和负债业务结构的影响负向显著,说明股权结构对资产业务前半路径和负债业务的前半路径发挥了显著的调节作用,即股权越分散,金融科技合作对资产端风险资产占比的正向影响越大,对负债端吸收存款占比的正向影响也越大。

表 7-8 共建模式下股权结构调节效应—直接路径与前半路径

被解释变量	(1)	(2)	(3)	(4)	(5)
	EFF_cost	*EFF_profit*	*Asset*	*Lia*	*Inter*
Treat×Time	0.0004 **	0.0232 ***	0.0253 **	0.0442 ***	-0.0371
	(2.36)	(4.61)	(2.10)	(3.06)	(-1.39)
OS	-0.0009	0.0101	-0.1172	0.0233	-0.2452
	(-0.97)	(0.33)	(-1.60)	(0.25)	(-1.48)
Treat×Time×OS	0.0023	0.0823	-0.2802 **	-0.5393 ***	-0.0402
	(1.34)	(1.48)	(-2.13)	(-3.37)	(-0.13)
控制变量	是	是	是	是	是
个体固定效应	是	是	是	是	是
时间固定效应	是	是	是	是	是
常数项	0.7132 ***	1.7713 ***	2.1372 **	3.0493 ***	1.2363
	(62.33)	(4.75)	(2.45)	(2.86)	(0.63)
观测值	524	524	524	524	524
Adj_R^2	0.9833	0.9172	0.2683	0.4443	0.0602

在共建模式下,股权结构对中介过程后半路径的调节效应检验结果如表 7-9 所示。股权结构与资产业务、负债业务和中间业务的交互项中,只有交互项 *Asset×OS* 对利润效率的影响在 5% 的置信水平下显著,意味着股权结构显著调节了资产业务中介对利润效率影响的后半路径,股权结构越分散,资产端风险承担对银行利润效率的影响越强。此外,股权结构通过调节金融科技合作影响银行成本与利润效率的中介过程而发挥作用,共建模式下股权结构的调节作用如图 7-7 所示。

表 7-9 共建模式下股权结构调节效应—后半路径

被解释变量	(1)	(2)	(3)	(4)	(5)
	EFF_cost	*EFF_profit*	*EFF_cost*	*EFF_profit*	*EFF_cost*
Treat×Time	0.0004 **	0.0221 ***	0.0003 **	0.0227 ***	0.0003 **
	(2.28)	(4.37)	(1.99)	(4.47)	(2.25)

续表

被解释变量	(1)	(2)	(3)	(4)	(5)
	EFF_cost	*EFF_profit*	*EFF_cost*	*EFF_profit*	*EFF_cost*
OS	−0.0005 (−0.49)	0.0070 (0.22)	0.0029 (0.83)	−0.0729 (−0.63)	−0.0008 (−0.88)
Asset	0.0012* (1.87)	0.0083 (0.39)			
Asset×OS	0.0011 (0.21)	−0.4109** (−2.46)			
Lia			0.0011** (2.10)	0.0286* (1.84)	
Lia×OS			−0.0049 (−1.05)	0.1256 (0.82)	
Inter					−0.0009*** (−3.15)
Inter×OS					0.0010 (0.38)
控制变量	是	是	是	是	是
个体固定效应	是	是	是	是	是
时间固定效应	是	是	是	是	是
常数项	0.7112*** (61.69)	1.8763*** (5.01)	0.7113*** (62.13)	1.6042*** (4.52)	0.7143*** (62.87)
观测值	524	524	524	524	524
Adj_R²	0.9832	0.9411	0.9833	0.9162	0.9831

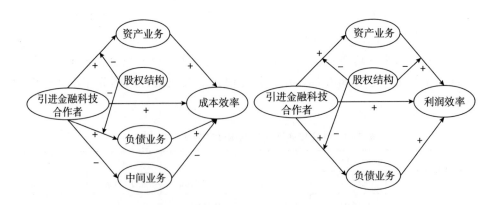

图7-7　共建模式下股权结构的调节作用

在赋能模式下,股权结构对直接路径、前半路径和后半路径的调节效应检验结果如表 7-10 和表 7-11 所示。表 7-10 中交互项 $Treat{\times}Time{\times}OS$ 的系数都不显著,说明股权结构没有显著调节金融科技合作对效率的直接影响路径和前半部分影响路径。

表 7-10 赋能模式下股权结构调节效应—直接路径与前半路径

被解释变量	(1)	(2)	(3)	(4)	(5)
	EFF_cost	EFF_profit	Asset	Lia	Inter
$Treat{\times}Time$	0.0002***	0.0111***	0.0263***	0.0382***	−0.0364*
	(2.96)	(3.67)	(2.68)	(3.04)	(−1.71)
OS	−0.0002	0.0153	−0.1812***	0.0803	−0.1313
	(−0.32)	(0.69)	(−2.71)	(0.92)	(−0.89)
$Treat{\times}Time{\times}OS$	−0.0002	−0.0194	−0.0591	−0.0283	−0.1152
	(−0.04)	(−0.92)	(−0.92)	(−0.33)	(−0.82)
控制变量	是	是	是	是	是
个体固定效应	是	是	是	是	是
时间固定效应	是	是	是	是	是
常数项	0.7303***	1.0152***	0.9821	1.4503	0.9802
	(75.30)	(3.99)	(1.23)	(1.41)	(0.56)
观测值	612	612	612	612	612
Adj_R^2	0.9843	0.9481	0.2754	0.4252	0.0822

表 7-11 赋能模式下股权结构调节效应—后半路径

被解释变量	(1)	(2)	(3)	(4)	(5)
	EFF_cost	EFF_profit	EFF_cost	EFF_profit	EFF_cost
$Treat{\times}Time$	0.0003***	0.0104***	0.0003***	0.0100***	0.0003***
	(2.65)	(3.42)	(2.84)	(3.28)	(2.83)
OS	−0.0003	0.0070	0.0043	0.0225	−0.0003
	(−0.39)	(0.32)	(1.61)	(0.32)	(−0.37)
Asset	0.0012**	0.0085			
	(2.30)	(0.60)			
Asset×OS	−0.0065*	−0.2383**			
	(−1.75)	(−2.46)			
Lia			0.0006	0.0232**	
			(1.46)	(2.10)	

续表

被解释变量	（1） EFF_cost	（2） EFF_profit	（3） EFF_cost	（4） EFF_profit	（5） EFF_cost
Lia×OS			−0.0063* （−1.81）	−0.0116 （−0.13）	
Inter					−0.0005** （−2.09）
Inter×OS					0.0008 （0.42）
控制变量	是	是	是	是	是
个体固定效应	是	是	是	是	是
时间固定效应	是	是	是	是	是
常数项	0.7299*** （75.80）	1.0217*** （4.03）	0.7289*** （75.45）	0.9941*** （3.92）	0.7303*** （75.59）
观测值	612	612	612	612	612
Adj_R^2	0.9842	0.9491	0.9842	0.9493	0.9844

在赋能合作模式下，股权结构与资产业务的交互项 Asset×OS 在成本效率与利润效率模型中都显著为负，可见股权结构负向调节了资产业务对成本效率和利润效率的影响，进而负向调节了金融科技合作与成本效率和利润效率之间的关系。除此之外，交互项 Lia×OS 对成本效率的影响系数在 10% 的置信水平下显著为负，结合表 7-9 中第（4）列的 Treat×Time 系数可知，模型构建中描述的第一种情形成立，股权结构调节了负债业务对成本效率这一后半路径。综上所述，在赋能模式下，股权结构的调节作用如图 7-8 所示，说明在赋能合作模式下，股权结构越分散，金融科技合作对成本效率和利润效率的正向影响越小。

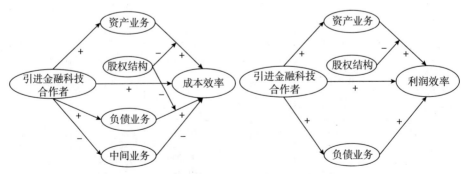

图 7-8　赋能模式下股权结构的调节作用

综上所述，在共建合作模式和赋能合作模式下，股权结构发挥了负向调节作用，但股权结构调节作用的路径表现出了不同特征。共建合作模式下，股权结构的调节作用更加广泛，既表现为对前半路径的负向调节，也表现为对后半路径的负向调节，而在赋能合作模式下，股权结构主要调节了中介的后半路径。股权结构对共建模式发挥了更广泛的调节作用，主要是因为金融科技联合实验室是孵化和培育金融科技创新的重要场所，受到双方决策流程等制度环境的渗透与影响，股权结构作为城商行治理基础，通过管理运营和业务决策影响金融科技合作效应的发挥。过度集中的股权结构一方面可能使城商行风险规避意愿强烈；另一方面缺少股东之间的互相制衡，造成经营管理实践滞后，创新动机不强，继而制约了合作对银行效率影响的发挥。

（2）不同合作模式下人力资本的调节效应。

表 7-12 报告了共建模式下人力资本增值对直接路径和前半路径的调节效应，观察人力资本增值与金融科技合作交互项系数可知，第（2）列的 $Treat \times Time \times HCE$ 对利润效率的影响系数为 0.0032，在 1% 的置信水平下显著，说明人力资本增值越大，金融科技合作对利润效率的正向影响越强。$Treat \times Time \times HCE$ 在其他模型中均不显著，表明在共建合作模式下，人力资本增值没有显著调节金融科技合作与成本效率的关系，也没有显著调节金融科技合作对业务结构影响的前半路径。

表 7-12　共建模式下人力资本的调节效应—直接路径与前半路径

被解释变量	（1）	（2）	（3）	（4）	（5）
	EFF_cost	EFF_profit	$Asset$	Lia	$Inter$
$Treat \times Time$	0.0004**	0.0303***	0.0234*	0.0373**	−0.0351
	(2.55)	(5.97)	(1.88)	(2.47)	(−1.28)
HCE	0.0002	0.0012***	−0.0002	−0.0003	0.0002
	(0.76)	(6.13)	(−0.83)	(−0.57)	(0.25)
$Treat \times Time \times HCE$	0.0003	0.0032***	0.0011	−0.0022	0.0023
	(0.74)	(4.29)	(0.30)	(−0.91)	(0.41)
控制变量	是	是	是	是	是
个体固定效应	是	是	是	是	是
时间固定效应	是	是	是	是	是
常数项	0.7143***	1.7934***	2.1022**	2.8993***	1.3081
	(62.03)	(5.03)	(2.41)	(2.68)	(0.66)
观测值	524	524	524	524	524
Adj_R^2	0.9832	0.9233	0.2683	0.4304	0.0664

在共建模式下，人力资本调节中介过程后半路径的检验结果如表7-13所示，交互项 Asset×HCE、Lia×HCE 和 Inter×HCE 的系数都不显著，表明人力资本增值没有显著调节中介过程的后半路径，成本效率和利润效率模型中有调节的中介都没有得到验证。如图7-9所示，共建模式下人力资本增值调节了金融科技合作对利润效率的直接影响路径，即人力资本效能会促使金融科技合作对利润效率的正向影响提高。

表7-13　共建模式下人力资本的调节效应—后半路径

被解释变量	(1)	(2)	(3)	(4)	(5)
	EFF_cost	EFF_profit	EFF_cost	EFF_profit	EFF_cost
Treat×Time	0.0004 **	0.0312 ***	0.0003 **	0.0275 ***	0.0004 **
	(2.25)	(3.41)	(2.14)	(3.02)	(2.27)
HCE	0.0003	−0.0001	−0.0003	−0.0017 *	0.0003
	(0.24)	(−0.10)	(−0.61)	(−1.83)	(0.86)
Asset	0.0013 *	0.0846 **			
	(1.92)	(2.29)			
Asset×HCE	0.0003	−0.0015			
	(0.16)	(−0.37)			
Treat×Time×HCE		0.0013			
		(0.94)			
Lia			0.0011 **	0.0785 ***	
			(2.11)	(2.96)	
Lia×HCE			−0.0001	−0.0096	
			(−0.66)	(−1.54)	
Inter					−0.0009 ***
					(−3.06)
Inter×HCE					−0.0001
					(−0.81)
控制变量	是	是	是	是	是
个体固定效应	是	是	是	是	是
时间固定效应	是	是	是	是	是
常数项	0.7122 ***	1.7672 ***	0.7115 ***	1.7033 ***	0.7144 ***
	(61.76)	(4.93)	(61.74)	(4.78)	(62.68)
观测值	524	524	524	524	524
Adj_R^2	0.9832	0.9232	0.9833	0.9242	0.9833

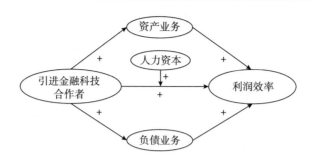

图7-9　共建模式下人力资本的调节作用

表7-14报告了赋能模式下人力资本对直接路径和中介过程前半路径的调节效应检验结果。交互项 *Treat×Time×HCE* 对银行效率、资产业务、负债业务和中间业务的影响系数均不显著，说明在赋能合作模式下，人力资本增值没有显著调节金融科技合作对银行效率影响的直接路径和中介过程的前半路径。

表7-14　赋能模式下人力资本的调节效应—直接路径与前半路径

被解释变量	（1）	（2）	（3）	（4）	（5）
	EFF_cost	*EFF_profit*	*Asset*	*Lia*	*Inter*
Treat×Time	0.0004 ***	0.0112 ***	0.0293 ***	0.0383 ***	−0.0314
	（3.11）	（3.48）	（3.10）	（3.10）	（−1.48）
HCE	−0.0003	−0.0002	−0.0002	−0.0001	−0.0003 *
	（−0.05）	（−0.37）	（−0.59）	（−0.59）	（−1.71）
Treat×Time×HCE	−0.0003	0.0004	−0.0002	−0.0001	0.0002
	（−0.38）	（0.61）	（−0.25）	（−0.08）	（0.88）
控制变量	是	是	是	是	是
个体固定效应	是	是	是	是	是
时间固定效应	是	是	是	是	是
常数项	0.7303 ***	1.0342 ***	0.9421	1.2322	0.5783
	（74.71）	（4.05）	（1.18）	（1.19）	（0.33）
观测值	612	612	612	612	612
Adj_R^2	0.9842	0.9483	0.2751	0.4272	0.0723

表7-15报告了赋能模式下人力资本对中介过程后半路径的调节效应，交互项 *Asset×HCE*、*Lia×HCE* 和 *Inter×HCE* 的系数都不显著，说明赋能模式下人力资本没有显著调节中介过程的后半路径。

表 7-15　赋能模式下人力资本的调节效应—后半路径

被解释变量	(1)	(2)	(3)	(4)	(5)
	EFF_cost	EFF_profit	EFF_cost	EFF_profit	EFF_cost
$Treat \times Time$	0.0003***	0.0097***	0.0003***	0.0095***	0.0003***
	(2.78)	(3.19)	(2.88)	(3.13)	(2.97)
HCE	−0.0001	0.0002	−0.0001	−0.0002	−0.0003
	(−0.71)	(0.52)	(−0.10)	(−0.43)	(−0.51)
$Asset$	0.0013**	0.0211			
	(2.30)	(1.57)			
$Asset \times HCE$	−0.0001	0.0002			
	(−0.18)	(0.25)			
Lia			0.0007	0.0262**	
			(1.54)	(2.34)	
$Lia \times HCE$			−0.0002	0.0003	
			(−0.15)	(0.63)	
$Inter$					−0.0006**
					(−2.20)
$Inter \times HCE$					0.0001
					(0.07)
控制变量	是	是	是	是	是
个体固定效应	是	是	是	是	是
时间固定效应	是	是	是	是	是
常数项	0.7291***	0.9590***	0.7294***	1.0279***	0.7297***
	(75.00)	(3.83)	(74.84)	(4.05)	(75.07)
观测值	612	612	612	612	612
Adj_R^2	0.9842	0.9481	0.9842	0.9491	0.9842

　　综合上述检验结果，共建模式下人力资本增值通过调节直接路径而显著调节了金融科技合作与利润效率的关系，而赋能模式下人力资本增值没有发挥显著调节作用。原因在于共建合作模式更加需要组织间人员的高频互动、沟通与协作，人力资本增值程度较高的城商行在人才管理与激励机制方面设计更科学合理，员工专业素质更强，能够更好地与金融科技企业进行知识共享与技术合作。金融科技创新实验室是双方出于联合研发便利性和互补性的考虑而共同构建的金融科技生态，涉及多层次、多维度的探索与创新，拥有较强人力资本的城商行能更快地对合作所带来的新业务模式变化做出反应，从而更有可能增加金融科技创新产出。相比共建模式，采用赋能模式金融科技合作的城商行，内部还未形成充足和

优质的人力资本以匹配创新合作需求和吸收合作成果，人力资本与外部合作形成的协同耦合作用尚未很好地发挥。

（3）不同合作模式下信息技术的调节效应。

表 7-16 和表 7-17 报告了共建模式下信息技术的调节效应，表 7-16 中第（1）列的交互项 $Treat×Time×TE$ 系数在 10% 的置信水平下显著，说明信息技术显著调节了金融科技合作对成本效率的影响，信息技术水平越高，投入越大，金融科技合作对成本效率的促进作用越强。

表 7-16　共建模式下信息技术的调节效应—直接路径与前半路径

被解释变量	（1）	（2）	（3）	（4）	（5）
	EFF_cost	EFF_profit	$Asset$	Lia	$Inter$
$Treat×Time$	0.0004 **	0.0122 ***	0.0283 **	0.0421 ***	-0.0342
	(2.52)	(3.80)	(2.16)	(2.66)	(-1.15)
TE	-0.0002 **	0.0001	-0.0002	-0.0001	0.0001
	(-2.57)	(0.50)	(-1.15)	(-0.69)	(0.26)
$Treat×Time×TE$	0.0002 *	-0.0001	0.0012	-0.0002	0.0002
	(1.66)	(-0.54)	(1.58)	(-0.26)	(0.13)
控制变量	是	是	是	是	是
个体固定效应	是	是	是	是	是
时间固定效应	是	是	是	是	是
常数项	0.7142 ***	1.5671 ***	2.0733 **	2.5574 **	1.6415
	(53.69)	(4.11)	(2.12)	(2.11)	(0.73)
观测值	524	524	524	524	524
Adj_R^2	0.9822	0.9294	0.2625	0.4423	0.0831

表 7-17　共建模式下信息技术的调节效应—后半路径

被解释变量	（1）	（2）	（3）	（4）	（5）
	EFF_cost	EFF_profit	EFF_cost	EFF_profit	EFF_cost
$Treat×Time$	0.0004 **	0.0189 ***	0.0004 **	0.0174 ***	0.0004 **
	(2.26)	(3.85)	(2.05)	(3.56)	(2.19)
TE	-0.0002 **	0.0001	-0.0002 **	0.0001	-0.0001 **
	(-2.23)	(0.99)	(-2.23)	(1.14)	(-2.13)
$Asset$	0.0009	0.0273			
	(1.26)	(1.32)			

续表

被解释变量	(1)	(2)	(3)	(4)	(5)
	EFF_cost	EFF_profit	EFF_cost	EFF_profit	EFF_cost
Asset×TE	−0.0002 (−0.11)	−0.0002 (−0.40)			
Treat×Time×TE	0.0001 (1.43)		0.0002 (1.57)		0.0002 (1.57)
Lia			0.0015*** (2.73)	0.0370** (2.39)	
Lia×TE			−0.0002 (−0.54)	−0.0001 (−0.21)	
Inter					−0.0011*** (−3.53)
Inter×TE					−0.0002* (−1.95)
控制变量	是	是	是	是	是
个体固定效应	是	是	是	是	是
时间固定效应	是	是	是	是	是
常数项	0.7119*** (53.46)	1.5393*** (4.04)	0.7113*** (53.47)	1.3426*** (3.75)	0.7145*** (54.87)
观测值	524	524	524	524	524
Adj_R^2	0.9822	0.9303	0.9821	0.9301	0.9832

　　结合信息技术对直接路径的调节效应检验结果，在成本效率模型中，信息技术对后半路径的调节作用采用式（7-4）进行检验，利润效率模型中信息技术的调节作用采用式（7-5）检验。表7-17报告了共建模式下信息技术对后半路径的调节效应，交互项 Inter×TE 系数在10%的置信水平下显著，说明信息技术显著调节了中间业务对利润效率影响这一中介过程的后半路径。综上所述，共建合作模式下，信息技术的调节作用如图7-10所示，信息技术通过调节直接路径和中介过程显著促进了金融科技合作对成本效率正向影响的提高。

　　在赋能合作模式下，信息技术的调节效应检验结果如表7-18和表7-19所示。根据表7-18中第（3）列和第（4）列，交互项 Treat×Time×TE 系数对资产业务和负债业务的影响系数都在5%和1%的置信水平下显著，说明信息技术显著调节了金融科技合作对资产业务及负债业务的影响。

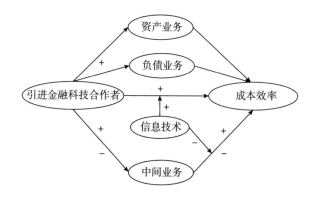

图 7-10　共建模式下信息技术的调节作用

表 7-18　赋能模式下信息技术的调节效应—直接路径与前半路径

被解释变量	(1)	(2)	(3)	(4)	(5)
	EFF_cost	EFF_profit	Asset	Lia	Inter
Treat×Time	0.0003***	0.0092***	0.0282**	0.0303**	−0.0433*
	(2.59)	(3.40)	(2.83)	(2.41)	(−1.94)
TE	−0.0002***	0.0003	−0.0003**	−0.0001	0.0002
	(−4.20)	(0.20)	(−2.03)	(−0.68)	(0.53)
Treat×Time×TE	0.0003	0.0001	0.0014**	0.0012***	−0.0003
	(1.50)	(0.68)	(2.19)	(2.93)	(−0.45)
控制变量	是	是	是	是	是
个体固定效应	是	是	是	是	是
时间固定效应	是	是	是	是	是
常数项	0.7321***	0.6462***	1.1843	1.0914	1.4822
	(66.83)	(2.81)	(1.35)	(0.97)	(0.75)
观测值	612	612	612	612	612
Adj_R^2	0.9842	0.9653	0.2881	0.4552	0.0931

在赋能合作模式下，信息技术对后半路径的调节效应检验结果如表 7-19 所示，交互项 Asset×TE、Lia×TE 和 Inter×TE 系数都不显著，信息技术对中介过程后半路径的调节作用没有得到验证。在赋能模式下，信息技术对中介过程的调节主要通过调节资产业务和负债业务中介的前半路径发挥作用，如图 7-11 所示。

表7-19　赋能模式下信息技术的调节效应—后半路径

被解释变量	(1)	(2)	(3)	(4)	(5)
	EFF_cost	*EFF_profit*	*EFF_cost*	*EFF_profit*	*EFF_cost*
Treat×Time	0.0003 **	0.0080 ***	0.0003 **	0.0079 ***	0.0003 **
	(2.29)	(3.07)	(2.34)	(3.07)	(2.25)
TE	−0.0001 ***	0.0002	−0.0001 ***	0.0001	−0.0003 ***
	(−3.15)	(0.28)	(−3.59)	(0.14)	(−3.84)
Asset	0.0013 **	0.0212 *			
	(2.21)	(1.83)			
Asset×TE	−0.0001	0.0001			
	(−0.44)	(0.28)			
Lia			0.0011 ***	0.0265 ***	
			(2.68)	(2.76)	
Lia×TE			−0.0002	0.0001	
			(−0.34)	(0.30)	
Inter					−0.0005 **
					(−2.02)
Inter×TE					−0.0001
					(−1.47)
控制变量	是	是	是	是	是
个体固定效应	是	是	是	是	是
时间固定效应	是	是	是	是	是
常数项	0.7304 ***	0.5570 **	0.7316 ***	0.6336 ***	0.7398 ***
	(66.82)	(2.47)	(67.00)	(2.78)	(69.01)
观测值	612	612	612	612	612
Adj_R²	0.9842	0.9651	0.9842	0.9663	0.9833

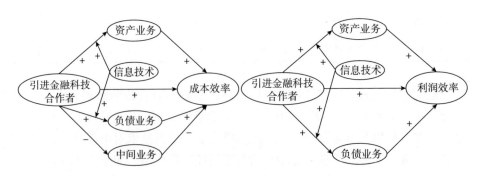

图7-11　赋能模式下信息技术的调节作用

综上所述，在共建模式下，金融科技合作对成本效率的正向影响受到信息技术的调节，对利润效率的正向影响没有受到信息技术的显著调节，而赋能模式下金融科技合作对成本效率与利润效率的影响都受到信息技术的显著调节，并且调节效用完全通过资产和负债业务中介的前半路径起作用。可见，无论采用哪种合作模式，对于信息技术起步较早并且发展程度更高的城商行，在金融科技合作过程中都更容易吸收创新成果以提升服务质量与拓展业务边界，继而获得更大的效率提升空间。

2. 合作对象调节效应的异质性检验

（1）不同合作对象股权结构的调节效应。

表 7-20 和表 7-21 报告了合作对象为综合发展类企业的子样本中股权结构的调节效应。表 7-20 中第（4）列的交互项 $Treat \times Time \times OS$ 对负债业务的影响系数为 -0.1951，在 1% 的置信水平下显著，并且表 7-21 中 Lia 对成本效率的影响显著，符合模型构建中有调节的中介情形二成立的标准。可见，对于与综合发展类企业建立合作关系的城商行，股权结构越分散，合作对城商行成本效率的正向影响越大，并且股权结构对金融科技合作与成本效率关系的调节完全通过负债业务这一中介变量发挥作用，股权结构的调节作用如图 7-12 所示。

表 7-20　综合发展类企业子样本中股权结构的调节效应—直接路径和前半路径

被解释变量	（1）	（2）	（3）	（4）	（5）
	EFF_cost	EFF_profit	$Asset$	Lia	$Inter$
$Treat \times Time$	0.0004***	0.0103**	0.0181*	0.0662***	-0.0411
	（2.74）	（2.14）	（1.75）	（4.45）	（-1.63）
OS	-0.0002	0.055**	-0.1492***	-0.0113	-0.1772
	（-0.38）	（2.15）	（-2.66）	（-0.13）	（-1.27）
$Treat \times Time \times OS$	0.0004	-0.0032	-0.0093	-0.1951***	0.0682
	（0.33）	（-0.14）	（-0.21）	（-3.31）	（0.67）
控制变量	是	是	是	是	是
个体固定效应	是	是	是	是	是
时间固定效应	是	是	是	是	是
常数项	0.7192***	1.6973***	1.7124**	2.4851**	2.0542
	（56.39）	（4.48）	（2.09）	（2.08）	（1.00）
观测值	460	460	460	460	460
Adj_R^2	0.9822	0.9242	0.4283	0.4261	0.0922

表 7-21 综合发展类企业子样本中股权结构的调节效应—后半路径

被解释变量	(1)	(2)	(3)	(4)
	EFF_cost	EFF_profit	EFF_cost	EFF_cost
Treat×Time	0.0004***	0.0183	0.0003**	0.0004**
	(2.65)	(1.63)	(2.14)	(2.56)
OS	−0.0002	0.1022	−0.0003	−0.0004
	(−0.02)	(1.54)	(−0.37)	(−0.51)
Asset	0.0021***	0.2503***		
	(2.60)	(4.86)		
Asset×OS	−0.0002	−0.1752		
	(−0.05)	(−0.53)		
Lia			0.0012**	
			(2.17)	
Lia×OS			−0.0030	
			(−1.24)	
Inter				−0.0011***
				(−3.61)
Inter×OS				0.0021
				(1.22)
控制变量	是	是	是	是
个体固定效应	是	是	是	是
时间固定效应	是	是	是	是
常数项	0.7167***	1.8085***	0.7170***	0.7207***
	(56.10)	(4.97)	(56.79)	(57.78)
观测值	460	460	460	460
Adj_R^2	0.9822	0.9263	0.9822	0.9821

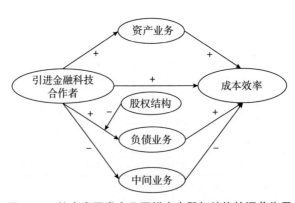

图 7-12 综合发展类企业子样本中股权结构的调节作用

表7-22 和表7-23 报告了股权结构在与底层技术类科技企业建立合作关系的城商行子样本中的调节效应检验结果。表 7-22 中第（3）列的交互项 $Treat \times Time \times OS$ 对资产业务的影响系数在10%的置信水平下显著为负，并且表7-23 中交互项 $Asset \times OS$ 对成本效率和利润效率的影响都显著为负，模型构建中有调节的中介成立，满足情形三的条件。图7-13 显示了在与底层技术类企业建立合作关系的城商行子样本中股权结构的调节作用，可见股权结构对金融科技合作与银行效率关系的调节完全通过资产业务这一中介过程发挥作用。

表 7-22　底层技术类企业子样本中股权结构的调节效应—直接路径和前半路径

被解释变量	（1）	（2）	（3）	（4）	（5）
	EFF_cost	EFF_profit	$Asset$	Lia	$Inter$
$Treat \times Time$	0.0002 **	0.0122 ***	0.0203 ***	0.0452 ***	-0.0421 **
	(2.51)	(3.42)	(3.08)	(4.21)	(-2.26)
OS	-0.0003	0.0452 *	-0.1041 **	-0.0202	-0.1502
	(-0.54)	(1.84)	(-2.29)	(-0.26)	(-1.14)
$Treat \times Time \times OS$	0.0005	0.0032	-0.0771 *	-0.1022	-0.0293
	(0.87)	(0.10)	(-1.67)	(-1.34)	(-0.22)
控制变量	是	是	是	是	是
个体固定效应	是	是	是	是	是
时间固定效应	是	是	是	是	是
常数项	0.7182 ***	1.9521 ***	0.9032	2.7673 ***	0.2482
	(89.71)	(5.86)	(1.45)	(2.67)	(0.14)
观测值	593	593	593	593	593
Adj_R^2	0.9912	0.9243	0.5841	0.3092	0.0832

表 7-23　底层技术类企业子样本中股权结构的调节效应—后半路径

被解释变量	（1）	（2）	（3）	（4）	（5）
	EFF_cost	EFF_profit	EFF_cost	EFF_profit	EFF_cost
$Treat \times Time$	0.0002 ***	0.0103 ***	0.0002 **	0.0167 **	0.0002 **
	(2.64)	(2.98)	(2.16)	(2.55)	(2.36)
OS	-0.0006	0.0353	-0.0004	0.0189	-0.0004
	(-0.92)	(1.41)	(-0.62)	(0.40)	(-0.67)
$Asset$	0.0006	0.0413 *			
	(1.05)	(1.72)			

续表

被解释变量	(1)	(2)	(3)	(4)	(5)
	EFF_cost	EFF_profit	EFF_cost	EFF_profit	EFF_cost
Asset×OS	−0.0051* (−1.72)	−0.2679** (−2.17)			
Lia			0.0006* (1.81)	0.0414* (1.70)	
Lia×OS			−0.0044 (−1.57)	−0.0708 (−0.31)	
Inter					−0.0004** (−2.02)
Inter×OS					−0.0002 (−0.10)
控制变量	是	是	是	是	是
个体固定效应	是	是	是	是	是
时间固定效应	是	是	是	是	是
常数项	0.7253*** (94.14)	1.9992*** (6.02)	0.7167*** (89.66)	1.6979*** (5.28)	0.7180*** (89.81)
观测值	593	593	593	593	593
Adj_R^2	0.9912	0.9253	0.9911	0.9232	0.9911

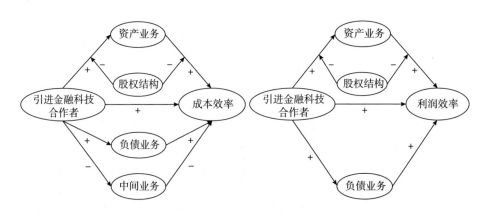

图 7-13 底层技术类企业子样本中股权结构的调节作用

对于与金融服务类企业建立战略合作关系的城商行，股权结构的调节效应检验如表 7-24 和表 7-25 所示。表 7-24 的第（3）列中 *Treat×Time* 对资产业务的影响系数在 1% 的置信水平下显著，并且表 7-25 的第（2）列中 $Asset×OS$ 对利润效率的影响负向显著，符合有调节的中介情形一成立的条件，股权结构对金融科技合作与利润效率关系的调节成立，如图 7-14 所示。

表 7-24　金融服务类企业子样本中股权结构的调节效应—直接路径和前半路径

被解释变量	（1）	（2）	（3）
	EFF_cost	EFF_profit	$Asset$
$Treat×Time$	0.0005**	0.0202***	0.0482***
	（2.45）	（3.59）	（3.43）
OS	−0.0004	0.0091	−0.1943**
	（−0.30）	（0.27）	（−2.46）
$Treat×Time×OS$	−0.0002	−0.0322	0.0782
	（−0.06）	（−0.49）	（0.47）
控制变量	是	是	是
个体固定效应	是	是	是
时间固定效应	是	是	是
常数项	0.7112***	0.8513**	1.1682
	（42.89）	（2.04）	（1.12）
观测值	318	318	318
Adj_R^2	0.9782	0.9323	0.2951

表 7-25　金融服务类企业子样本中股权结构的调节效应—后半路径

被解释变量	（1）	（2）
	EFF_cost	EFF_profit
$Treat×Time$	0.0004*	0.0184***
	（1.94）	（3.33）
OS	0.0004	−0.0119
	（0.31）	（−0.37）
$Asset$	0.0026***	0.0173
	（2.63）	（0.69）
$Asset×OS$	0.0040	−0.4786***
	（0.57）	（−2.76）
控制变量	是	是
个体固定效应	是	是
时间固定效应	是	是

续表

被解释变量	(1)	(2)
	EFF_cost	EFF_profit
常数项	0.7071 ***	0.9886 **
	(42.88)	(2.39)
观测值	318	318
Adj_R^2	0.9782	0.9341

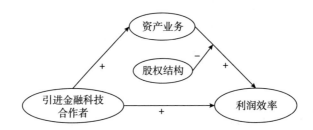

图 7-14　金融服务类企业子样本中股权结构的调节作用

综上所述，在合作对象为综合发展类企业、底层技术类企业和金融服务类企业的城商行子样本中，基于中介作用的股权结构调节效应都存在，但针对不同的子样本，股权结构的作用路径存在显著差异。

（2）不同合作对象人力资本的调节效应。

与综合发展类企业建立合作关系的城商行子样本中，人力资本的调节效应检验结果如表 7-26 和表 7-27 所示。表 7-26 第（2）列中 Treat×Time×HCE 的系数在 1% 的置信水平下显著，说明人力资本显著调节了金融科技合作对利润效率的直接影响路径。除此之外，其他交互项系数均不显著，说明基于资产、负债和中间业务的有调节的中介不成立，人力资本的调节作用如图 7-15 所示。

表 7-26　综合发展类企业子样本中人力资本的调节效应—直接路径和前半路径

被解释变量	(1)	(2)	(3)	(4)	(5)
	EFF_cost	EFF_profit	Asset	Lia	Inter
Treat×Time	0.0003 ***	0.0122 ***	0.0173 *	0.0582 ***	−0.0371
	(2.92)	(2.84)	(1.74)	(3.28)	(−1.46)
HCE	0.0002	0.0013 ***	−0.0004	−0.0003	0.0001
	(0.65)	(6.45)	(−0.95)	(−1.00)	(0.26)

续表

被解释变量	（1）	（2）	（3）	（4）	（5）
	EFF_cost	EFF_profit	Asset	Lia	Inter
Treat×Time×HCE	0.0002	0.0021***	0.0012	−0.0032	0.0011
	（0.60）	（4.22）	（0.45）	（−1.35）	（0.40）
控制变量	是	是	是	是	是
个体固定效应	是	是	是	是	是
时间固定效应	是	是	是	是	是
常数项	0.7202***	1.5163***	1.7122**	2.6331*	2.1662
	（56.41）	（4.48）	（2.11）	（1.84）	（1.06）
观测值	460	460	460	460	460
Adj_R^2	0.9822	0.9393	0.4361	0.1732	0.0962

表7-27　综合发展类企业子样本中人力资本的调节效应—后半路径

被解释变量	（1）	（2）	（3）	（4）
	EFF_cost	EFF_profit	EFF_cost	EFF_cost
Treat×Time	0.0004***	0.0152*	0.0004**	0.0004***
	（2.65）	（1.76）	（2.33）	（2.65）
HCE	0.0003	0.0006	−0.0001	0.0001
	（0.33）	（0.86）	（−0.52）	（0.31）
Asset	0.0022***	0.0651*		
	（2.69）	（1.73）		
Asset×HCE	0.0001	0.0029		
	（0.24）	（0.74）		
Treat×Time×HCE		−0.0001		
		（−0.12）		
Lia			0.0012**	
			（2.16）	
Lia×HCE			−0.0001	
			（−0.57）	
Inter				−0.0011***
				（−3.48）
Inter×HCE				−0.0001
				（−0.24）
控制变量	是	是	是	是

续表

被解释变量	(1)	(2)	(3)	(4)
	EFF_cost	EFF_profit	EFF_cost	EFF_cost
个体固定效应	是	是	是	是
时间固定效应	是	是	是	是
常数项	0.7171***	1.3191***	0.7179***	0.7216***
	(56.50)	(4.00)	(56.35)	(57.37)
观测值	460	460	460	460
Adj_R^2	0.9822	0.9383	0.9821	0.9821

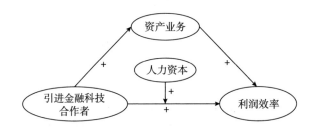

图 7-15　综合发展类企业子样本中人力资本的调节作用

表 7-28 和表 7-29 报告了与底层技术类企业建立合作关系的城商行子样本中，人力资本的调节效应检验结果。表 7-28 中第（2）列显示 $Treat \times Time \times HCE$ 对利润效率的影响显著为正，说明人力资本增值效应越强，金融科技合作对利润效率的正向影响越大。表 7-29 第（2）列中 $Asset \times HCE$ 系数为 0.0034，在 10% 的置信水平下显著，说明人力资本显著调节了资产业务对利润效率影响这一后半路径，在利润效率模型中，基于资产业务的人力资本调节作用成立。此外，表 7-29 第（5）列中 $Inter \times HCE$ 系数在 10% 的置信水平下显著，在成本效率模型中，基于中间业务的人力资本调节作用也成立。综上所述，在底层技术类企业作为合作对象的城商行子样本中，人力资本的调节作用如图 7-16 所示。

表 7-28　底层技术类企业子样本中人力资本的调节效应—直接路径和前半路径

被解释变量	(1)	(2)	(3)	(4)	(5)
	EFF_cost	EFF_profit	Asset	Lia	Inter
$Treat \times Time$	0.0002***	0.0152***	0.0182***	0.0431***	-0.0412**
	(2.75)	(4.61)	(2.74)	(3.89)	(-2.15)

续表

被解释变量	(1) EFF_cost	(2) EFF_profit	(3) Asset	(4) Lia	(5) Inter
HCE	0.0001 (1.04)	0.0012*** (6.17)	−0.0003 (−1.04)	−0.0002 (−0.56)	0.0001 (0.12)
Treat×Time×HCE	0.0001 (0.96)	0.0032*** (4.63)	−0.0012 (−0.89)	−0.0013 (−0.45)	0.0011 (0.18)
控制变量	是	是	是	是	是
个体固定效应	是	是	是	是	是
时间固定效应	是	是	是	是	是
常数项	0.7182*** (89.41)	1.7873*** (5.81)	0.9642 (1.53)	2.6801** (2.58)	0.2162 (0.12)
观测值	593	593	593	593	593
Adj_R^2	0.9912	0.9351	0.5791	0.3082	0.0853

表7-29　底层技术类企业子样本中人力资本的调节效应—后半路径

被解释变量	(1) EFF_cost	(2) EFF_profit	(3) EFF_cost	(4) EFF_profit	(5) EFF_cost
Treat×Time	0.0002** (2.28)	0.0132*** (4.01)	0.0002** (2.20)	0.0241*** (3.04)	0.0002** (2.40)
HCE	0.0001 (1.42)	0.0013*** (3.94)	0.0001 (0.08)	−0.0006 (−0.57)	0.0001* (1.78)
Asset	0.0010* (1.78)	0.0550** (2.48)			
Asset×HCE	0.0001 (1.37)	0.0034* (1.74)			
Treat×Time×HCE		0.0025*** (3.76)		0.0008 (0.51)	
Lia			0.0007** (1.97)	0.0757** (2.41)	
Lia×HCE			0.0001 (0.01)	−0.0041 (−0.79)	
Inter					−0.0004** (−1.98)
Inter×HCE					−0.0001* (−1.73)

续表

被解释变量	（1）	（2）	（3）	（4）	（5）
	EFF_cost	EFF_profit	EFF_cost	EFF_profit	EFF_cost
控制变量	是	是	是	是	是
个体固定效应	是	是	是	是	是
时间固定效应	是	是	是	是	是
常数项	0.7181*** (89.58)	1.7706*** (5.79)	0.7171*** (89.10)	1.0492*** (9.27)	0.7181*** (89.85)
观测值	593	593	593	593	593
Adj_R^2	0.9912	0.9363	0.9911	0.9352	0.9913

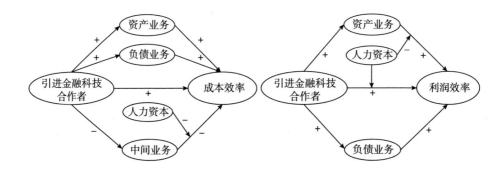

图7-16　底层技术类企业子样本中人力资本的调节作用

针对与金融服务类企业建立合作的城商行子样本进行调节效应检验，结果如表7-30和表7-31所示，两个表中的调节交互项说明人力资本增值没有显著调节金融科技合作对银行效率的影响。

表7-30　金融服务类企业子样本中人力资本的调节效应—直接路径和前半路径

被解释变量	（1）	（2）	（3）
	EFF_cost	EFF_profit	Asset
Treat×Time	0.0011*** (2.61)	0.0192*** (3.62)	0.0541*** (3.94)
HCE	−0.0002 (−0.04)	−0.0032** (−2.07)	0.0022 (0.67)
Treat×Time×HCE	0.0001 (0.43)	−0.0012 (−0.21)	−0.0023 (−0.19)

续表

被解释变量	(1)	(2)	(3)
	EFF_cost	*EFF_profit*	*Asset*
控制变量	是	是	是
个体固定效应	是	是	是
时间固定效应	是	是	是
常数项	0.7112*** (42.98)	0.6903* (1.67)	1.6252 (1.54)
观测值	318	318	318
Adj_R²	0.9782	0.9331	0.2762

表 7-31 金融服务类企业子样本中人力资本的调节效应—后半路径

被解释变量	(1)	(2)
	EFF_cost	*EFF_profit*
Treat×Time	0.0004* (1.79)	0.0237** (2.17)
HCE	−0.0001 (−0.04)	−0.0022 (−0.81)
Asset	0.0026*** (2.70)	0.1178** (2.57)
Asset×HCE	0.0004 (0.89)	−0.0310 (−1.40)
控制变量	是	是
个体固定效应	是	是
时间固定效应	是	是
常数项	0.7072*** (43.15)	0.7844** (2.03)
观测值	318	318
Adj_R²	0.9781	0.9342

综合上述结果，人力资本在合作对象为综合服务类企业和底层技术类企业的城商行子样本中发挥了显著的调节作用，由于发展金融科技的投入大、研发周期长，对于城商行人员素质的要求较高，打破人才瓶颈，提高人力资本效能，有助于推动金融科技创新知识的扩散、吸收和应用，进而驱动金融科技合作的效率提升效应得到更好的发挥。与此同时，人力资本增值未在与金融服务类企业开展创

· 183 ·

新合作的城商行子样本中发挥显著调节作用。说明与金融服务类企业开展战略合作的城商行，人力资本与金融科技创新之间的协同互补不足，人力资本效能发挥的带动作用非常有限，原因可能在于：金融服务类企业的主要收入是通过直接提供金融服务和向金融机构提供金融科技解决方案获得，相比于综合发展类企业和底层技术类企业，金融服务类科技企业的金融与科技复合型人才更多，能够更好地匹配城商行的组织结构和人力资本结构，造成城商行自身人力资本增值的驱动作用容易被忽视。但是随着金融科技创新的深入，科技人才对于创新成果转化、组织管理实践转型和业务营利性的重要性将逐步提高，城商行需要建立灵活的人才引流机制，借助于金融科技企业合作的契机培养适应金融科技发展的人才，才能提高金融科技合作对效率的带动作用。

（3）不同合作对象信息技术的调节效应。

表 7-32 和表 7-33 报告了与综合发展类企业合作的城商行子样本中信息技术的调节效应检验结果。表 7-32 中第（3）和第（4）列交互项 $Treat×Time×TE$ 系数显著为正，并且表 7-33 中 $Asset$ 和 Lia 系数显著，满足了有调节的中介第二种情形的成立，说明信息技术显著提高了金融科技合作对成本效率和利润效率的正向影响，信息技术的调节作用通过调节资产业务和负债业务为中介的前半路径而实现，调节过程如图 7-17 所示。

表 7-32　综合发展类企业子样本中信息技术的调节效应—直接路径和前半路径

被解释变量	(1)	(2)	(3)	(4)	(5)
	EFF_cost	EFF_profit	$Asset$	Lia	$Inter$
$Treat×Time$	0.0002**	0.0072*	0.0003*	0.0612***	-0.0433
	(2.41)	(1.71)	(1.74)	(3.63)	(-1.51)
TE	-0.0002***	0.0001	-0.0003***	-0.0003	0.0002
	(-3.66)	(0.58)	(-2.74)	(-1.18)	(0.98)
$Treat×Time×TE$	0.0003	-0.0001	0.0222*	0.0012**	-0.0001
	(1.25)	(-0.05)	(1.95)	(2.19)	(-0.69)
控制变量	是	是	是	是	是
个体固定效应	是	是	是	是	是
时间固定效应	是	是	是	是	是
常数项	0.7232***	1.1562***	1.8402*	2.1241	2.1112
	(46.83)	(3.36)	(1.94)	(1.52)	(0.89)
观测值	460	460	460	460	460
Adj_R^2	0.9802	0.9532	0.4381	0.4342	0.0924

表 7-33　综合发展类企业子样本中信息技术的调节效应—后半路径

被解释变量	（1）	（2）	（3）	（4）
	EFF_cost	EFF_profit	EFF_cost	EFF_cost
$Treat \times Time$	0.0004**	0.0156*	0.0004**	0.0004**
	(2.27)	(1.65)	(2.00)	(2.26)
TE	-0.0002**	0.0002	-0.0001***	-0.0002***
	(-2.45)	(1.41)	(-2.62)	(-2.69)
$Asset$	0.0018*	0.0712*		
	(1.97)	(1.84)		
$Asset \times TE$	0.0001	-0.0001		
	(0.14)	(-0.01)		
Lia			0.0016***	
			(2.79)	
$Lia \times TE$			-0.0002	
			(-0.57)	
$Inter$				-0.0012***
				(-3.38)
$Inter \times TE$				-0.0002
				(-0.60)
控制变量	是	是	是	是
个体固定效应	是	是	是	是
时间固定效应	是	是	是	是
常数项	0.7208***	0.8397**	0.7212***	0.7255***
	(46.17)	(2.48)	(46.57)	(47.03)
观测值	460	460	460	460
Adj_R^2	0.9802	0.9532	0.9801	0.9802

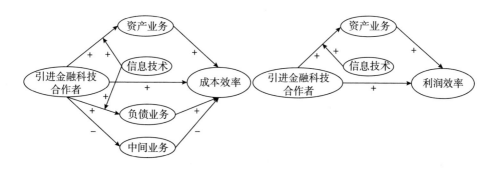

图 7-17　综合发展类企业子样本中信息技术的调节作用

与底层技术类企业开展创新合作的城商行子样本中，信息技术的调节效应检验结果如表 7-34 和表 7-35 所示。表 7-34 中第（3）和第（4）列的 *Treat×Time×TE* 系数显著为正，并且表 7-35 中的 *Asset* 和 *Lia* 的系数显著为正，有调节的中介的第二种情形得到满足，信息技术通过调节资产业务和负债业务作为中介的前半路径而发挥作用。与底层技术类企业开展创新合作的城商行子样本中，信息技术的调节作用路径如图 7-18 所示，说明信息技术的效能越大，金融科技合作对成本效率和利润效率的正向影响越强。

表 7-34　底层技术类企业子样本中信息技术的调节效应—直接路径和前半路径

被解释变量	（1）	（2）	（3）	（4）	（5）
	EFF_cost	*EFF_profit*	*Asset*	*Lia*	*Inter*
Treat×Time	0.0002 ** (2.44)	0.0094 *** (3.02)	0.0123 * (1.93)	0.0442 *** (3.88)	−0.0494 ** (−2.45)
TE	−0.0002 (−0.95)	0.0001 (0.68)	−0.0002 (−1.33)	0.0002 (0.14)	−0.0003 (−0.87)
Treat×Time×TE	0.0001 (1.14)	0.0001 (0.46)	0.0014 *** (3.33)	0.0013 ** (2.26)	0.0002 (0.34)
控制变量	是	是	是	是	是
个体固定效应	是	是	是	是	是
时间固定效应	是	是	是	是	是
常数项	0.7143 *** (77.89)	1.5063 *** (4.78)	0.4813 (0.75)	2.2522 ** (1.98)	0.4433 (0.22)
观测值	593	593	593	593	593
Adj_R^2	0.9902	0.9442	0.6410	0.3192	0.0941

表 7-35　底层技术类企业子样本中信息技术的调节效应—后半路径

被解释变量	（1）	（2）	（3）	（4）	（5）
	EFF_cost	*EFF_profit*	*EFF_cost*	*EFF_profit*	*EFF_cost*
Treat×Time	0.0003 ** (2.30)	0.0132 ** (2.05)	0.0002 ** (2.14)	0.0083 *** (2.61)	0.0002 ** (2.25)
TE	−0.0001 (−0.24)	0.0001 (1.12)	−0.0002 (−0.85)	0.0001 (1.16)	−0.0001 (−0.93)
Asset	0.0016 ** (2.10)	0.1470 *** (3.29)			

续表

被解释变量	（1）	（2）	（3）	（4）	（5）
	EFF_cost	EFF_profit	EFF_cost	EFF_profit	EFF_cost
Asset×TE	−0.0001 (−1.56)	−0.0002 (−0.32)			
Lia			0.0006* (1.65)	0.0212* (1.74)	
Lia×TE			−0.0001 (−0.42)	−0.0003 (−0.87)	
Inter					−0.0005** (−2.16)
Inter×TE					0.0001 (0.13)
控制变量	是	是	是	是	是
个体固定效应	是	是	是	是	是
时间固定效应	是	是	是	是	是
常数项	0.6512*** (75.69)	1.2805*** (4.24)	0.7148*** (78.60)	1.2292*** (4.07)	0.7135*** (78.05)
观测值	593	593	593	593	593
Adj_R²	0.9782	0.9431	0.9902	0.9430	0.9902

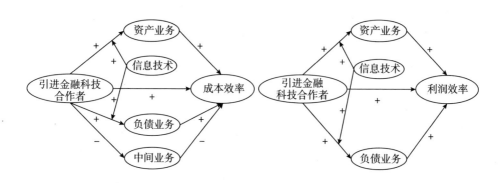

图 7-18　底层技术类企业子样本中信息技术的调节作用

表 7-36 和表 7-37 报告了合作对象为金融服务类企业的城商行子样本中，信息技术的调节效应检验结果。根据两表中的交互项系数可知，信息技术对直接路径和中介过程的调节效应均不显著，在与金融服务类企业合作的城商行子样本中，信息技术增值没有显著驱动金融科技合作发挥更高的效率提升作用。

表7-36　金融服务类企业子样本中信息技术的调节效应—直接路径和前半路径

被解释变量	（1）	（2）	（3）
	EFF_cost	EFF_profit	Asset
Treat×Time	0.0004*	0.0175***	0.0574***
	(1.88)	(3.81)	(3.88)
TE	−0.0000***	0.0001	−0.0003
	(−4.81)	(0.55)	(−1.45)
Treat×Time×TE	0.0001	0.0003	0.0006
	(1.03)	(1.33)	(0.84)
控制变量	是	是	是
个体固定效应	是	是	是
时间固定效应	是	是	是
常数项	0.7222***	0.2279	1.8306
	(38.53)	(0.60)	(1.49)
观测值	318	318	318
Adj_R^2	0.9782	0.9571	0.2762

表7-37　金融服务类企业子样本中信息技术的调节效应—后半路径

被解释变量	（1）	（2）
	EFF_cost	EFF_profit
Treat×Time	0.0003	0.0200*
	(1.39)	(1.82)
TE	−0.0002***	0.0005**
	(−4.66)	(2.51)
Asset	0.0020*	0.1328***
	(1.95)	(2.96)
Asset×TE	0.0001	−0.0008
	(1.51)	(−0.69)
控制变量	是	是
个体固定效应	是	是
时间固定效应	是	是
常数项	0.7258***	0.1072
	(38.08)	(0.30)
观测值	318	318
Adj_R^2	0.978	0.957

综上所述，对于与综合发展类企业和底层技术类企业建立合作的城商行，内部信息技术的应用和发展能够加快合作知识和成果转化为效率提升驱动力的效率，促进合作效能的释放。与金融服务类企业建立合作的城商行，内部信息技术增值与外部合作的协同作用尚未得到有效发挥。可见，从跨界合作到业务重构和效率改善，要求城商行尽早布局，在数据储存、风险控制、IT 系统建设等方面全方位推进信息技术能力建设，才能强化数据、技术和系统在跨界合作中对创新过程和创新成果转化过程中起到支撑与引领作用，快速敏捷地平衡跨界合作带来的风险因子和响应复杂场景运转需求。

第三节　稳健性检验

为了确保有调节的中介效应检验结果稳健可靠，本书除了采取控制相关变量、控制个体与时间固定效应、采用滞后一期的中介与调节变量等措施，还通过替换股权结构、人力资本和信息技术调节变量对有调节的中介效应模型进行重新检验，以保证调节效应检验结果的可靠性。

首先，对于股权结构调节变量，在稳健性检验中，采用第一大股东持股比例与第二大至第五大股东持股比例之和的比值作为代理变量，该比值越大，表示股权结构越集中，反之，表示股权结构越分散。更换股权结构调节变量后的检验结果如表 7-38 和表 7-39 所示，关键变量的显著性与符号均与前文结果基本一致，说明关于股权结构调节作用的检验是稳健可靠的。

表 7-38　稳健性检验：股权结构的调节效应—直接路径与前半路径

被解释变量	(1)	(2)	(3)	(4)	(5)
	EFF_cost	EFF_profit	Asset	Lia	Inter
$Treat \times Time$	0.0003 ***	0.0131 ***	0.0263 **	0.0464 ***	-0.0392 **
	(3.40)	(2.82)	(2.00)	(4.37)	(-2.23)
$OS.ro$	-0.0002	0.0062	-0.0362 ***	-0.0053	-0.0493 **
	(-1.44)	(0.85)	(-3.00)	(-0.37)	(-2.12)
$Treat \times Time \times OS.ro$	0.0001	0.0052	-0.0201 *	-0.0392 **	0.0083
	(0.75)	(0.70)	(-1.78)	(-2.08)	(0.24)
控制变量	是	是	是	是	是
个体固定效应	是	是	是	是	是

被解释变量	(1)	(2)	(3)	(4)	(5)
	EFF_cost	EFF_profit	$Asset$	Lia	$Inter$
时间固定效应	是	是	是	是	是
常数项	0.7163***	1.4981***	1.8012**	1.8263*	0.3404
	(79.67)	(3.82)	(2.10)	(1.86)	(0.20)
观测值	661	661	661	661	661
Adj_R^2	0.9874	0.9332	0.4261	0.3693	0.0653

表7-39　稳健性检验：股权结构的调节效应—后半路径

被解释变量	(1)	(2)	(3)	(4)	(5)
	EFF_cost	EFF_profit	EFF_cost	EFF_profit	EFF_cost
$Treat×Time$	0.0003***	0.0124***	0.0003**	0.0124***	0.00033***
	(3.09)	(3.64)	(2.43)	(3.52)	(3.14)
$OS.ro$	−0.0003	0.0033	−0.0003	0.0064	−0.0003*
	(−1.33)	(0.67)	(−1.14)	(1.27)	(−1.73)
$Asset$	0.0012*	−0.0042			
	(1.76)	(−0.23)			
$Asset×OS.ro$	−0.0013	−0.0712***			
	(−0.89)	(−3.03)			
Lia			0.0013	0.0172	
			(1.14)	(1.26)	
$Lia×OS.ro$			−0.0013	0.0203	
			(−1.58)	(0.94)	
$Inter$					−0.0013***
					(−3.02)
$Inter×OS.ro$					−0.0002
					(−0.18)
控制变量	是	是	是	是	是
个体固定效应	是	是	是	是	是
时间固定效应	是	是	是	是	是
常数项	0.7162***	1.6293***	0.7164***	1.4815***	0.7162***
	(79.13)	(5.15)	(87.60)	(4.70)	(79.98)
观测值	661	661	661	661	661
Adj_R^2	0.9873	0.9232	0.9893	0.9224	0.9874

其次，关于人力资本增值变量，在稳健性检验中，借鉴王翊覃和王跃武[315]的研究，采用营业收入与员工支出之比作为代理变量，该值越高，表示人力资本发挥的价值创造作用越大。更换人力资本增值系数后的调节效应检验结果如表7-40和表7-41所示，关键变量的显著性与符号均与前文结果基本一致，说明关于人力资本调节作用的检验是稳健可靠的。

表 7-40　稳健性检验：人力资本的调节效应—直接路径与前半路径

被解释变量	（1）	（2）	（3）	（4）	（5）
	EFF_cost	EFF_profit	$Asset$	Lia	$Inter$
$Treat×Time$	0.0003 ***	0.0192 ***	0.0222 **	0.0453 ***	-0.0361 **
	(3.40)	(3.16)	(2.51)	(4.25)	(-1.98)
$HCE.ro$	-0.0001	0.0002	0.0001	0.0001	-0.006
	(-0.18)	(0.02)	(0.25)	(0.09)	(-1.58)
$Treat×Time×HCE.ro$	-0.0002	0.0051 *	0.0002	0.0021	-0.0011
	(-0.15)	(1.78)	(0.01)	(0.34)	(-0.07)
控制变量	是	是	是	是	是
个体固定效应	是	是	是	是	是
时间固定效应	是	是	是	是	是
常数项	0.7172 ***	1.2492 ***	1.5011 **	1.7862 *	-0.0222
	(78.13)	(4.21)	(1.98)	(1.76)	(-0.01)
观测值	661	661	661	661	661
Adj_R^2	0.9872	0.9273	0.3181	0.3631	0.0692

表 7-41　稳健性检验：人力资本的调节效应—后半路径

被解释变量	（1）	（2）	（3）	（4）	（5）
	EFF_cost	EFF_profit	EFF_cost	EFF_profit	EFF_cost
$Treat×Time$	0.0002 ***	0.0131 ***	0.0002 ***	0.0121 ***	0.0002 ***
	(3.06)	(3.94)	(3.02)	(3.63)	(3.10)
$HCE.ro$	0.0001	0.0001	0.0002	-0.0001	-0.0001
	(0.13)	(0.03)	(0.21)	(-0.23)	(-0.15)
$Asset$	0.0012 **	0.0072			
	(1.99)	(0.40)			
$Asset×HCE.ro$	0.0001	-0.0052			
	(0.33)	(-1.49)			

续表

被解释变量	(1)	(2)	(3)	(4)	(5)
	EFF_cost	EFF_profit	EFF_cost	EFF_profit	EFF_cost
Treat×Time×HCE. ro		0.0021 (1.31)		0.0022 (1.33)	
Lia			0.0011* (1.93)	0.0161 (1.26)	
Lia×HCE. ro			0.0002 (0.06)	0.0012 (0.20)	
Inter					-0.0011*** (-2.83)
Inter×HCE. ro					-0.0002 (-1.03)
控制变量	是	是	是	是	是
个体固定效应	是	是	是	是	是
时间固定效应	是	是	是	是	是
常数项	0.7163*** (78.05)	1.4362*** (4.66)	0.7162*** (78.07)	1.4001*** (4.54)	0.7162*** (78.29)
观测值	661	661	661	661	661
Adj_R^2	0.9872	0.9283	0.9872	0.9271	0.9871

最后，关于信息技术增值变量，在稳健性检验中，采用营业收入与信息技术投入之比作为代理变量，该值越高，表示信息技术在城商行中发挥的价值创造作用越大。更换信息技术增值系数后的调节效应检验结果如表 7-42 和表 7-43 所示，关键变量的显著性与符号仍与前文结果基本一致，说明关于信息技术调节作用的检验是稳健可靠的。

表 7-42　稳健性检验：信息技术的调节效应—直接路径与前半路径

被解释变量	(1)	(2)	(3)	(4)	(5)
	EFF_cost	EFF_profit	Asset	Lia	Inter
Treat×Time	0.0002*** (3.84)	0.0093*** (3.07)	0.0273*** (3.31)	0.0382*** (3.51)	-0.0372* (-1.94)
TE. ro	-0.0002*** (-6.92)	0.0003 (0.84)	-0.0003*** (-3.27)	0.0002 (0.05)	0.0003 (0.01)

续表

被解释变量	（1）	（2）	（3）	（4）	（5）
	EFF_cost	EFF_profit	Asset	Lia	Inter
Treat×Time×TE.ro	0.0003***	0.0003	0.0012***	0.0013***	−0.0001
	(2.89)	(0.70)	(3.97)	(2.85)	(−0.31)
控制变量	是	是	是	是	是
个体固定效应	是	是	是	是	是
时间固定效应	是	是	是	是	是
常数项	0.7242***	1.0383***	1.5964**	0.8902	1.5852
	(73.35)	(3.47)	(2.00)	(0.84)	(0.86)
观测值	661	661	661	661	661
Adj_R^2	0.9864	0.9402	0.3403	0.3873	0.0902

表 7-43 稳健性检验：信息技术的调节效应—后半路径

被解释变量	（1）	（2）	（3）	（4）	（5）
	EFF_cost	EFF_profit	EFF_cost	EFF_profit	EFF_cost
Treat×Time	0.0002***	0.0093***	0.0004***	0.0093***	0.0004**
	(2.73)	(2.89)	(3.62)	(2.82)	(2.29)
TE.ro	−0.0001**	0.0002	−0.0002***	0.0004	−0.0003***
	(−2.20)	(0.61)	(−5.40)	(0.55)	(−2.69)
Asset	0.0001	0.0262*			
	(0.27)	(1.66)			
Asset×TE.ro	−0.0002	0.0002			
	(−1.64)	(0.84)			
Treat×T×TE.ro	0.0002*		0.0001***		
	(1.90)		(3.11)		
Lia			0.0001	0.0212	
			(1.13)	(1.62)	
Lia×TE.ro			−0.0001	0.0002	
			(−1.51)	(0.57)	
Inter					−0.0022***
					(−3.57)
Inter×TE.ro					−0.0001*
					(−1.95)
控制变量	是	是	是	是	是

被解释变量	(1)	(2)	(3)	(4)	(5)
	EFF_cost	EFF_profit	EFF_cost	EFF_profit	EFF_cost
个体固定效应	是	是	是	是	是
时间固定效应	是	是	是	是	是
常数项	0.7241*** (96.06)	0.9703*** (3.40)	0.7254*** (73.33)	1.0223*** (3.42)	0.6052*** (46.76)
观测值	661	661	661	661	661
Adj_R^2	0.9882	0.9391	0.9862	0.9403	0.9392

经过多方面检验，调节效应的检验结果均与前文一致，说明检验结果具有较好的稳健性。

第四节　本章小结

基于银行内部管理因素与外部引进合作者行为协同发展的思想，本章构建了有调节的中介效应模型实证检验了城商行的股权结构、人力资本与信息技术是否发挥了调节作用，研究结论如下：

第一，建构相对分散与制衡的股权结构、提高人力资本与信息技术水平，有助于促进金融科技合作对银行效率提升作用更好地发挥。在总样本检验中，股权结构调节了金融科技合作对成本效率和利润效率影响的中介过程；人力资本增值通过调节直接路径正向促进了金融科技合作对利润效率提升作用的发挥，而未显著调节金融科技合作对成本效率的正向影响；信息技术调节了金融科技合作对成本效率的直接影响路径和中介过程，显著调节了金融科技合作对利润效率的中介过程。

第二，在共建合作模式下，股权结构、人力资本增值及信息技术都发挥了显著的调节作用；而在赋能合作模式下，股权结构和信息技术显著调节了金融科技合作与银行效率的关系，人力资本的调节作用不显著。但在两种合作模式下，股权结构与人力资本发挥调节作用的路径存在差异，在共建模式下，股权结构的调节作用既表现为对前半路径的调节，也表现为对后半路径的调节，而在赋能模式下，股权结构主要调节了中介的后半路径，此外，信息技术对共建模式的调节通过调节直接路径和后半路径发挥作用，而对赋能模式的调节，则通过调节前半路径发挥作用。

　　第三，从不同合作对象看，在合作对象为综合发展类企业、底层技术类企业和金融服务类企业的城商行子样本中，基于中介作用的股权结构调节效应都存在，但在不同的子样本中，股权结构的作用路径存在显著差异；人力资本在合作对象为综合服务类企业和底层技术类企业的城商行子样本中发挥了显著调节作用，而未在与金融服务类企业开展合作的城商行子样本中发挥显著调节作用；对于与综合发展类企业和底层技术类企业建立合作的城商行，内部信息技术的应用和发展能够加快知识合作和成果转化的速度，促进合作效应的发挥，与金融服务类企业建立合作的城商行，内部信息技术增值与外部合作的协同作用尚未得到有效发挥。

第八章 结论与展望

本书围绕"金融科技合作对城商行效率的影响机制"这一科学问题展开研究，尝试通过剖析合作形成机制，挖掘合作对效率影响的深层次机理，以回应理论层面关于金融科技合作对城商行效率是促进还是抑制作用的分歧，打开作用机制黑箱，进而为实践中跨界合作存在的"盲目跟风""落地困难"与"转化不畅"等现实问题提供对策和建议。首先，通过从博弈视角揭示城商行与金融科技企业合作的形成机制，挖掘稳定合作关系形成的驱动因素；其次，通过理论分析与数理模型推导解锁金融科技合作对城商行效率的影响机理；最后，通过实证检验直接效应、中介效应与调节效应，验证了金融科技合作对城商行效率的影响机理。本章总结了研究结论，凝练了研究的创新点，为监管部门与城商行提供管理启示，进而提出本书的研究局限与展望。

第一节 主要结论

本书揭示了城商行与金融科技企业合作的形成机制，理论分析与实证检验了金融科技合作对城商行效率的影响，得出的主要结论如下：

第一，在收益分配、合作风险与成本、合作协同性及知识互补性等内在动因的作用下，跨界合作能够形成并长期维持稳定。这一结论为城商行科学分析合作策略的收益，提高合作设计的科学性提供参考，有助于减少跨界合作中"盲目跟风"的现象。

基于动态演化与有限理性，构建了城商行与金融科技企业的合作演化博弈模型，通过理论推导发现，若长期合作收益能够弥补长期合作成本，城商行采取合作策略是能够推动个体利益最大化、双方利益均衡与社会福利最优的演化稳定策略，合作才能得以形成并长期维持稳定。进一步地，结合数理推导与仿真分析可知，促进收益分配公平、降低合作成本、提高双方知识与技术互补性、提高长期合作的协同性以及降低长期合作风险和提高合作收益，是驱动合作策略释放积极作用的前置动因。控制上述因素对于驱动稳定合作关系形成与提高合作整体收益有积极意义。

第二，金融科技合作对城商行成本效率与利润效率有显著的直接促进作用，且作用效果具有一定的持续性，共建合作模式的效率提升效果优于赋能合作模式，不同合作对象在促进效率提升上没有表现出显著的异质性。这一结论对于回应现有研究关于金融科技合作对城商行效率是促进还是抑制作用的分歧提供了直接的理论依据与经验证据。

基于成本效益理论、知识溢出理论、开放式创新理论和赋能理论，金融科技合作能够在城商行中发挥财务增进效应、创造整合效应、知识溢出效应和科技赋能效应。在理论分析的基础上，本书将城商行金融科技合作这一事件看作"准自然实验"事件，采用城商行 2013~2020 年实证数据，运用倾向得分匹配和双重差分法系统考察了金融科技合作对城商行效率的直接影响。研究结果表明金融科技合作显著促进了城商行成本效率与利润效率提升。异质性检验结果表明，赋能模式和共建模式都能够持续有效地提高银行效率，但共建模式对利润效率的提升效果显著高于赋能模式；将样本银行按照合作对象分为综合发展类、底层技术类和金融服务类子样本，检验结果表明三种合作对象都能够有效地帮助城商行提升成本与利润效率，但综合发展类企业对城商行效率的促进作用并未显著高于底层技术类与金融服务类企业，说明综合发展类企业的网络优势与技术优势未得到显著发挥。

第三，在金融科技合作促进城商行成本效率提升的主要渠道中，资产、负债与中间业务的中介传导作用畅通；在金融科技合作对城商行利润效率的影响渠道中，资产和负债业务的中介传导作用畅通。金融科技合作与业务结构演进的联动，有助于充分把握合作带来的机遇，显著促进效率的提升。这一结论对于提高合作成果在城商行内部的转化效率提供实践参考，有助于解决实践中合作成果"转化不畅"的问题。

立足金融功能观，城商行资产、负债和中间业务是发挥金融功能的关键业务渠道。基于此，通过理论分析与构建金融科技合作约束下的银行存款、贷款及中间业务收益模型，挖掘金融科技合作对城商行效率影响的中介渠道，进而实证检验资产端、负债端和中间业务中介效应的显著性。研究发现金融科技合作通过提高资产端风险资产占比、增加负债端吸收存款占比和促进中间业务发展而显著提升城商行成本效率；在金融科技合作对利润效率的影响中，资产与负债业务的中介渠道作用比较畅通，而中间业务没有发挥显著的中介作用；以合作模式和合作对象对城商行样本进行分组后，对于不同合作模式与合作对象的城商行，在金融科技合作对效率影响的渠道上存在差异；依据中介效应占比，在两种合作模式中，共建模式对利润效率的传导渠道更畅通，而赋能模式对成本效率影响的传导同样更畅通，在三种合作对象中，底层技术类企业对城商行成本效率的中介传导渠道较为畅通，金融服务类企业对利润效率影响的中介传导渠道同样较为畅通。城商行应当依据自身业务结构调整需要及效率提升重点选择恰当的合作模式及合作对象。

第四，城商行内部管理与外部合作具有协同促进城商行效率提升的作用，良好的内部管理环境能够发挥催化剂的效用，激活外部合作释放积极效能，推进城商行业务结构改善，从而驱动城商行效率提升。这一结论为发挥城商行内部管理支持作用提供了理论依据，有助于解决实践中存在的合作"落地困难"的问题。

基于银行内部管理体系与外部引进合作者行为协同发展的思想，本书采用理论分析与数理推导的方式厘清了城商行股权结构、人力资本与信息技术的调节作用，继而构建有调节的中介效应模型进行实证检验。研究发现，股权结构通过调节金融科技合作对成本效率和利润效率影响的中介过程而发挥作用；人力资本增值通过调节直接路径正向影响了金融科技合作与利润效率的关系；信息技术显著调节了金融科技合作对成本效率的直接路径和中介过程，并且显著调节了金融科技合作对利润效率的中介过程。城商行内部管理与外部合作的协同配合有助于进一步激活外部合作的积极效应，形成内部管理与外部合作的良性互补，进而促进效率提升。

第二节　创新点

本书通过开展科学的文献分析、数理推演和实证研究，明晰了城商行与金融科技企业之间稳定合作关系的形成机制，回应了现有研究关于金融科技合作对城商行效率影响的分歧，从业务结构演进视角打开了金融科技合作对城商行效率影响的机制黑箱，并破解了内部管理如何与外部合作更好地发挥协同耦合作用，创新点主要体现在以下三个方面：

第一，从金融科技合作这一特定的微观视角出发，通过开展理论分析提供实证，明确基于二元合作的金融科技应用释放的银行效率提升效应，有助于回应现有研究关于金融科技合作对中小银行效率影响的分歧。

已有文献主要关注了宏观层面金融科技发展水平对银行效率的溢出效应，针对微观视角下金融科技合作对银行效率影响的研究，仍然缺乏系统的理论分析与实证，研究结论尚存分歧。金融科技合作无疑推动了商业银行对金融科技的应用与研发，往往会在银行经营管理中释放更直接的效能，并且宏观金融科技的技术溢出效应等也是通过作用于微观合作行为而影响城商行效率，因此，金融科技合作的深远影响应当得到重视。本书着眼于开展理论分析与实证检验，探索金融科技合作这一微观行为的效率提升效应，通过提供理论支撑和实证来回应金融科技合作对城商行效率是"促进"还是"抑制"的争论，有助于拓展银行效率影响因素的相关研究。

第二，从银行业务结构切入，挖掘内部管理因素作用下"金融科技合作—业务结构演进—银行效率提升"的作用机制，为金融科技合作与城商行效率间深层次关系的研究提供了一个可参考的分析框架。

现有研究针对金融科技合作对银行效率影响的深层次机理揭示得尚不深入，针对金融科技合作如何影响银行效率的探讨明显不足，亦缺乏对城商行内部管理与外部合作协同作用的整合。本书将城商行业务结构中介变量与城商行内部管理调节变量纳入金融科技合作对城商行效率影响的分析框架，进行理论分析与实证检验，诠释了金融科技合作如何推动城商行效率提升，并解读了内部管理与外部合作的协同耦合作用，有助于弥补关于金融科技合作对城商行效率作用机制研究的缺口，具有一定边际贡献。

第三，充分考虑了合作方的有限理性特征和合作方策略的动态演化特性，从策略层面建立纳入感知价值的城商行与金融科技企业演化博弈模型，弥补以往合作形成机制研究中缺少理论与动态分析的不足。

现有研究基本建立在理性主体假设基础上对金融科技企业与商业银行合作的现象描述与静态研究，对合作者有限理性缺乏充分考虑，并且对合作形成机制的分析缺少理论层面与动态视角的深入探讨，导致理论与实践领域对这一跨界合作形成机制的理解仍然存在片面性与局限性。本书基于演化博弈理论和前景理论，充分考虑合作者的有限理性特征，以城商行与金融科技企业业务结构为基础，构建了更加符合现实情形的动态合作博弈模型，超越了对商业银行与金融科技企业合作形成机制的现象描述与静态研究，为实践中稳定合作关系的设计提供理论支撑与有效路径参考。

第三节　管理启示

本书不仅从理论上拓展了商业银行效率影响因素的相关研究，丰富并深化了传统商业银行与新兴金融科技企业间合作形成机制和合作经济影响的相关研究，也有助于为城商行和其他商业银行管理实践、金融科技企业管理实践和监管部门政策制定提供理论依据与管理启示。在研究结论的基础上，进一步建构"主效应提升路径"与"发散式提升路径"为城商行促进效率提升提供管理启示，从战略层面、发展重点及自身建设方面为金融科技企业提供管理启示，并从支持跨界金融科技合作、规范化监管跨界合作业务和打造监管科技三个方面为政府监管部门建立监管的长效机制提供政策启示。

一、对城商行的管理启示

本书通过剖析城商行与金融科技企业合作的形成机制，并对金融科技合作影响城商行效率的作用机理进行理论分析与实证检验，已经形成了金融科技合作视角下城商行效率提升路径的基本雏形。金融科技合作对城商行效率发挥促进作用的过程是复杂的，基于前文验证的变量间作用机理，结合我国城商行发展的实际情况，围绕金融科技合作这一核心切入点，进一步归纳与概括出城商行效率提升的可行路径，为城商行提供可操作和借鉴的管理启示。"主方向提升路径"与"发散式提升路径"的同时实施，将最大限度地促进金融科技合作释放效率提升效能。

1. 主方向提升路径

基于前文刻画的金融科技合作前置动因与后向业务结构演进的内在逻辑，围绕"合作设计—引进—吸收转化—提升"这一框架，本书在整体演进的视角下进行主方向效率提升路径设计，力求保持提升路径与理论逻辑相一致。主方向的效率提升路径如图8-1所示。

（1）合作设计。

为了实现效率提升目标，在金融科技合作之前，城商行需要针对合作策略与非合作策略下的收益支付进行研究分析，锁定影响合作收益支付的前置因素，充分认识合作的成本、收益及风险，深刻理解合作的本质和目的，继而制定合理的决策。提前关注能够促进稳定合作关系形成的前置动因，进行充分的合作准备与设计，才能保障合作长期稳定运行和有序开展，推动合作方实现共赢。

具体而言，首先，充分了解潜在合作伙伴的创新资源、知识与技术更新情况，选择与自身知识和技术有较强互补性的合作伙伴，有助于提高双方建立与长期维持合作的意愿，保障合作关系长期稳定运行。合作的失败与中途违约常常是由双方资源不匹配，且知识、技术及管理方面悬殊导致的。充分认识潜在合作伙伴的资源与技术情况，选择资源及管理方式与自身能够充分匹配的合作方，有助于促进双方资源和管理方式的高效融合，进而保障合作长期稳定运行，降低合作失败的概率。

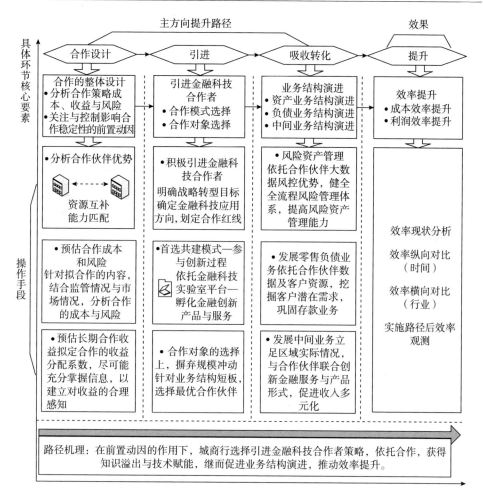

图8-1　主方向效率提升路径

其次，提前预估与潜在合作伙伴开展金融科技合作的成本与风险，根据拟开展合作的内容，结合相应监管政策及法律法规，明确合作可能面临的风险及需要付出的成本。为了降低合作成本与风险，需要提前建立高效的沟通机制与协调平台，提升相互之间的信任度，减少摩擦，降低不必要的监督成本。对于具有较高风险的创新项目，城商行需要先做好市场调研和分析，降低合作的不确定性，提高双方对项目风险与收益的认知和理解。在前沿金融科技的运用方面，需要循序渐进地引进与推广，降低技术风险，以提高合作的稳定性。

最后，预估长期合作的收益。在城商行与金融科技企业资源、技术和知识耦合作用下，所产生的金融服务及金融产品创新能够产生新价值创造。城商行需要结合市场情况及潜在合作内容，剖析合作伙伴动机及意愿，分析合作的潜在收益。为了提高潜在的收益，还需要引导合作伙伴建立对合作成功的信心，使双方都能对自身收益和成本进行合理感知，进而减少合作中的机会主义行为。还需要拟定合理的收益分配制度，以提高彼此的合作意愿，从而保障合作稳定运行。

（2）金融科技合作。

"他山之石，可以攻玉"，在对跨界合作进行充分设计与论证的基础上，城商行应当积极开展金融科技合作，探索与金融科技企业长期共赢的合作模式，整合与集成内外部的资源，驱动效率提升。首先，城商行迫切需要树立数字化与智能化战略转型目标，充分认识与金融科技企业融合和互补的重要性，积极开展金融科技合作，通过跨界融合与资源互补，吸收金融科技知识与技术。其次，开展金融科技合作时，应着重关注不同合作模式下的资源整合情况与技术溢出效果，在合作过程中改变"被动引进"的观念，积极促进金融科技实验室等合作平台的建设，依托平台参与金融科技的研发与转化，才能创造出更多"因地制宜"和"因时制宜"的高效金融业务模式。特别是对于具有前瞻性、战略性和颠覆性的金融科技创新，城商行只有融入研发过程，深入金融科技研发的核心领域与核心环节，才能在合作中取得话语权，通过颠覆式创新建立竞争壁垒，实现"弯道超车"。再次，综合发展类企业、底层技术类企业和金融服务类企业都能够帮助城商行提高成本与利润效率，并且综合发展类企业在促进效率提升过程中没有显著表现出不同于底层技术类和金融服务类金融科技企业的优势。因此，面对跨界金融科技合作带来的发展机遇，城商行应当摒弃"规模冲动"，不要盲目寻求与大型综合类企业（如阿里巴巴、腾讯等）的合作。应当切实根据自身需求，引进能够弥补自身短板的合作伙伴，减少对引流与助贷业务的依赖，在监管范围内，专注于数字化和智能化转型，以及实质金融功能的提升，围绕自身业务短板"对症下药"，并结合区域特色进行业务创新，才能更好地释放跨界合作的效能，使金融科技真正服务于区域经济高质量发展。

（3）吸收转化。

城商行同时优化资产、负债与中间业务，才能实现"安全性、营利性和流动性"的均衡，在外部环境不断变化的情况下，使用稳定的负债资金来源支持资产业务发展，系统地推进银行效率提升。因此，金融科技合作后，城商行需要充分吸收合作伙伴赋予的技术、知识及合作中产生的创新成果，并将其转化为实质业务功能发展与业务结构演进的驱动力，瞄准当地中小微企业及城市居民金融需求，才能更好地发挥金融科技合作的效率提升效应。

首先，在资产业务方面，将金融科技合作视为推动资产端风险承担的动力，充分利用合作方在大数据、云计算和人工智能等前沿技术方面的优势，对客户画像进行精准描绘，及时监控客户信贷风险，提升自身风险控制与管理能力。建立事前、事中、事后全流程信贷风险管理体系，提高风险观测的敏捷性，强化风险管理的科学性，在复杂环境中实现风险可控，才能适度提高银行的风险承担，通过大数据风控及时跟踪与监控风险变化，提高资金运用效率，进而促进效率提升。

其次，在负债端业务结构调整方面，城商行应当充分利用金融科技企业积累的大数据资源，挖掘存量客户潜在需求，并扩大金融服务半径，巩固存款业务，降低对同业负债的依赖程度。在互联网信息技术的冲击下，客户消费行为与习惯已然发生深刻变化，故步自封只会导致城商行吸收存款越来越困难，对同业批发性资金的依赖程度越来越高，不利于银行可持续发展。大多数城商行都已经推出了手机银行、数字化交互平台等互联网流量入口，但相较于蚂蚁金服、京东数科等金融科技平台的客户流量与访问频率，仍存在相当大的差距。城商行的互联网平台普遍存在客户黏性低、活跃用户量低的问题。在金融科技合作的基础上，城商行应当促进数字化转型，将金融服务融入金融科技企业线上场景，充分利用金融科技企业平台大、流量高的优势，拓展客户流量，从而提高吸收线上客户存款能力。与此同时，通过合作过程中的组织间学习和科技赋能，积极提高互联网银行和手机银行业务水平，扩展业务渠道和客户资源，对线下客户服务与产品设计进行全面升级，向零售银行和开放银行转型，有助于提高吸储能力，平衡对公业务及同业业务的波动与风险。

最后，在中间业务方面，立足区域实际情况，把握金融科技发展带来的机遇，发展特色化和精细化的中间业务，丰富中间业务类型。可以通过交叉销售，充分利用现有客户资源，提高业务收入的多元化水平。在传统支付结算、汇兑和代理等中间业务的基础上，借助金融科技手段，采集与分析客户数据，精准对接客户需求，扩展业务种类，着力发展咨询顾问类、金融交易类、基金托管类、投资银行等具有高附加值的中间业务。同时，城商行还应当提高人员综合素质与专业能力，寻找适合自身的收入多元化发展方式，逐步推进业务转型，以增强核心竞争力。

（4）效率提升。

在实施主方向效率提升路径后，为了评估金融科技合作的效率提升效果，需要测度城商行的成本效率与利润效率值，通过纵向对比路径实施前后效率变化，明确金融科技合作的效率贡献情况。还可以结合行业内其他城商行的效率状况，分析本行效率排名变化，以更好地剖析环境变化下效率的提升效果，并确定效率进一步提升的空间和方向。

2. 发散式提升路径

从内外协同互补视角，着力于寻找发散式路径，以期通过增强内部管理与外部合作的互补耦合作用，更好地释放金融科技合作的效能，推动效率提升。为了配合主方向路径的相关措施，城商行需要在股权结构、人力资本和信息技术方面同时做出相应变化，才能最大限度地释放金融科技合作的效能，对业务结构形成颠覆式和系统性的持续动态变革，实现经营效率的有效提升。发散式效率提升路径如图8-2所示。

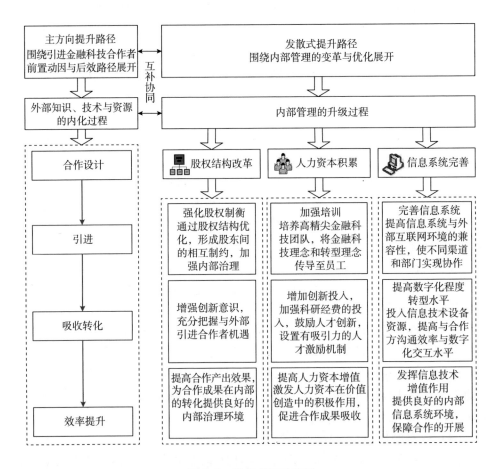

图8-2 发散式提升路径

首先，降低股权集中度，构建相对分散的股权结构，有助于释放金融科技合作的效能，提高合作的产出效果。在过度集中的股权结构下，股东之间缺乏相互制约，容易造成"一股独大"的局面，不利于股权制衡机制的有效发挥，使城商行内部决策和管理的科学性受到制约，进而导致外部引进的知识、技术和人才难以有效发挥作用，从而降低合作中的知识与技术溢出在银行内部吸收与转化的效率。通过引进外资、民营资本降低股权集中度，强化股权制衡，有助于加强内部治理，促进城商行学习先进的管理经验与理念，也有助于增强内部创新意识，强化对管理者行为的监督，进而在与金融科技合作过程中更好地把握金融科技发展机遇，最大限度地释放金融科技合作的效能。

其次，注重人才培养与人力资本投入，发挥人力资本的创新源泉作用。相较于过去的经营管理模式，金融科技合作开展联合创新的城商行更需要全面发展的内部人才来吸收合作成果，促进金融科技创新。通过人力资本的积累能够促进金融科技合作的效能得到扩散，使金融科技企业先进的经营理念和金融创新思想得以在城商行内部转移和吸收，从而重塑银行文化，解决经营效率低下和创新意识淡薄等问题。因此，城商行应当积极引进"金融+科技"的复合型人才，培养高精尖的金融科技团队，建立科学的人才激励机制，从而提高人力资本增值效应，以更好地吸收合作过程中产生的技术及知识溢出，并将合作成果转化为可供银行效率提升的驱动力。

最后，增加信息技术投入，完善信息管理系统与运营体系，发挥信息技术的增值效应，提高银行的智能化与数字化程度的转型水平，为引进外部金融科技合作者提供良好的内部信息系统环境。提高信息技术与外部合作的内在耦合性，促进合作效能释放的具体途径包括：鼓励业务部门与技术部门人员共享与交流信息，借鉴先进银行与金融机构的信息系统再造实践，不断提高银行信息系统的服务功能和电子银行的渠道功能，减少合作障碍；增加信息技术和设备资源的投入，以保证合作双方的互动质量，提升合作过程中的沟通效率与数字化交互水平，从而消解合作中可能面临的信息系统不兼容、信息设备落后和信息人员知识经验水平落后等问题；依托先进的信息技术能力，预判合作中可能存在的风险隐患与信息安全问题，对合作过程中的风险进行及时有效的监控，减少合作方机会主义行为。

二、对金融科技企业的管理启示

数字科技的强劲发展及其与传统银行业的深入融合，催生出越来越多的跨界合作。在此背景下，探索与传统商业银行合作共赢的长期发展模式，创造更为良性的合作环境，已然成为金融科技企业发展议程中的优先事项。

（1）在战略层面上，加速向赋能与服务中小银行金融创新的定位转型。

在金融行业进入强监管及传统金融机构对金融科技赋能需求旺盛的双重因素

作用下，金融科技企业应当充分把握金融机构与科技企业加速融合的契机，通过提升传统金融机构生产效率与数字化转型水平，在新的金融生态圈中成为重要的参与者和技术驱动者。为了推动战略转型，金融科技企业可以从以下三个方面重点发力：探索与城商行等中小银行长期互惠和共赢的合作发展模式；专注于向城商行数据和科技等核心能力的输出与赋能；在数字场景建设、再造和统筹方面进行颠覆与革新。

（2）在发展重点上，聚焦金融与科技的深度融合与应用，帮助中小银行更好地发挥其核心功能。

金融与科技的协同发展会耦合成新的金融产品、组织模式与服务，进而发挥资源配置效应，帮助中小银行更好地实现其核心功能，在资产、负债及中间业务的运营方面更加具有效率。一方面，金融科技企业应当精准发力银行核心的功能短板，在减少信息不对称、增强风险管理与控制能力和降低交易成本方面加强金融科技研发与创新，以推动金融服务"精准性"和"普惠性"的实现；另一方面，金融科技企业应当深度理解传统商业银行业务模式与业务痛点，真正运用数据、科技和场景赋能商业银行，而非用数字技术进行资金空转与监管套利，才能实现跨界合作的良性运作，促进双方的效率优化与收入增长。

（3）在自身建设上，精进核心专业能力，加强金融科技的研发与迭代。

金融科技企业自身研发能力是保证跨界合作行稳致远与长效发展的基石，加强自身数据管理、技术服务和金融服务能力建设才能推动合作的延伸与升级。为此，一方面，金融科技企业应当着重构建数字化、敏捷性的组织体系，以应对不断变化的外部环境，均衡布局前沿技术的研究储备和成熟技术的应用落地；另一方面，金融科技企业应当瞄准传统金融机构转型需求，不断提升技术研发与迭代能力，积极调整金融科技综合转型方案的供给，才能解决行业痛点，使自身长期保持竞争优势。

三、对监管部门的政策启示

为了实现传统商业银行与新兴金融科技企业的协同发展，推动银行业整体转型升级，监管部门制定引导有序合作的相关政策和实施自上而下的牵引尤为重要，符合数字经济时代的发展要求，有助于兼顾创新、融合与社会利益的平衡。

（1）鼓励跨界金融科技合作，引导金融科技知识共享与流动。

监管部门应当制定"竞合型"政策，鼓励城商行与金融科技企业开展跨界合作，强化金融科技的技术与知识溢出效应，为金融科技跨界合作创造良好的政策环境。首先，加强数字经济基础设施建设，提高地区互联网覆盖率，夯实适合金融科技企业与城商行合作的优质土壤，为城商行发展金融科技奠定坚实的基础。其次，维护公平的市场秩序，不断完善金融科技发展的制度安排和市场建设，使传统商业银行与新兴金融科技企业之间能够形成良性互动和融合发展的局面。最后，合理引导区域新兴金融科技企业与金融机构的聚集发展，推动相关资源在空间上的集聚，有助于促进金融科技企业与传统金融机构的合作及交流，强化知识与技术溢出。

（2）全面规范跨界合作业务，促进金融科技企业与商业银行合作的良性发展。

为了实现合作的良性发展，监管机构仍需要对金融科技企业与商业银行合作业务进行规范化管理，引导商业银行甄别优质金融科技企业，在合规的范畴内开展金融创新，确保合作事项合法合规。首先，要求商业银行加强合作机构管理，在合作前充分评估合作风险，在合作过程中界定好权责，做好合作相关信息的披露，在合作后进行信息存档，引导城商行建立完善的合作准入、评估和退出机制。其次，注重实际业务形态的分别监管，对于信贷业务、表外投资类业务、客户推介、数字信息技术服务等合作，分别制定监管规范，使商业银行有可遵循的依据，才能够更合理地把握合作内容与合作方向。最后，针对合作行为进行监管，明确合作的红线，使合作创新风险可控，比如贷款类合作业务严禁虚构贷款用途和非法催收、严禁以大数据为名非法窃取用户数据和信息、严禁虚假宣传和误导消费者等。

（3）以包容审慎的监管科技为抓手，把控合作行为与合作类业务。

为避免金融科技合作的野蛮生长与套利创新，监管部门需要不断提高自身监管能力，重要途径是打造金融科技创新监管工具，通过科技监管工具的应用，监管部门能够优化数据管理与预测分析，进而促进监管的敏捷性与全面性得到改善。构造数据和资金双要素监管框架，重点对金融科技企业与传统金融机构的合作行为、合作中人员、资金与数据进行把控，以达到规范金融科技企业与商业银行合作类业务和准确纠正合作偏误的目的，并谨防合作中衍生的套利风险，确保合作生态的良性发展，提高合作的可持续性。

参考文献

［1］Ramcharran H. Bank lending to small business in India analyzing productivity and efficiency ［J］. Quarterly Review of Economics and Finance，2017，65（3）：16-24.

［2］盛天翔，范从来. 金融科技、最优银行业市场结构与小微企业信贷供给［J］. 金融研究，2020，42（6）：114-132.

［3］宋敏，周鹏，司海涛. 金融科技与企业全要素生产率——"赋能"和信贷配给的视角［J］. 中国工业经济，2021，38（4）：138-155.

［4］谢治春，赵兴庐，刘媛. 金融科技发展与商业银行的数字化战略转型［J］. 中国软科学，2018，33（8）：184-192.

［5］杜朝运，孙幅斌. 地方商业银行与第三方支付平台的竞合关系思考——以福建 A 银行为例［J］. 金融理论与实践，2020，39（2）：18-25.

［6］宋博，董静，王宁. 新时代中国城市商业银行改革与转型研究［J］. 经济体制改革，2020，38（3）：123-129.

［7］KPMG. Forging the future：How financial institutions are embracing fintech to evolve and grow ［EB/OL］.（2017-10-18）［2020-11-11］. https：//home. kpmg/tw/en/home/insights/2017/10/forging-the-future-with-fintech-fs. html.

［8］Chen X H，You X Y，Chang V. Fintech and commercial banks'performance in China：A leap forward or survival of the fittest? ［J］. Technological Forecasting & Social Change，2021，166：120645.

［9］KPMG，H2 Ventures. 2019 Fintech 100：Leading Global Fintech Innovators ［EB/OL］.（2019-11-05）［2021-12-05］. https：//home. kpmg/xx/en/home/insights/2019/11/2019-fintech100-leading-global-fintech-innovators-fs. html.

［10］Gomber P，Koch J A，Siering M. Digital finance and fintech：Current research and future research directions ［J］. Journal of Business Economics，2017，87（5）：537-580.

［11］熊健，张晔，董晓林. 金融科技对商业银行经营绩效的影响：挤出效

应还是技术溢出效应［J］. 经济评论，2021，229（3）：89-104.

［12］郭亦能，肖斌卿. 数字经济时代开放银行发展模式与路径：中英两国对比研究［J］. 河海大学学报（哲学社会科学版），2021，23（4）：51-59.

［13］胡滨，范云朋. 互联网联合贷款：理论逻辑、潜在问题与监管方向［J］. 武汉大学学报（哲学社会科学版），2021，74（3）：131-142.

［14］赫国胜，耿丽平. 智力资本对上市商业银行绩效的影响——基于VAIC测算方法的实证研究［J］. 金融论坛，2020，25（3）：29-37.

［15］Fang Y，Ye L，Wen G，et al. Do commercial banks renefit from bank-FinTech strategic collaboration? Evidence from Chinese city banks［J］. International Journal of E-Collaboration，2022，18（1）：1-18.

［16］Cheng M，Zhao H，Zhou M. Foreign strategic investors，state ownership，and non-interest activities：Evidence from China［J］. Journal of Financial Stability，2020，50：100779.

［17］Phan D，Narayan P K，Rahman R E，et al. Do financial technology firms influence bank performance? ［J］. Pacific-Basin Finance Journal，2019，62（9）：1-13.

［18］罗赐洋，李存金，罗斌. 与第三方支付机构："竞合"是否提升了银行绩效? ［J］. 金融经济学研究，2020，35（4）：108-118.

［19］Drasch B J，Schweizer A，Urbach N. Integrating the "troublemakers"：A taxonomy for cooperation between banks and fintechs［J］. Journal of Economics & Business，2018，100（11）：26-42.

［20］Chen Z，Li Y，Wu Y，et al. The transition from traditional banking to mobile internet finance：An organizational innovation perspective-a comparative study of Citibank and ICBC［J］. Financial Innovation，2017，3（1）：12-25.

［21］张兴荣，范书宁. 构建金融科技的共赢生态圈——银行与互联网公司合作的回顾与展望［J］. 银行家，2017，24（9）：124-127.

［22］吴朝平. 商业银行与金融科技公司的联合创新探讨［J］. 新金融，2018，25（2）：54-58.

［23］Tornjanski V，Marinković S，Săvoiu G，et al. A need for research focus shift：Banking industry in the age of digital disruption［J］. Econophysics，Sociophysics & Other Multidisciplinary Sciences Journal，2015，5（3）：11-15.

［24］普华永道. 中国金融科技调研2020［EB/OL］.（2021-03-30）［2021-11-02］. https：//www. pwccn. com/zh/industries/financial-services/publications/china-fintech-survey-mar2021. html.

［25］罗旸洋，李存金，罗斌．基于双层网络的第三方支付机构与商业银行竞合演化机理研究［J/OL］．中国管理科学．（2021-03-03）［2021-09-08］．https：//doi.org/10.16381/j.cnki.issn1003-207x.2020.1390.

　　［26］周翼翔，吴俊杰．合作创新如何影响企业的战略创业能力［J］．科学学研究，2021，39（3）：567-575.

　　［27］刘永平，阮平南．农村信用社战略合作伙伴选择与效果评价［J］．农业技术经济，2015，34（12）：89-98.

　　［28］李运达，陈伟，周华东．金融科技、生产率悖论与银行盈利能力［J］．财经科学，2020，45（11）：1-16.

　　［29］陈啸，张浩．中小银行战略联盟创新绩效研究——基于激励协同视角的解释［J］．财经理论与实践，2018，39（3）：43-49.

　　［30］张大永，张志伟．竞争与效率——基于我国区域性商业银行的实证研究［J］．金融研究，2019，41（4）：111-129.

　　［31］张一林，郁芸君，陈珠明．人工智能、中小企业融资与银行数字化转型［J］．中国工业经济，2021，34（12）：69-87.

　　［32］陈其安，刘艾萍．公司治理与银行效率：来自中国上市商业银行的经验证据［J］．中国管理科学，2015，23（S1）：437-444.

　　［33］Doan A T，Lin K L，Doong S C. What drives bank efficiency? The interaction of bank income diversification and ownership［J］. International Review of Economics & Finance，2018，55（5）：203-219.

　　［34］Haghnejad A，Samadi S，Nasrollahi K，et al. Market power and efficiency in the Iranian banking industry［J］. Emerging Markets Finance & Trade，2020，56（13）：3217-3234.

　　［35］Otero L，Razia A，Cunill O M，et al. What determines efficiency in MENA banks?［J］. Journal of Business Research，2020，112（5）：331-341.

　　［36］Sapci A，Miles B. Bank size，returns to scale，and cost efficiency［J］. Journal of Economics & Business，2019，105（4）：1-16.

　　［37］刘春志，胡雪玉．基于DEA交叉模型的中国银行业效率研究［J］．经济与管理，2016，30（4）：29-35.

　　［38］迟国泰，孙秀峰，郑杏果．中国商业银行收入结构与收入效率关系研究［J］．系统工程学报，2006，21（6）：574-582.

　　［39］罗春婵，王爽，王璐璐．收入结构转变、风险承受能力与商业银行效率［J］．投资研究，2020，39（2）：134-146.

　　［40］唐元懋，李一鸣，梁玮佳．网银环境下银行创新和消费者参与对银行

效率的影响研究［J］．金融经济学研究，2019，34（4）：82-97.

［41］申创，赵胜民．市场竞争度、非利息业务对商业银行效率的影响研究［J］．数量经济技术经济研究，2017，34（9）：145-161.

［42］顾晓安，袁照贺，龚德风．我国城市商业银行效率的区域差异及其影响因素研究［J］．南京审计大学学报，2017，14（1）：10-20.

［43］Garden K A，Ralston D E. The x-efficiency and allocative efficiency effects of credit union mergers［J］. Journal of International Financial Markets，Institutions and Money，1999，9（3）：285-301.

［44］王聪，邹朋飞．中国商业银行规模经济与范围经济的实证分析［J］．中国工业经济，2003，17（10）：21-28.

［45］刘宗华，邹新月．中国银行业的规模经济和范围经济——基于广义超越对数成本函数的检验［J］．数量经济技术经济研究，2004（10）：5-11.

［46］Berger A N，Humphrey D B. Efficiency of financial institutions：International survey and directions for future research［J］. European Journal of Operational Research，1997，98（2）：175-212.

［47］齐天翔，杨大强．商业银行效率研究的理论综述［J］．财经科学，2008，33（8）：26-34.

［48］Leibenstein H. Allocative efficiency vs x-efficiency［J］. American Economic Review，1966，56（3）：392-415.

［49］黄隽，汤珂．商业银行竞争、效率及其关系研究——以韩国、中国台湾和中国大陆为例［J］．中国社会科学，2008，29（1）：69-86.

［50］李兴华，秦建群，孙亮．经营环境、治理结构与商业银行全要素生产率的动态变化［J］．中国工业经济，2014，28（1）：57-68.

［51］Bayeh A，Bitar M，Burlacu R，et al. Competition，securitization，and efficiency in US banks［J］. The Quarterly Review of Economics and Finance，2021，80（5）：553-576.

［52］郭妍．我国商业银行效率决定因素的理论探讨与实证检验［J］．金融研究，2005，27（2）：115-123.

［53］迟国泰，孙秀峰，芦丹．中国商业银行成本效率实证研究［J］．经济研究，2005，40（6）：104-114.

［54］Weill L. Measuring cost efficiency in European banking：A comparison of frontier techniques［J］. Journal of Productivity Analysis，2004，21（2）：133-152.

［55］何蛟，傅强．中国商业银行 X 效率实证研究［J］．科研管理，2011，32（5）：78-86.

［56］ Toit E D, Cuba Y Z. Cost and profit efficiency of listed South African banks pre and post the financial crisis ［J］. Research in International Business and Finance, 2018, 45（7）: 435-445.

［57］ Berger A N, Mester L J. Inside the black box: What explains differences in the efficiencies of financial institurions ［J］. Journal of Banking and Finance, 1997, 21（7）: 895-947.

［58］ Ariff M, Can L. Cost and profit efficiency of Chinese banks: A non-parametric analysis ［J］. China Economic Review, 2008, 19（2）: 260-273.

［59］ Luo Y, Tanna S, De Vita G. Financial openness, risk and Bank efficiency: Cross-country evidence ［J］. Journal of Financial Stability, 2016, 24（6）: 132-148.

［60］ Gaganis C, Galariotis E, Pasiouras F, Staikouras C. Bank profit efficiency and financial consumer protection policies ［J］. Journal of Business Research, 2020, 118（6）: 98-116.

［61］ Berger A N, Hasan I, Zhou M M. Bank ownership and efficiency in China: What will happen in the world's largest nation? ［J］. Journal of Banking & Finance, 2009, 33（1）: 113-130.

［62］ 余晶晶, 何德旭, 全菲菲. 竞争、资本监管与商业银行效率优化——兼论货币政策环境的影响 ［J］. 中国工业经济, 2019, 33（8）: 24-41.

［63］ Sarmiento M, Galán J E. The influence of risk-taking on bank efficiency: evidence from Colombia ［J］. Emerging Markets Review, 2017, 32（9）: 52-73.

［64］ Isik I, Hassan M K. Cost and profit efficiency of the Turkish banking industry: An empirical investigation ［J］. The Financial Review, 2002, 37（2）: 257-279.

［65］ Maudos J, Pastor J M. Cost and profit efficiency in the Spanish banking sector (1985-1996): A non-parametric approach ［J］. Applied Financial Economics, 2003, 13（1）: 1-12.

［66］ Maudos J, Pastor J M, Perez F, et al. Cost and profit efficiency in European banks ［J］. Journal of International Financial Market, Institution and Money, 2002, 12（2）: 33-58.

［67］ 李鸣迪. 基于 DEA 和 SFA 方法的我国商业银行 X 效率实证研究 ［J］. 上海金融, 2014（12）: 101-104.

［68］ Othman N, Abdul-Majid M, Abdul-Rahman A. Partnership financing and bank efficiency ［J］. Pacific-Basin Finance Journal, 2017, 46（12）: 1-13.

［69］ 周晶, 陶士贵. 结构性货币政策对中国商业银行效率的影响——基于银行风险承担渠道的研究 ［J］. 中国经济问题, 2019, 53（3）: 25-39.

［70］Bauer P W, Berger A N, Ferrier G D, et al. Consistency conditions for regulatory analysis of financial institutions: A comparison of frontier efficiency methods ［J］. Journal of Economics and Business, 1998, 50（2）: 85-94.

［71］胡建辉, 岳娟丽. 存款市场约束对银行成本效率的影响研究——来自中国商业银行微观数据的经验证据［J］. 中央财经大学学报, 2020（1）: 21-33.

［72］Battese G E, Coelli T J. A model for technical inefficiency effects in a stochastic frontier production function for panel data ［J］. Empirical Econometrics, 1995, 20: 325-332.

［73］Fiordelisi F, Marques-Ibanez D, Molyneux P. Efficiency and risk in European banking ［J］. Journal of Banking and Finance, 2011, 35（5）: 1315-1326.

［74］姚树洁, 姜春霞, 冯根福. 中国银行业的改革与效率: 1995～2008 ［J］. 经济研究, 2011, 46（8）: 4-14.

［75］Zhang J, Wang P, Qu B. Bank risk taking, efficiency, and law enforcement: Evidence from Chinese city commercial banks ［J］. China Economic Review, 2012, 23（2）: 284-295.

［76］Lee C C, Li X R, Yu C H, et al. Does fintech innovation improve bank efficiency? Evidence from China's banking industry ［J］. International Review of Economics and Finance, 2021, 74: 468-483.

［77］Berger A N, Mester L J. Explaining the dramatic changes in performance of use banks: technological change, deregulation, and dynamic changes in competition ［J］. Journal of Financial Intermediation, 2003, 12（1）: 57-95.

［78］郭晔, 黄振, 姚若琪. 战略投资者选择与银行效率——来自城商行的经验证据［J］. 经济研究, 2020, 55（1）: 181-197.

［79］Harimaya K, Ozaki Y. Effects of diversification on bank efficiency: Evidence from Shinkin banks in Japan ［J］. International Review of Economics and Finance, 2021, 71: 700-717.

［80］毛洪涛, 何熙琼, 张福华. 转型经济体制下我国商业银行改革对银行效率的影响——来自 1999～2010 年的经验证据 ［J］. 金融研究, 2013, 35（12）: 16-29.

［81］谭政勋, 李丽芳. 中国商业银行的风险承担与效率——货币政策视角 ［J］. 金融研究, 2016, 38（6）: 112-126.

［82］Tabak B M, Fazio D M, Cajueiro D O. Systemically important banks and financial stability: The case of latin America ［J］. Journal of Banking and Finance, 2013, 37（10）: 3855-3866.

［83］Ding N, Fung H G, Jia J Y. Shadow banking, bank ownership, and bank efficiency in China ［J］. Emerging Markets Finance & Trade, 2020, 56：3785-3804.

［84］Shaban M, James G A. The effects of ownership change on bank performance and risk exposure：evidence from Indonesia ［J］. Journal of Banking and Finance, 2017, 88（2）：483-497.

［85］Aiello F, Bonanno G. Bank efficiency and local market conditions：Evidence from Italy ［J］. Journal of Economics and Business, 2016, 83（3）：70-90.

［86］赫国胜, 马妍妮. 审慎监管对我国商业银行经营效率的影响——基于全要素生产率的视角 ［J］. 财经科学, 2020, 45（5）：16-29.

［87］Gaganis C, Galariotis E, Pasiouras F, et al. Macroprudential regulations and bank profit efficiency：international evidence ［J］. Journal of Regulatory Economics. 2021, 59（2）：136-160.

［88］张德茂, 蒋亮. 金融科技在传统商业银行转型中的赋能作用与路径 ［J］. 西南金融, 2018, 39（11）：13-19.

［89］李海, 卢方元. 收入多元化对银行效率的非线性影响——基于非径向超效率模型和面板门槛模型 ［J］. 投资研究, 2019, 38（2）：14-29.

［90］Deb J. Income diversification in banking：A branch level study in north east India ［J］. Journal of Management Awareness, 2010, 13（1）：98-104.

［91］何美玲, 洪正. 民营资本入股与银行绩效改进——基于城市商业银行的经验证据 ［J］. 当代财经, 2019, 40（7）：47-58.

［92］赵永乐, 王均坦. 商业银行效率影响因素及其能力模型的解释结果 ［J］. 金融研究, 2008, 30（3）：58-69.

［93］李学峰, 杨盼盼. 金融科技、市场势力与银行风险 ［J］. 当代经济科学, 2021, 43（1）：45-57.

［94］刘孟飞, 蒋维. 金融科技促进还是阻碍了商业银行效率？——基于中国银行业的实证研究 ［J］. 当代经济科学, 2020, 42（3）：56-68.

［95］Bunea S, Kogan B, Stolin D. Banks versus fintech：At last, it's official ［J］. Journal of Financial Transformation, 2016, 44（14）：122-131.

［96］Bharadwaj A, EL Sawyoa, Pavlou P A, et al. Digital business strategy：Toward a next generation of insights ［J］. MIS Quarterly, 2013, 37（2）：471-482.

［97］Chen X F, Liu C, Li S. The role of supply chain finance in improving the competitive advantage of online retailing enterprises ［J］. Electronic Commerce Research and Applications, 2019, 33（1）：1-11.

［98］Darolles S. The rise of fintechs and their regulation ［J］. Financial Stability

Review，2016（20）：85-92.

［99］Gozman D，Liebenau J，Mangan J. On the innovation mechanisms of fintech start-ups：Insights from Swift's innotribe competition ［J］. Journal of Management Information Systems，2018，35（1）：145-179.

［100］Gai K，Qiu M K，Sun X T. A survey on fintech ［J］. Journal of Network and Computer Applications 2018，103（2）：262-273.

［101］Bunnell L，Osei-Bryson K M，Yoon V Y. FinPathlight：Framework for an multiagent recommender system designed to increase consumer financial capability ［J］. Decision Support Systems，2020，134（6）：1-14.

［102］Knewson H S，Rosenbaum Z A. Toward understanding fintech and its industry ［J］. Managerial Finance，2020，6（10）：1043-1060.

［103］Yang W A，Sui X B，Qi Z C. Can fintech improve the efficiency of commercial banks？——An analysis based on big data ［J］. Research in International Business and Finance，2020，55：1-9.

［104］Vasiljeva T，Lukanova K. Commercial banks and fintech companies in the digital transformation：Challenges for the future ［J］. Journal of Business Management，2016（11）：25-32.

［105］Milian E Z，Spinola M，Carvalho M D. Fintechs：A literature review and research agenda ［J］. Electronic Commerce Research and Applications，2019，34（3）：1-21.

［106］KPMG. The pulse of fintech Q1 2017：Global analysis of fintech in venture funding ［EB/OL］.（2016-05-25）［2021-11-02］. https：//assets. kpmg/content/ dam/kpmg/pdf/2016/05/pulse-of-fintech-q1-report. pdf.

［107］朱太辉. 我国 Fintech 发展演进的综合分析框架 ［J］. 金融监管研究，2018，7（1）：55-67.

［108］尹振涛，冯心歌. 大科技金融：概念、发展与挑战 ［J］. 金融评论，2020，12（3）：65-75.

［109］Fuster A，Matthew P，Philipp S，et al. The role of technology in mortgage lending ［J］. Review of Financial Studies，2019，32（5）：1854-1899.

［110］徐继峰，廖贝妮. 金融科技企业发展对商业银行数字化转型的启示 ［J］. 清华金融评论，2021，9（2）：95-96.

［111］艾瑞咨询. 破晓至 2019 年中国金融科技行业研究报告 ［R］. 北京：艾瑞咨询研究院，2019：1-19.

［112］张珺涵，罗守贵. 开放式商业模式构成要素对金融科技企业两阶段创

新绩效的影响 [J]. 研究与发展管理, 2020, 32 (6): 152-164.

[113] Nicholas W J, Claire I, Carl K, et al. An overview of the fintech sector in the greater Stockholm Region [R]. Stockholm: Stockholm School of Economics, 2015: 1-26.

[114] 廖岷. 全球金融科技监管的现状与未来走向 [J]. 新金融, 2016, 23 (10): 12-16.

[115] Gulamhuseinwala I, Bull T, Lewis S. Fintech is gaining traction and young, high-income users are the early adopters [J]. Journal of Financial Perspectives, 2015, 3 (3): 16-23.

[116] Gimpel H, Rau D, Roglinger M. Understanding fintech start-ups: A taxonomy of consumer-oriented service offerings [J]. Electronic Markets, 2018, 28: 245-263.

[117] Alt R, Zimmermann H D. Eelectronic markets and general research [J]. Electronic Markets, 2014, 24: 161-164.

[118] Michael K, Giancarlo B, Peer S, et al. The future of fintech: A paradigm shift in small business finance [R]. Geneva: World Economic Forum, 2015: 1-36.

[119] 张银. 传统商业银行与金融科技企业合作模式探究 [D]. 成都: 电子科技大学, 2018: 23-42.

[120] 房颖, 叶莉, 温国锋. 金融科技合作如何提升银行效率——基于城商行与金融科技企业合作创新的实证证据 [J]. 金融监管研究, 2022 (4): 17-49.

[121] 金洪飞, 李弘基, 刘音露. 金融科技、银行风险与市场挤出效应 [J]. 财经研究, 2020, 46 (5): 52-65.

[122] 普华永道. 2018 年中国金融科技调查报告 [EB/OL]. (2018-09-07) [2021-11-02]. https://www.pwccn.com/zh/consulting/publications/2018-china-fintech-survey.pdf.

[123] 王硕, 宋佳燕. 金融跨界合作风潮正起 [N]. 中国城乡金融报. 2018-2-26 (A02).

[124] Tornjanski V, Marinković S, Săvoiu G, et al. A need for research focus shift: Banking industry in the age of digital disruption [J]. Econophysics, Sociophysics & Other Multidisciplinary Sciences Journal, 2015, 5 (3): 11-15.

[125] 吴烨. 金融科技监管范式: 一个合作主义新视角 [J]. 社会科学, 2019, 41 (11): 109-115.

[126] 京东数字科技, 毕马威中国. 数字科技服务中国 [EB/OL]. (2018-11-28) [2021-11-18]. https://assets.kpmg/content/dam/kpmg/cn/pdf/zh/

2018/11/digital-technology-financial-sector. pdf.

[127] Frost J, Gambacorta L, Huang Y, et al. Bigtech and the changing structure of financial intermediation [R]. Basel: Bank for International Settlements, 2019: 11-15.

[128] Petralia K, Philippon T, Rice T, et al. Banking disrupted? Financial intermediation in an era of transformational technology [R]. Geneva: Geneva Reports on the World Economy, 2019: 12-22.

[129] Eickhoff M, Muntermann J, Weinrich T. What do fintechs actually do? A taxonomy of finTech business models [C]. ICIS. Proceedings of the International Conference on Information Systems, South Korea: AIS elibrary, 2017: 1-19.

[130] 刘少波, 张友泽, 梁晋恒. 金融科技与金融创新研究进展 [J]. 经济学动态, 2021, 50 (3): 126-144.

[131] 王均山. 金融科技生态系统的研究——基于内部运行机理及外部监管机制视角 [J]. 上海金融, 2019, 40 (5): 83-87.

[132] 李广子. 金融与科技的融合: 含义、动因与风险 [J]. 国际经济评论, 2020, 43 (3): 91-106.

[133] 魏涛, 张鑫. 中资银行引进外资: 动因、影响因素与互动机制——基于优势无形资源跨国转移扩散理论的分析 [J]. 经济问题, 2017, 39 (9): 41-46.

[134] 万正晓, 吴孔磊. 战略投资者、银行及政府的利益互动关系 [J]. 审计与经济研究, 2009, 24 (4): 90-94.

[135] 朱盈盈, 李平, 曾勇, 等. 引资、引智与引制: 中资银行引进境外战略投资者的实证研究 [J]. 中国软科学, 2010, 25 (8): 70-80.

[136] 庄雷, 周函. 金融科技创新与应用的演化博弈研究 [J]. 金融理论与实践, 2020, 33 (7): 42-50.

[137] 张珺涵, 罗守贵, 罗津. 合作伙伴、内部人力资本对于金融科技企业创新绩效的影响研究 [J]. 科学管理研究, 2019, 37 (3): 155-159.

[138] Acar O, Çıtak Y E. Fintech integration process suggestion for banks [J]. Procedia Computer Science, 2019, 158 (10): 971-978.

[139] 曾玲玲, 孙琳琳. 传统银行与互联网金融公司合作策略分析——基于动态演化博弈视角 [J]. 商业研究, 2016, 40 (6): 96-102.

[140] 单纯. 互联网金融与传统银行业的博弈——基于双寡头垄断市场的三阶段差异性 Hotelling 模型研究 [J]. 系统工程, 2016, 34 (12): 1-9.

[141] Zhao Y, Li D, Pan L Q. Cooperation or competition: An evolutionary

game study between commercial banks and big sata-based e-commerce financial institutions in China［J］. Discrete Dynamics in Nature and Society, 2015（1）：1-8.

［142］Wilson J P, Campbell L. Financial functional analysis：A conceptual framework for understanding the changing financial system［J］. Journal of Economic Methodology, 2016, 23（4）：1-19.

［143］Lee I, Shin Y J. Fintech：Ecosystem, business models, investment decisions, and challenges［J］. Business Horizons, 2017, 61（1）：35-46.

［144］Kumar S. Relaunching innovation：Lessons from silicon valley［J］. Banking Perspective, 2016, 4（1）：19-23.

［145］彭迪云, 李阳. 互联网金融与商业银行的共生关系及其互动发展对策研究［J］. 经济问题探索, 2015, 36（3）：133-139.

［146］徐晓萍, 李弘基, 戈盈凡. 金融科技应用能够促进银行信贷结构调整吗？——基于银行对外合作的准自然实验研究［J］. 财经研究, 2021, 47（6）：92-107.

［147］张洋子. 构建金融科技生态圈：内涵、国际经验与中国展望［J］. 科学管理研究, 2019, 37（2）：152-156.

［148］Boyd J H, Smith B D. Intermediation and the equilibrium allocation of investment capital：Implications for economic development［J］. Journal of Monetary Economics, 1992, 30（3）：409-432.

［149］Scholes M, Benston G J, Smith C W. A transactions cost approach to the theory of financial intermediation［J］. Journal of Finance, 1976, 31（2）：215-231.

［150］皮天雷, 赵铁. 互联网金融：范畴、革新与展望［J］. 财经科学, 2014, 39（6）：22-30.

［151］李春涛, 闫续文, 宋敏, 等. 金融科技与企业创新——"新三板"上市公司的证据［J］. 中国工业经济, 2020, 34（1）：81-98.

［152］北京大学互联网金融研究中心课题组. 商业银行互联网战略转型研究［EB/OL］.（2016 - 11 - 12）［2021 - 11 - 02］. https：//idf. pku. edu. cn/attachments/693f68005274448897c2007bbc146811. pdf.

［153］Gai K, Qiu M, Zhao H, et al. Dynamic energy-aware cloudlet-based mobile cloud computing model for green computing［J］. Journal of Network and Computer Applications, 2016, 59（8）：46-54.

［154］张爽, 何佳讯. 数字化交互平台、价值创新突破与核心竞争力再造——基于浦发银行顾客管理转型的案例研究［J］. 管理案例研究与评论, 2020, 13（4）：431-443.

［155］童馨乐，姬胜男，张为付，等．所有制结构、引资战略与中国商业银行效率——基于 HM 指数与 Tobit 模型的实证研究［J］．南开经济研究，2016，32（4）：56-70.

［156］宋首文，代芊，柴若琪．互联网+银行：我国传统商业银行风险管理新变革［J］．财经科学，2015，40（7）：10-18.

［157］Bons R W H, Alt R. Banking in the internet and mobile era［J］. Electron Markets, 2012（22）：197-202.

［158］Hoehle H, Scornavacca E, Huff S. Three decades of research on consumer adoption and utilization of electronic banking channels：A literature analysis［J］. Decision Support Systems, 2012, 54（1）：122-132.

［159］Hagedoorn J, Schakenraad J. The effect of strategic technology alliances on company performance［J］. Strategic Management Journal, 1994, 15：291-311.

［160］宫晓林．互联网金融模式及对传统银行业的影响［J］．南方金融，2013，34（5）：86-88.

［161］杨剑，方易新，杜少甫．考虑参照依赖的企业合作创新演化博弈分析［J］．中国管理科学，2020，28（1）：191-200.

［162］Taylor P D, Day T, Wild G. Evolution of cooperation in a finite homogeneous graph［J］. Nature, 2007, 447：469-472.

［163］王先甲，全吉，刘伟兵．有限理性下的演化博弈与合作机制研究［J］．系统工程理论与实践，2011，31（S1）：82-93.

［164］Chuen L D K, Teo E G S. Emergence of fintech and the LASIC principles［J］. Journal of Financial Perspectives, 2015, 3（3）：1-26.

［165］Thakor A V. Fintech and banking：What do we know? ［J］. Journal of Financial Intermediation. 2020, 41：100833.

［166］Christensen C. The innovator's dilemma：When new technologies cause great firms to fail［M］. Boston, MA：Harvard Business Review Press, 2013：19-29.

［167］KMPG. Tech giants in financial services［EB/OL］.（2018-02-14）［2021-11-02］. https：//home. kpmg/xx/en/home/insights/2018/02/tech-giants-in-financial-services-fs. html.

［168］李麟．互联网金融生态：基于生态视角的互联网金融模式创新［M］．北京：中国金融出版社，2015：78-99.

［169］刘媛华．企业集群合作创新涌现的动力模型研究［J］．科学学研究，2012，30（9）：1416-1420.

［170］孙凯，郭稳．竞合视角下高技术企业创新联盟稳定性研究［J］．中国

管理科学，2021，29（3）：219-229.

［171］Crawford V. Lying for strategic advantage：Rational and boundedly rational misrepresentation of intentions ［J］. The American Economic Review，2003，93（1）：133-149.

［172］Tversky A，Kahneman D. Advances in prospect theory：Cumulative representation of uncertainty ［J］. Journal of Risk and Uncertainty，1992，5（4）：297-323.

［173］王治莹，聂慧芳，杨学亮. 考虑公众感知价值的突发性抢购事件演化博弈分析 ［J］. 中国管理科学，2020，28（3）：71-79.

［174］王慧. 创新网络企业间要素特征、知识合作关系与合作绩效研究 ［D］. 西安：西北大学，2019：43-49.

［175］Nowak M A. Five rules for the evolution of cooperation ［J］. Science，2006，314（5）：1560-1563.

［176］Axelrod R. The evolution of cooperation ［M］. New York：Basic Books，1984：66-78.

［177］谢孟军. 对外贸易驱动汉语国际推广研究 ［M］. 北京：人民出版社，2023：121-129.

［178］孙健慧，张海波. 考虑知识共享与人才培养的校企合作创新博弈分析 ［J］. 系统工程理论与实践，2020，40（7）：1806-1820.

［179］李柏洲，王雪，苏屹，等. 我国战略性新兴产业间供应链企业协同创新演化博弈研究 ［J］. 中国管理科学，2021，29（8）：136-147.

［180］杨剑，方易新，杜少甫. 考虑参照依赖的企业合作创新演化博弈分析 ［J］. 中国管理科学，2020，28（1）：191-200.

［181］Fichman R G，Dos Santos B L，Zheng Z Q. Digital innovation as a fundamental and powerful concept in the information systems curriculum ［J］. Management Information Systems Quarterly，2014，38（2）：329-343.

［182］京东数科研究院. 数字金融 ［M］. 北京：中信出版集团，2019：2-25.

［183］Christensen C. The innovator's dilemma：When new technologies cause great firms to fail ［M］. Boston：Harvard Business Review Press，2013：113-118.

［184］朱太辉，张彧通. 农村中小银行数字化转型研究 ［J］. 金融监管研究，2021，10（4）：36-58.

［185］Al- Musali M A，Ismail K N I K. Cross-country comparison of intellectual capital performance and its impact on financial performance of commercial banks in GCC countries ［J］. International Journal of Islamic and Middle Eastern Finance and Management, 2016, 9（4）：454-473.

［186］ Becker W, Dietz J. R&D cooperation and innovation activities of firms：Evidence for the German manufacturing industry ［J］. Research Policy, 2004, 33（2）：209-223.

［187］ 张春子, 张晓东. 数字时代商业银行转型 ［M］. 北京：中信出版集团, 2021：14-34.

［188］ 孙轻宇. 银行产品和信息技术开放式创新对绩效的影响机制研究 ［J］. 研究与发展管理, 2015, 27（1）：132-144.

［189］ 于萍. 移动金融顾客价值需求维度及测评体系构建——以智能手机银行服务为实证 ［J］. 财经论丛, 2017, 30（3）：81-91.

［190］ 刘绪光, 邬肖玢, 季诚诚. 基于差异化核心能力视角的商业银行跨业态合作研究 ［J］. 清华金融评论, 2021, 9（4）：93-96.

［191］ 房颖. 金融科技赋能究竟如何影响银行小微企业信贷——基于调研数据的实证检验 ［J］. 金融监管研究, 2021, 10（7）：69-85.

［192］ 李建军, 姜世超. 银行金融科技与普惠金融的商业可持续性——财务增进效应的微观证据 ［J］. 经济学（季刊）, 2021, 21（3）：889-908.

［193］ 刘春航. 金融科技与银行价值链的重塑 ［J］. 金融监管研究, 2021, 10（1）：1-11.

［194］ Donald D C. Smart precision finance for small businesses funding ［J］. European Business Organization Law Review, 2020, 21（1）：199-217.

［195］ 刘孟飞, 王琦. 金融科技对商业银行绩效的影响——理论与实证研究 ［J］. 金融论坛, 2021, 26（3）：60-70.

［196］ KPMG. The pulse of fintech 2019 ［EB/OL］.（2019-06-31）［2021-11-02］. https：//home. kpmg/xx/en/home/campaigns/2019/07/pulse-of-fintech-h1-2019. html.

［197］ Villeroy de Galhau F. Constructing the possible trinity of innovation, stability and regulation for digital finance ［J］. Financial Stability Review, 2016, 20：7-16.

［198］ Jagtiani J, Lemieux C. Do fintech lenders penetrate areas that are underserved by traditional banks? ［J］. Journal of Economic Business, 2018, 100：43-54.

［199］ Koffi H W S. The fintech revolution：An opportunity for the West African financial sector ［J］. Open Journal of Applied Sciences, 2016, 6（11）：771-782.

［200］ 张利飞, 符优, 虞红春. 技术引进还是合作研发？——两种研发国际化模式的比较研究 ［J］. 科学学研究, 2021, 39（3）：471-480.

[201] Barney J B. Firm resources and sustainable competitive advantage [J]. Journal of Management, 1991, 17 (1): 99-120.

[202] Huang K F, Yu C M J. The effect of competitive and non-competitive R&D collaboration on firm innovation [J]. The Journal of Technology Transfer, 2011, 36 (4): 383-403.

[203] 岳鹄, 朱怀念, 张光宇, 等. 网络关系、合作伙伴差异性对开放式创新绩效的交互影响研究 [J]. 管理学报, 2018, 15 (7): 1018-1024.

[204] Cornelli G, Frost J, Gambacorta L. Fintech and bigtech credit: What explains the rise of digital lending? [EB/OL]. (2021-03-02) [2021-11-02]. https://ideas. repec. org/a/ces/ifofor/v22y2021i02p30-34. html.

[205] Boot A, Hoffmann P, Laeven L, et al. Fintech: What's old, what's new? [J]. Journal of Financial Stability, 2021, 53: 100836.

[206] Bank for International Settlement. Bigtech in finance: Opportunities and risks [R]. Switzerland: BIS, 2019: 55-79.

[207] 林广明, 谭庆华. 金融资源论: 对金融功能观与金融机构观的综合研究 [J]. 金融论坛, 2004, 9 (6): 3-8.

[208] 顾金宏. 商业银行业务与管理 [M]. 北京: 人民邮电出版社, 2014: 103-109.

[209] 郑联盛. 深化金融供给侧结构性改革: 金融功能视角的分析框架 [J]. 财贸经济, 2019, 40 (11): 66-80.

[210] 乔海曙, 黄荐轩. 金融科技发展动力指数研究 [J]. 金融论坛, 2019, 24 (3): 64-80.

[211] 邱晗, 黄益平, 纪洋. 金融科技对传统银行行为的影响——基于互联网理财的视角 [J]. 金融研究, 2018, 40 (11): 17-29.

[212] 中国人民大学中国普惠金融研究院. 助贷业务创新与监管研究报告 [EB/OL]. (2019-10-11) [2020-11-09]. http://admin. cafi. org. cn/upload/file/20191012/1570861861752680. pdf.

[213] Hou X, Wang Q, Zhang Q. Market structure, risk taking, and the efficiency of Chinese commercial banks [J]. Emerging Markets Review, 2014, 20 (9): 75-88.

[214] 李雷, 简兆权, 杨怀珍. 在电子服务环境下如何实现价值共创: 一个有中介的交互效应模型 [J]. 管理工程学报, 2018, 32 (2): 34-43.

[215] Beck T, Chen T, Lin C. Financial innovation: The bright and the dark sides [J]. Journal of Banking & Finance, 2016, 72 (4): 28-51.

［216］肖宇，李诗林，梁博．新冠肺炎疫情冲击下的银行业金融科技应用：理论逻辑、实践特征与变革路径［J］．金融经济学研究，2020，35（3）：90-103．

［217］冯曦明，李朝霞，郭晓辉．金融脱媒对商业银行资产负债结构的影响［J］．商业研究，2016，40（5）：45-51．

［218］肖崎，赵允宁．批发性融资对我国商业银行风险承担的影响研究［J］．金融监管研究，2017，6（8）：50-60．

［219］邵新建，王兴春，肖立晟，等．基础货币投放渠道变迁、资金来源竞争与银行理财产品的崛起［J］．中国工业经济，2020，37（7）：155-173．

［220］刘澜飚，李博韬．市场竞争、同业业务与银行风险承担［J］．经济学动态，2021，50（4）：38-53．

［221］Brunnermeier M K. Early stages of the credit crunch：Deciphering the liquidity and credit crunch 2007-2008［J］. Journal of Economic Perspectives，2009，23（1）：77-100．

［222］蒋海，黄敏．负债结构对银行风险承担的影响——基于中国上市银行的实证研究［J］．国际金融研究，2017，32（7）：54-65．

［223］Rocco H，Lev R. The dark side of bank wholesale funding［J］. Journal of Financial Intermediation，2011，20（4）：248-263．

［224］郭强，邓黎桥，殷无弦．批发融资市场与信贷供给：基于同业业务的实证检验［J］．金融评论，2014，6（5）：94-105．

［225］郑晓亚，陈华．存款市场竞争、负债结构调整与商业银行持续经营能力——美国银行业的经验与启示［J］．当代经济管理，2018，40（5）：79-85．

［226］史仕新．商业银行中间业务的系统性风险溢出效应［J］．财经科学，2019，44（3）：16-27．

［227］顾海峰，闫君．互联网金融与商业银行盈利：冲击抑或助推——基于盈利能力与盈利结构的双重视角［J］．当代经济科学，2019，41（4）：100-108．

［228］薛超，李政．多元化经营能否改善我国城市商业银行经营绩效——基于资产和资金来源的视角［J］．当代经济科学，2014，36（1）：12-22．

［229］Khan A，Hassan M K，Maroney N，et al. Efficiency，diversification，and performance of US banks［J］. International Review of Economics and Finance，2020，67（5）：101-117．

［230］殷敖，杨胜刚．利率市场化、中间业务与商业银行盈利能力［J］．财经问题研究，2017（4）：49-54．

［231］翟光宇，何玉洁．商业银行应加速收入结构多元化吗［J］．财经科

学，2016，41（9）：1-13.

[232] 陈卫东，熊启跃，李梦宇. 我国城商行股权结构特征及优化机制研究[J]. 金融监管研究，2021，10（4）：59-79.

[233] 金帆，张雪. 从财务资本导向到智力资本导向：公司治理范式的演进研究[J]. 中国工业经济，2018，32（1）：156-173.

[234] 黄靖雯，陶士贵. 商业银行金融科技投入产出效率研究——基于三阶段 DEA 方法 [J]. 西南民族大学学报（人文社会科学版），2021，42（4）：136-145.

[235] 王超发，史思雨，杨德林. 沉淀资源、股权结构与企业研发产出效果[J]. 科学学研究，2020，38（6）：1057-1066.

[236] Jiang C, Yao S, Feng G. Bank ownership, privatization, and performance: Evidence from a transition country [J]. Journal of Banking & Finance, 2013, 37（9）：3364-3372.

[237] Dong Y, Meng C, Firth M, et al. Ownership structure and risk-taking: Comparative evidence from private and state-controlled banks in China [J]. International Review of Financial Analysis, 2014, 36（12）：120-130.

[238] Jiang F, Kim K A. Corporate governance in China: A survey [J]. Review of Finance, 2020: 1-40.

[239] Hossain M, Jain P K, Mitra S. State ownership and bank equity in the Asia-Pacific region [J]. Pacific-Basin Finance Journal, 2013, 21（1）：914-931.

[240] Yeddou N, Pourroy M. Bank liquidity creation: Does ownership structure matter? [J]. Quarterly Review of Economics & Finance, 2020, 78: 116-131.

[241] Teresa G, Dolores G. Risk-taking behavior and ownership in the banking industry: The Spanish evidence [J]. Journal of Economics and Business, 2008, 60（4）：332-354.

[242] Shen C H, Lin C Y. Why government banks underperform: A political interference view [J]. Journal of Financial Intermediation, 2012, 21（2）：181-202.

[243] Lin K L, Doan A T, Dong S C. Changes in ownership structure and bank efficiency in Asian developing countries: The role of financial freedom [J]. International Review of Economics & Finance, 2016, 43（5）：19-34.

[244] Doan A T, Lin K L, Doong S C. What drives bank efficiency? The interaction of bank income diversification and ownership [J]. International Review of Economics & Finance, 2018, 55（5）：203-219.

[245] Boubakri N, Ghoul S EI, Guedhami O, et al. Post-privatization state

ownership and bank risk-taking: Cross-country evidence [J]. Journal of Corporate Finance, 2020, 64 (10): 101625.

[246] Lin T J, Chen Y P, Tsai H F. The relationship among information asymmetry, dividend policy and ownership structure [J]. Finance Research Letters, 2016, 60 (2): 1-12.

[247] Bian W, Deng C. Ownership dispersion and bank performance: Evidence from China [J]. Finance Research Letters, 2017, 22 (8): 49-52.

[248] Mateev M, Bachvarov P. Regulation, ownership and bank performance in the MENA region: Evidence from Islamic and conventional banks [J]. Emerging Markets Review, 2020, 47: 100789.

[249] Claessens S, Djankov S, Lang L H P. The separation of ownership and control in East Asian corporations [J]. Journal Financial Economics, 2000, 58 (1): 81-112.

[250] 江俊蓉, 宫鹏浩. 市场约束对银行风险承担行为的影响——基于股权结构异质性的视角 [J]. 金融与经济, 2015, 30 (6): 68-72.

[251] Lin T J, Chen Y P, Tsai H F. The relationship among information asymmetry, dividend policy and ownership structure [J]. Finance Research Letters, 2016, 60: 1-12.

[252] Wang C F, Shi S Y, Yang D L. Precipitation resources, ownership structure and the output effect of R&D [J]. Studies in Science of Science, 2020, 38: 1057-1066.

[253] Gu L, Ni X, Peng Y, et al. Entry of foreign banks, state ownership, and corporate innovation [J]. Pacific-Basin Finance Journal, 2020, 61: 101340.

[254] Huibers F E. The future of state-owned financial institutions [M]. Washington D C: Brookings Institution Press, 2005: 100-120.

[255] Jia C. The effect of ownership on the prudential behavior of banks: The case of China [J]. Journal of Banking & Finance, 2009, 33 (1): 77-87.

[256] Boateng A, Liu Y, Brahma S. Politically connected boards, ownership structure and credit risk: Evidence from Chinese commercial banks [J]. Research in International Business and Finance, 2019, 47 (1): 162-173.

[257] 丁明明, 于成永. 我国商业银行资本结构的影响因素——基于 OLS 回归和分位数回归的研究 [J]. 南京财经大学学报, 2015, 22 (1): 25-32.

[258] Takeishi A. Bridging inter-and intra-firm boundaries: Management of supplier involvement in automobile product development [J]. Strategic Management Jour-

nal, 2001, 22 (5): 403-433.

[259] Anand B N, Khanna T. Do firms learn to create value? The case of alli-ances [J]. Strategic Management Journal, 2000, 21 (3): 295-315.

[260] Ren S, Song Z. Intellectual capital and firm innovation [J]. Applied Eco-nomics Letters, 2021, 28: 617-623.

[261] 陈晞. 智力资本与区域性银行经营模式转型 [J]. 金融论坛, 2012, 17 (4): 31-36.

[262] Nuryaman. The influence of intellectual capital on the firm's value with the financial performance as intervening variable [J]. Procedia-Social and Behavioral Sci-ences, 2015, 211 (11): 292-298.

[263] Bontis N, Serenko A. A causal model of human capital antecedents and consequents in the financial services industry [J]. Journal of Intellectual Capital, 2009, 10 (1): 53-69.

[264] 戴静, 刘贯春, 许传华, 等. 金融部门人力资本配置与实体企业金融资产投资 [J]. 财贸经济, 2020, 41 (4): 35-49.

[265] Escribano A, Fosfuri A, Tribó J A. Managing external knowledge flows: The moderating role of absorptive capacity [J]. Research Policy, 2009, 38 (1): 96-105.

[266] 张珺涵, 罗守贵, 罗津. 合作伙伴、内部人力资本对于金融科技企业创新绩效的影响研究 [J]. 科学管理研究, 2019, 37 (3): 155-159.

[267] 韩清池, 赵国杰. 不同信息条件下创新联盟合作伙伴的选择——基于知识获取的研究视角 [J]. 数学的实践与认识, 2014, 44 (24): 30-38.

[268] 谢平, 邹传伟, 刘海二. 互联网金融的基础理论 [J]. 金融研究, 2015, 37 (8): 1-12.

[269] 谢婼青, 李世奇, 张美星. 金融科技背景下普惠金融对商业银行盈利能力的影响研究 [J]. 数量经济技术经济研究, 2021, 38 (8): 145-163.

[270] Martín-Oliver A, Ruano S, Salas-Fumás V. Why high productivity growth of banks preceded the financial crisis [J]. Journal of Financial Intermediation, 2013, 22 (4): 688-712.

[271] 顾海峰, 杨立翔. 互联网金融与银行风险承担: 基于中国银行业的证据 [J]. 世界经济, 2018, 41 (10): 75-100.

[272] 张成虎, 王雪萍. 信息技术投资对我国商业银行绩效的影响——从ATM的角度分析 [J]. 当代经济科学, 2006, 28 (6): 48-53.

[273] Ravichandran T. Exploring the relationships between IT competence, inno-

vation capacity and organizational agility [J]. Journal of Strategic Information Systems, 2018, 27 (1): 22-42.

[274] 吴晓云, 袁磊. 信息技术与人力资本对中资银行"走出去"战略绩效的影响研究——基于战略柔性的视角 [J]. 现代管理科学, 2017, 21 (6): 94-96.

[275] 丰超, 庄贵军, 李思涵, 等. IT能力、网络交互策略与合作绩效——基于RBV理论的实证研究 [J]. 系统工程理论与实践, 2019, 39 (11): 2792-2803.

[276] Kishan R P, Opiela T P. Bank size, bank capital, and the bank lending channel [J]. Journal of Money, Credit and Bankings, 2000, 32 (1): 121-142.

[277] 郭品, 沈悦. 互联网金融对商业银行风险承担的影响: 理论解读与实证检验 [J]. 财贸经济, 2015, 36 (10): 102-116.

[278] 段永琴, 何伦志. 数字金融与银行贷款利率定价市场化 [J]. 金融经济学研究, 2021, 36 (2): 18-33.

[279] 刘明康, 黄嘉, 陆军. 银行利率决定与内部资金转移定价——来自中国利率市场化改革的经验 [J]. 经济研究, 2018, 53 (6): 4-20.

[280] 项后军, 闫玉. 理财产品发展、利率市场化与银行风险承担问题研究 [J]. 金融研究, 2017, 46 (10): 99-114.

[281] 褚剑, 胡诗阳. 利率市场化进程中的银企互动——上市公司购买银行理财产品的视角 [J]. 中国工业经济, 2020, 34 (6): 155-173.

[282] 中国金融四十人论坛. 中国金融改革报告2015: 中国经济发展与改革中的利率市场化 [M]. 北京: 中国金融出版社, 2015: 121-136.

[283] 喻微锋, 康琦, 周永锋. 商业银行设立普惠金融事业部能提高小微企业信贷可得性吗?——基于PSM-DID模型的实证检验 [J]. 国际金融研究, 2020, 35 (11): 77-86.

[284] 丁宁, 任亦侬, 左颖. 绿色信贷政策得不偿失还是得偿所愿?——基于资源配置视角的PSM-DID成本效率分析 [J]. 金融研究, 2020, 42 (4): 112-130.

[285] 王巧, 佘硕. "一带一路"倡议实施的产业结构转型升级效应研究——基于中国285个城市PSM+DID的检验 [J]. 经济问题探索, 2020, 41 (2): 132-143.

[286] 张璇, 李子健, 李春涛. 银行业竞争、融资约束与企业创新——中国工业企业的经验证据 [J]. 金融研究, 2019, 41 (10): 98-116.

[287] 杨鸣京. 高铁开通对企业创新的影响研究 [D]. 北京: 北京交通大

学，2019：42-52.

[288] 隋顺天，孔艳杰，隋舵．中国上市银行高质量发展：效率测度与影响因素 [J]．国际金融研究，2020，35（10）：66-74.

[289] 刘忠璐．互联网金融对商业银行风险承担的影响研究 [J]．财贸经济，2016，37（4）：71-85.

[290] 马宇．新兴经济体跨境资本流量合意区间测算研究 [M]．北京：中国社会科学出版社，2023.

[291] 郭峰，王靖一，王芳，等．测度中国数字普惠金融发展：指数编制与空间特征 [J]．经济学季刊，2020，19（4）：1401-1418.

[292] Rosenbaum P R, Rubin D B. The central role of the propensity score in observational studies for causal effects [J]. Biometrika, 1983, 70 (1): 41 -55.

[293] Acquaah M. Social networking relationships, firm-specific managerial experience and firm performance in a transition economy: A comparative analysis of family owned and nonfanily firms [J]. Strategic Management Journal, 2012, 33: 1215-1228.

[294] 刘莉亚，李明辉，孙莎，等．中国银行业净息差与非利息收入的关系研究 [J]．经济研究，2014，49（7）：110-124.

[295] 连玉君，彭方平，苏治．融资约束与流动性管理行为 [J]．金融研究，2010，32（10）：158-171.

[296] Amore M D, Schneider C, Aldokas A. Credit supply and corporate innovation [J]. Journal of Financial Economics, 2013, 109 (3): 835-855.

[297] Chen S, Chou R K, Liu X, et al. Deregulation of short-selling constraints and cost of bank loans: Evidence from a quasi-natural experiment [J]. Pacific-Basin Finance Journal, 2020, 64 (12): 101460.

[298] 杜勇，谢瑾，陈建英．CEO 金融背景与实体企业金融化 [J]．中国工业经济，2019，33（5）：136-154.

[299] 周观平，周皓，王浩．混合所有制改革与国有企业绩效提升——基于定义矫正和 PSM、DID、IV 法的再透视 [J]．经济学家，2021，33（4）：80-90.

[300] 张铭心，汪亚楠，郑乐凯，等．数字金融的发展对企业出口产品质量的影响研究 [J]．财贸研究，2021，32（6）：12-27.

[301] La Ferrara E, Chong A, Duryea S. Soap operas and fertility: Evidence from Brazil [J]. American Economic Journal: Applied Economics, 2012, 4 (4): 1-31.

[302] 王静．基于金融功能视角的互联网金融形态及对商业银行的冲击 [J]．财经科学，2015，40（3）：56-65.

［303］温忠麟，叶宝娟．中介效应分析：方法和模型发展［J］．心理科学进展，2014，22（5）：731-745.

［304］Fritz M S, MacKinnon D P. Required sample size to detect the mediated effect［J］. Psychological Science, 2007, 18（3）: 233-239.

［305］MacKinnon D P, Lockwood C M, Williams J. Confidence limits for the indirect effect: Distribution of the product and resampling methods［J］. Multivariate Behavioral Research, 2004, 39（1）: 99-128.

［306］Delis M D, Kouretas G P. Interest rates and bank risk-taking［J］. Journal of Banking & Finance, 2011, 35（4）: 840 -855.

［307］姚志刚，谭余夏，杨斌．银行收入多样化对银行绩效的影响效应——基于我国 16 家上市银行的实证检验［J］．宏观经济研究，2016，36（9）：130-139.

［308］Ji W A, Lc B, Mc C, et al. Diversification, efficiency and risk of banks: Evidence from emerging economies［J］. Emerging Markets Review, 2020, 45（12）: 1-29.

［309］孙杰，贺晨．大数据时代的互联网金融创新及传统银行转型［J］．财经科学，2015，40（1）：11-16.

［310］许黎惠，袁军，罗大桃．关系营销与商业银行中间业务发展［J］．重庆大学学报（社会科学版），2003，4（2）：64-66.

［311］MacKinnon D P, Lockwood C M, Hoffman J M, et al. A comparison of methods to test mediation and other intervening variable effects［J］. Psychological Methods, 2002, 7（1）: 83-104.

［312］温忠麟，叶宝娟．有调节的中介模型检验方法：竞争还是替补［J］．心理学报，2014，46（5）：714-726.

［313］关宇航，师一帅．产业政策、公司治理与民营企业投资效率——一个有调节的中介效应模型［J］．当代经济管理，2019，41（11）：15-24.

［314］张博，宋成，刘家松．外资参股、股权结构与中资银行风险承担——基于 61 家商业银行的实证分析［J］．宏观经济研究，2018，38（6）：31-42.

［315］王翊覃，王跃武．人力资本对商业银行财务绩效影响的实证分析［J］．统计与决策，2019，35（10）：168-170.